# 细读论语

## 下册

叶辉 著

四川人民出版社

# 下册目录

乡党篇第十 …………… 361

先进篇第十一 …………… 393

颜渊篇第十二 …………… 431

子路篇第十三 …………… 467

宪问篇第十四 …………… 505

卫灵公篇第十五 …………… 559

季氏篇第十六 …………… 605

阳货篇第十七 …………… 629

微子篇第十八 …………… 663

子张篇第十九 …………… 683

尧曰篇第二十 …………… 713

不容立不中門行不履閾過位色勃如也躩如也其言似不足者攝齊升堂鞠躬如也屏氣似不息者出降一等逞顏色怡怡如也沒階趨進翼如也復其位踧踖如也執圭鞠躬如也如不勝上如揖下如授勃如也足蹜蹜如有循享禮有容色私覿愉

# 乡党篇第十

**孔子于乡党，恂[xún]恂如也，似不能言者❶。** 10.1
**其在宗庙朝廷，便[pián]便言，唯谨尔❷。**

【译文】

　　孔子在自己的家乡，显得温和恭顺，好像不会说话的人一样（好像不善言辞一样）。

　　他在宗庙祭祀、朝廷议事时，说话却流畅自如，只是非常谨慎而有分寸。

【释读】

❶ **乡党**　本乡本土，乡里，家乡。
**恂恂如也**　恂，恭顺貌。温和恭顺的样子。如，即"……的样子"。似不能言者，好像是个不会说话的人。

❷ **便便言**　便便，善于辞令，侃侃而谈的样子。便便言，即说话流畅自如。
**谨**　谨慎。谨言慎行。

【读后】

　　读完这一节，让人想起作家梁晓声那几句关于"文化"的话来：文化就是根植于内心的修养；无须提醒的自觉；以约束为前提的自由；为别人着想的善良。

**朝[cháo]，与下大夫言，侃侃如也❶；与上大夫言，訚[yín]** 10.2
**訚如也❷。君在，踧[cù]踖[jí]如也❸，与与如也❹。**

【译文】

　　上朝的时候，同下大夫交谈时，和悦而从容；同上大夫交谈时，恭敬而正直。君王临朝的时候，恭敬小心，举止得体。

【释读】

❶ **侃侃** 一说为温和而快乐的样子；一说为直言而无拘束。成语"侃侃而谈"，指说话理直气壮，从容不迫，口若悬河的样子。此处宜解为和悦而从容的样子。

❷ **訚訚** 许慎《说文》："訚，和悦而诤。"和悦而不苟同的样子，"中正之貌"，恭敬而正直的样子（不巴结，不自卑，不卑不亢）。此处解为恭敬而正直的样子。

❸ **踧踖** 恭敬局促的样子，恭敬不安的样子，恭敬小心的样子。

❹ **与与** 威仪中适之貌，严肃适中。小心谨慎，举止得体。

【读后】

对平级的同事，和悦而从容，不恃才傲物；对上级不阿谀逢迎，溜须拍马，尊重而不失原则。这要放在今天的职场上，也是值得倡导的。职场，除了才华，便是人际关系。

## 10.3

君召使摈［bìn］❶，色勃如也❷，足躩［jué］如也❸。揖所与立，左右手，衣前后，襜［chān］如也❹。趋进，翼如也❺。宾退，必复命曰："宾不顾矣❻。"

【译文】

国君召孔子去接待宾客，孔子神情庄重，步履匆匆。向左右的人打拱作揖，衣摆随之前后伸缩摆动。快步行走时，宽大的礼服随风而起，像鸟儿展翅欲飞。客人告辞离开之后，孔子定会去向国君回复说："客人已经走远了。"

【释读】

❶ **君召使摈**　摈，通"傧"，导引宾客，出迎宾客，帮助国君接待外宾的人。君召使摈，君召（之）使（为）摈，国君召孔子去接待宾客。

❷ **勃如**　矜持庄重的样子（类似职场人紧张、严肃认真，专注而又高冷之色）。

❸ **躩**　快步行走，言其行色匆匆，步履匆匆，认真而严肃履职，不敢稍有怠慢。

❹ **襜**　摆动貌。

❺ **趋进**　快步向前。翼如，像鸟儿展翅的样子。

❻ **宾不顾**　顾，回头看。宾客不再回头看。意为客人已经走远了。

【读后】

朝廷内，一个身材高大、穿着宽大礼服的男子，神色庄矜而严肃，显得有些高冷。但这人却待人恭敬，跟身边的人打拱作揖，礼数周全而适度，不高傲矜持，也不曲意逢迎，浑身透出一股职业外交家的气度与风范。他行走快速，以至于宽大的礼服随风而起，像鸟儿展翅一般，表现出认真、专注、尽心尽力的职场修养。

这个人便是孔子，他正忙碌着，接待来宾，恭送客人，迎来送往之中，显示出孔子的敬业与合度的分寸。这时，一队客人刚好离去，孔子送客人出门，看着客人乘上马车，离开，直到客人的车马从视线里消失，然后，孔子才转身回来，向君王回复，说："客人已经走远了。"

这就是孔子，敬业的，专业的，职场中风度翩翩、应对自如恰当的孔子。

10.4

入公门，鞠躬如也，如不容❶。
立不中门，行不履阈［yù］❷。
过位，色勃如也，足躩如也，其言似不足者❸。

摄齐［zī］升堂，鞠躬如也，屏气似不息者❹。
出，降一等，逞颜色，怡怡如也❺。
没［mò］阶，趋进，翼如也❻。
复其位，踧踖如也❼。

### 【译文】

孔子进入朝廷大门后，小心恭敬，如无容身之处。
站立时，不站在门的当中。行走时，不踩到门槛。
经过国君的座位时，神情庄重，步履匆匆，轻声细语而不多言。
提起衣摆上堂，小心恭敬，屏住气，像没有呼吸一样。
退出朝廷，走下一级台阶后，才放松面色，轻松愉快。
走下台阶后，快步行走，礼服随风而起，像鸟儿展翅欲飞。
回到自己上朝前的位置，依然感觉到惴惴不安。

### 【释读】

❶ **公门** 此处指朝廷大门。
**鞠躬** 本为动词，加"如"，词性变为形容词，小心恭敬的样子。
**如不容** 如无容身之处，意指行走时恭谨谦让，侧身而过的感觉，而不是大摇大摆，正身穿行。

❷ **中门** 门的当中。
**阈** 门槛。

❸ **过位** 经过国君的座位（虚位）。
**色勃如也** 神情庄重。
**足躩如也** 步履匆匆。
**其言似不足者** 轻声细语而不多言。

❹ **摄齐** 摄，提，提起。齐，衣裳缝了边的下摆。
**屏气似不息者** 屏住气，像没有呼吸一样，像停止呼吸一样。

❺ **出** 退出朝廷。
**降一等** 走下一级台阶。
**逞颜色** 逞,放松。逞颜色,面色放松。
**怡怡如也** 轻松愉快的样子。

❻ **没阶** 走完台阶,走下台阶之后。
**趋进** 快步行走。

❼ **复其位** 回到自己原来的位置,上朝廷前等候的位置。一说,再次经过君位。孔子既然已经退出朝廷,走下台阶,放松心情,放飞自我,像鸟儿一样离开朝廷了,又何来再次经过君位之说?
**踧踖如也** 恭敬而不安的样子。

**【读后】**

这一节是描述孔子上朝、退朝的举止言谈、神情风貌。这就是孔子,谦恭,谨慎,庄重,严肃,做事合礼。"立不中门,行不履阈。"你做到了吗?

## 10.5

**执圭,鞠躬如也,如不胜**❶**。上如揖,下如授**❷**。勃如战色,足蹜**[sù]**蹜如有循**❸**。**
**享礼,有容色**❹**。**
**私觌**[dí]**,愉愉如也**❺**。**

**【译文】**

孔子出使外国,手持圭板,小心翼翼,好像力不胜举的样子。手持圭板,高不超过作揖时的位置,低不超过递接东西时的位置。神色严肃,仿佛战战兢兢,如有所惧。步子细碎急促而又行走端正。
献礼问候时,面带和悦之气。
私下与外国君臣相见时,就显得轻松愉快。

【释读】

❶ **圭** 也作"珪",一种玉器,上圆,或剑头形,下方,举行典礼的时候,君臣都拿着;使臣亦持本国国君之圭以为信物。钱穆《论语新解》:"圭,玉器,聘问邻国,执君之圭以为信。"
**胜** 力能担任,经得起。

❷ **上如揖,下如授** 即高不超过作揖时的位置,低不超过递接东西时的位置。

❸ **勃如战色** 庄重严肃,而又战战兢兢,如临深渊、如履薄冰般谨慎小心。
**足蹜蹜如有循** 蹜蹜,细碎的脚步。如有循,字面意思是如同沿着什么在走,实指行走端正,不左右不定,横冲直撞。

❹ **享礼** 使节刚到所聘问的国家,先行聘问礼,其后行享献之礼,使臣将各种礼物罗列满庭。

❺ **觌** 相见。私觌,即私下与外国君臣相见时。
**愉愉如也** 轻松愉快。

【读后】

外交无小事,外交礼仪是国与国之间往来时的重要组成,因为一举一动、一言一行所代表的,不仅仅是自身的素养,更代表着一个国家,是国格的展示。

**10.6** 君子不以绀[gàn]緅[zōu]饰,红紫不以为亵服❶。
当暑,袗[zhěn]絺[chī]绤[xì],必表而出之❷。
缁衣,羔裘;素衣,麑[ní]裘;黄衣,狐裘❸。
亵裘长,短右袂❹。
必有寝衣,长[cháng]一身有半❺。
狐貉之厚以居❻。
去丧,无所不佩❼。
非帷裳,必杀之❽。

羔裘玄冠不以吊⁹。

吉月，必朝［cháo］服而朝［cháo］⁰。

### 译文

君子不用绀色、緅色作衣服的镶边，平时居家不穿红色、紫色的衣服。

天热的时候，穿细葛布或粗葛布单衣。外出的时候，再加一件外衣。

冬天，黑衣套紫羔，白衣套麑裘，黄衣套狐裘。

居家穿的皮袄要长一些，右边的衣袖要短一些。

睡觉要有小被子，长度是一个半人身长。

冬天居家接待宾客，穿厚狐貉皮裘。

丧期结束，脱下丧服后，就什么都可以佩戴。

不是上朝和祭祀时穿的礼服，一定要作剪裁。

不能穿着黑色羊毛皮袍、戴着黑色礼帽去吊丧。

每月初一，一定要穿着朝服去上朝。

### 释读

❶ **绀緅饰**　绀，深青中透红的颜色，相当于今天的"天青色"。緅，青多红少，比绀更暗的颜色。饰绲边，镶边。杨伯峻《论语译注》："黑色是正式礼服的颜色，而这两种颜色都近于黑色，所以不用来镶边，为别的颜色作装饰。"

**红紫**　是高贵的颜色，所以不用来做平常居家的衣服。

❷ **当暑**　天热的时候。

**袗絺绤**　袗，单衣，此处作动词，穿单衣。絺、绤，都指葛布衣。絺细一点，为细葛布；绤粗一点，为粗葛布。

**表**　外表，此处作动词，加外衣。

❸ **缁衣羔裘**　缁，黑色。羔裘，黑色羊毛皮袍，今之"紫羔"。

**素衣麑裘**　素，白色。麑裘，白色小鹿皮袍。

**狐裘**　黄色狐皮皮袍。

❹ **亵裘** 居家穿的皮袄。
**袂** 衣袖。

❺ **寝衣** 即小被子，古代大被叫"衾"，小被叫"被"。

❻ **狐貉之厚以居** 在家接待宾客，穿着厚狐貉之裘。

❼ **去丧** 去，离开，去丧即服丧期满，脱下丧服。
**无所不佩** 什么都可以佩戴。

❽ **帷裳** 礼服，上朝和祭祀穿的礼服，用整幅布做，不加裁剪，腰间收缩折叠，如百褶裙。
**杀** 剪裁，剪掉，裁掉。

❾ **玄冠** 黑色的礼帽。
**不以吊** 不能用来吊丧的时候穿。

❿ **吉月** 每个月的第一天。

【读后】

著名形象设计大师安德鲁·阿加西说："形象意味着一切。"在本章中，我们可以发现，孔子非常重视生活、工作中的衣着礼仪，细致，具体，像一篇衣着礼仪指南。

孔子讲："仁远乎哉？我欲仁，斯仁至矣。"仁，就在你身边的琐碎之中。王大毛《超解论语》本节解读说：服装和容貌是自我的边界。我们经由这一层外壳和媒介与外界交流，施加我们的影响力与说服力。别人同样经由这一表面，观察和理解我们的内在实质。

## 10.7

**齐[zhāi]，必有明衣，布❶。**
**齐[zhāi]必变食，居必迁坐❷。**

乡党篇第十

## 译文

斋戒沐浴时，一定要有浴衣，用布做的。

斋戒时，要改变日常的饮食；要改变居处，不与妻室同房。

## 释读

❶ **齐** 音、义同"斋"。古人在祭祀前必先斋，斋必有所戒，比如整洁身心，不喝酒，不吃荤，不与妻妾同房等。

**明衣** 浴衣。

**布** 指麻布，葛布。赵翼《陔[gāi]余丛考》："古时未有棉布，凡布皆麻为之。《记》曰'治其丝麻，以为布帛'是也。"（古时候没有棉布，凡称作布的都是麻料做成的。《礼记》说"加工丝麻，制作布帛"便是说的这个意思。）

❷ **迁坐** 指改变卧室，迁移居住的房间，由与妻室同居的"燕寝"迁到"外寝（正寝）"，即从内室迁到外室，不和妻室同房。

## 读后

前面我们曾讲过，《左传》上曾说："国之大事，在祀与戎。"古人非常重视祭祀，而祭祀之前，必须郑重虔诚地进行斋戒，以洁其身心。

这一节，正是对斋戒的具体要求。

---

**10.8**

食不厌精，脍不厌细❶。

食饐[yì]而餲[ài]，鱼馁而肉败，不食❷。色恶[è]，不食❸。臭[xiù]恶，不食❹。失饪，不食❺。不时，不食❻。割不正，不食❼。不得其酱，不食❽。

肉虽多，不使胜食气[xì]❾。

唯酒无量，不及乱❿。

沽酒市脯不食⓫。

不撤姜食，不多食⓬。

【译文】

　　饭食不嫌精细，肉食不嫌分切细致。

　　饭食发霉变味，鱼肉腐烂变质，不吃。食物颜色不正常的，不吃。有异味的食物，不吃。烹饪不当的，不吃。不到该吃的时候，不吃。不按一定的方法随意切割的肉，不吃。没有适当的调味品（调料），不吃。

　　肉食再多，吃的时候也不要超过主食。

　　只有酒不限量，但不喝到失态。

　　买来的酒不喝，买来的肉脯不吃。

　　饭后，姜食不撤去，但不宜多吃。

【释读】

❶ **食不厌精**　厌，嫌弃，厌弃；满足。指饭食不嫌精细，也就是越精细越好。
　**脍**　细切的牛羊鱼肉为脍。肉食不嫌分切细致，即越细致越好。

❷ **食饐而餲**　即食物经久发霉变味。饐，食物经久变味。皇侃《义疏》："饐，谓食物经久而腐臭也。"餲，意同"饐"。
　**鱼馁而肉败**　馁，鱼腐烂。败，肉腐烂。鱼馁而肉败，鱼肉腐烂变质。

❸ **色恶**　食物失常色为色恶，食物颜色不正常，难看。

❹ **臭恶**　指有异味。臭，气味，味道。

❺ **失饪**　指烹调不当。饪，烹饪。

❻ **不时**　一指不当其时，不按时吃；一指非其时之物，如今天的反季节蔬菜。今取第一义。

❼ **割不正**　未能依据其腠理而胡乱分割，不按一定的方法随意切割的肉。皇侃《论语义疏》引江熙曰："杀不以道，为不正也。"（不按一定的规矩或方法宰杀，叫作不正。）钱穆《论语新解》："不正，谓不合割之常度。孔子以其失礼，故不食。"

⑧ **酱** 指盐一类的各种调味品、调料，而不是今天意义上的酱料。

许慎《说文》："酱，盬也。"（盬，未加工的盐。）《王力古汉语字典》："《周礼·天官·盐人》'凡齐事，鬻[zhǔ]盬以待戒令。'"郑玄注："齐事，和五味之事。鬻盬涷（[liàn]把丝、帛煮制得柔软洁白）治之。"

⑨ **不使胜食气** 气即"饩"。食气即饭食，粮食，主食。意思是，肉食再多，吃的时候，量也不要超过主食。

⑩ **唯酒无量** 即只有酒可以随意喝，不限量。

**乱** 神志昏乱，醉，失态。

钱穆《论语新解》："酒无限量，随己所能饮，以不及醉乱为度。"

⑪ **沽酒市脯不食** 此句应为"沽酒不饮，市脯不食"之省。买来的酒不喝，买来的肉干不吃。沽酒，买来的酒。脯，肉干。

⑫ **不撤姜食，不多食** 饭后，姜食不撤去，但不宜多吃。程树德《论语集释·集解》孔（安国）曰："撤，去也。斋禁荤物，姜辛而不荤，故不去。不多食，不过饱。"朱熹《论语集注》："姜通神明，去秽恶，故不撤。适可而止，无贪心也。"

## 〖读后〗

历史上有一个传说，中国传统供奉的厨神中，有一位神奇的詹王，相传他是一千四百年前隋文帝的御厨。一天，隋文帝吃了美味，还嫌不够好，烦了，把他传来，问，什么东西最好吃，他回答说，盐。隋文帝以戏君之罪把他杀了。从此，御厨们做菜都不敢放盐了。隋文帝吃菜没有了滋味，只有一道菜略有味道，传来做此菜的厨师问，回答是稍微放了一点酱。隋文帝醒悟过来，于是，追封已故的詹厨师为詹王。

有一个笑话：有人问，大厨最关键的技术是什么？答：记得放盐。

孔子是一个十足的美食家，而美食家不仅仅是会吃能吃，更要懂得什么东西不能吃。

实际上，无论你是不是美食家，无论是斋戒时的饮食还是日常生活中的饮食，养成良好的生活习惯、注意卫生、绝不吃腐烂变质有异味的食物，这也是提高生命质量的前提，是对生命的尊重。同时，饮食文化，也是礼制的体现，更是达于至善至仁的境界所需的修行之道。冷成金《论语的精神》：孔子生活与生命皆遵循礼制，在孔子那里，礼制不仅仅是外在的表现，而是生命的形式，或是形式化的生命，是仁、礼合一的存在状态。

## 10.9　祭于公，不宿肉❶。祭肉不出三日。出三日，不食之矣。

**【译文】**

助祭于国君，所分得的祭肉不能留到第二天。自家祭祀所用祭肉保留不超过三天。超过三天的祭肉，就不能再吃了。

**【释读】**

❶ **祭于公，不宿肉**　助祭于国君，所分得的祭肉不能留到第二天。古代大夫、士都有助君祭祀之礼，须自带祭牲。天子诸侯的祭礼，当天清晨宰杀牲畜，然后举行祭典。第二天，又祭，叫作"绎祭"。绎祭之后各人方可带助祭的肉回去，或者依贵贱等级分别颁赐祭肉。因此，祭于公的肉，须赶快吃掉，不能再过夜。

**【读后】**

这一节是上一节的延续，只是，是在明确食用祭祀用的祭肉的具体要求。这既是祭祀礼仪内容之一，也是生活常识。

## 10.10　食不语，寝不言❶。

**【译文】**

吃饭的时候不交谈，睡觉的时候不说话。

**【释读】**

❶ **食不语** 吃饭的时候不说话。食，动词，吃饭。语，与人交谈。
**寝不言** 睡觉的时候不说话。言，说话。

　　朱熹《论语集注》："答述曰语。自言曰言。范氏曰：'圣人存心不他，当食而食，当寝而寝，言语非其时也。'"（交流问答叫语，自言自语叫言。范氏说："圣人一心一意，专心致志，该吃饭就吃饭，该睡觉就睡觉，在此时说话不是时候。"）

**【读后】**

　　总有人喜欢吃饭时满嘴嚼着食物，却并不把心思用在品味饭菜上，而是高谈阔论，唾沫四溅，一桌子的美味，往往因为这四溅的唾沫星子就毁掉了，同桌的人还不好意思阻止。总有人睡觉前无法调整状态，大脑极度活跃，白天的人和事，明天的人和事，将来的人和事，交织迭出。

　　想起一个笑话：从前有一个教书先生，留着很长的胡子。有一天，一个小学生突然问他，说，先生，你胡子这么长，你晚上睡觉的时候，胡子是放在被子里面的呢还是放在被子外面的？老先生一听，自己也懵了：对啊，我晚上睡觉，到底胡子是放在哪儿的呢？这下麻烦了，老先生到晚上睡觉时，总是禁不住要想这个问题，把胡子折腾来折腾去，老觉得不自在，结果天天睡不好觉。

　　佛家讲放下，道家讲放下，孔子不讲放下，而是说"寝不语"，其实，更是一种放下。现代人普遍睡眠不好，往往不是身体的问题，而是心态的问题。

　　睡前，把一切放下，好好睡一觉。要相信，明天，太阳照常升起。

**虽疏食菜羹，瓜祭，必齐［zhāi］如也**❶。　　　　　10.11

**【译文】**

　　即使是粗食、菜汤、瓜果祭祀，也必定要如斋戒一样，恭敬虔诚。

【释读】

❶ **虽** 即使。

**疏食菜羹** 意为粗陋的饭食。疏食，指粗食。菜羹，菜汤。一说为带汁的菜，为穷人所食。

**瓜祭** 按唐写本《论语》，该"瓜"字有草头，郑玄注："三物虽薄，祭之必敬。""三物"即"疏食""菜羹"和"瓜"，其中，疏食、菜羹之后的"祭"字省略。

**齐** 音、义同"斋"，斋戒。

【读后】

祭祀是一个严肃庄重的大事，无论祭品丰盛还是粗陋，一定要恭敬虔诚，不可儿戏。

## 10.12  席不正，不坐❶。

【译文】

座席摆放不合礼制，不坐。

【释读】

❶ **席不正** 座席不合礼制，不合规矩。钱穆《论语新解》认为："此句孤出，于上下文皆不得其类，疑错简，当在'割不正，不食'句之下，如'食不语'连接'寝不言'之例。"似有道理。杨伯峻《论语译注》注释说：古代没有椅和凳，都是在地面上铺席子，坐在席子上。席子一般用蒲苇、蒯［kuǎi］草、竹篾以至禾穰［ráng］为质料。现在日本人还保留着席地而坐的习惯。《墨子·非儒篇》："哀公迎孔子，席不端，不坐。"以"端"解"正"，是座席不端正之意。但《汉书·王尊传》"而设不正之席，使下坐上"，"席不正"是布席不合礼制之意。

乡党篇第十　375

**【读后】**

看起来是一件琐碎之事，但从古至今，在中国人眼里，座席摆放、座位安排却一直是大事，尤其在重大场合，比如大型会议、宴席等，座位问题非常敏感、重要。

伦理，礼制，总是从细节做起。这不是矫情或古板，而是一种文化延伸。我们不必去学孔子这样做，但其精神内涵，却需要我们细细品读。

**乡人饮酒，杖者出，斯出矣❶。** 10.13

**【译文】**

行乡饮酒礼之后，等年长的人都离去了，自己才能离开。

**【释读】**

❶ **乡** 周代的行政单位，乡之下有州、党、族、闾［lú］。乡学叫"庠"［xiáng］，学制三年，学成者要推荐给天子或诸侯。乡学三年业成于正月，举行乡饮酒礼，乡大夫为主持人，招待乡中贤者与年高德劭［shào］（劭，劝勉；美好，道德品质好）者。乡大夫从学成者中选择最为贤能的一人为宾，其次者一人为介，再次者三人为众宾，与他们共饮。乡饮酒礼也在每年的十二月蜡［zhà］祭（相传古人逢腊月就要围猎，以捕获的禽兽作牺牲祭祖宗，作为年终大祭的蜡祭是年终祭祀之名）排序齿位时举行，但礼节不尽相同。

**饮酒**《礼记·乡饮酒义》记载：饮酒之礼：60岁的坐着，50岁的站着陪侍听候差遣，以此来表达对年长者的尊敬。给长者的食物，60岁的准备三豆（三道菜。豆，一种盛食物的高脚盘），70岁的四豆，80岁的五豆，90岁的六豆，以此来表达对老人的奉养之意。老百姓明白尊敬长者，奉养老人，才能在家里孝顺父母，尊重兄长；能够在家里孝顺父母，尊重兄长，在外尊敬长者，奉养老人，才能形成教化——形成良好的民风；形成教化，国家才能够长治久安。

**杖者**　即指老年人，长辈。《礼记·王制》："五十杖于家，六十杖于乡，七十杖于国，八十杖于朝，九十者，天子欲有问焉，则就其室，以珍从。"（杖，拄杖。年过五十的老人可以在家拄杖，年过60岁的老人可以在乡里拄杖，年过70岁的老人可以在国都里拄杖，年过80岁的老人可以在朝廷中拄杖，年过90岁的老人，天子有事询问，就要到老人家中去，并带上珍贵的礼物。）

**读后**

尊重老人，尊重长辈，历来便是中国的传统美德。现代，一方面出现"坏人变老了""老人变坏了"这样的说法和怪象，以至于人们至今仍在讨论老人倒地了要不要扶的问题；另一方面，社会上，大量出现老年奉养问题，空巢老人现象非常普遍，虐待老人事件不断发生。同时，我们也欣慰地发现，虽然依然有碰瓷的老人，却依然有那么多的人在老人遭遇危难的时候，义无反顾伸出援助之手，在公共场所，礼让老人的现象依然比比皆是，尊敬老人依然是社会主流风尚。

如何在青少年中形成尊老敬老风尚，还有许多的路要走，整个社会要形成尊老敬老风尚，还有许多工作要做。

两千五百年前，孔子为后人树立了一个绝好的标杆，我们有什么理由不去奉行？

## 10.14　乡人傩[nuó]，朝服而立于阼[zuò]阶❶。

**译文**

乡里人举行驱逐疫鬼仪式时，孔子会穿上朝服，站在东面的台阶上。

**释读**

❶ **傩**　古代驱逐疫鬼的一种仪式。湖南西部和南部，如果家中有病人，偶尔还雇请巫师以驱逐疫鬼，谓之"冲傩"，可能就是这种风俗的残余。朱熹《论语集注》："傩虽古礼而近于戏，亦必朝服而临之者，无所不用其诚敬

也。"意思是,傩虽然是古时候的一种仪式而且类似于表演,孔子也一定要穿上朝服去严肃地对待,这是时时处处表达出虔诚恭敬之心。

**朝服而立于阼阶** 阼阶,东面的台阶,主人所立之地。古人以东为主人位置,西为客人的位置。

【读后】

这段话所透出的信息是:孔子入乡随俗,随时保持着恭敬庄重的敬畏之心,虽然他在下一篇《先进篇》中说"未能事人,焉能事鬼",却依然能尊重乡亲们的风俗文化。孔子虽为圣人,但时时处处展示出作为一个血肉之躯的人的感情和人文关怀,而不是高高在上,俯视众生。

这一节,我们仿佛能看到一个鲜活而生动的孔子,他庄重严肃地对待、尊重乡亲们的风俗文化,把自己放在很低很低的位置,低到你以为孔子就一乡下老儒,那么随和,亲近,谦恭。

**问人于他邦,再拜而送之❶。** 10.15

【译文】

孔子托人向异国他乡的友人问候致礼,总是要向受托的人两次行礼拜谢,然后再送走他。

【释读】

❶ **问** 问讯,问好。
   **他邦** 异国他乡,此处指身处异国他乡的人。
   **再拜** 两次拜谢。

【读后】

滴水之恩,当涌泉相报。泰戈尔《飞鸟集》中说:"蜜蜂从花中啜蜜,离开时营营地道谢。浮夸的蝴蝶却相信花是应该向它道谢的。"

世界不欠你什么，有人帮你，是福，而人，是要惜福的。

## 10.16 康子馈药，拜而受之❶。曰："丘未达，不敢尝❷。"

**【译文】**

季康子给孔子送药去，孔子拜谢并收下药物。孔子说："我还未了解药性，不敢轻易服用。"

**【释读】**

❶ **康子** 即季康子，季孙肥，鲁哀公时的正卿，当时政治上最有权力的人。
**受** 接受，承受。

❷ **达** 畅通，通晓，通达事理，达到，到达。此处指了解、弄明白。

**【读后】**

送礼是一门大学问，值得我们认真对待。

季康子因为身份高贵，显然给孔子送药去是草率之举。孔子不能拒绝季康子的好意，但拒绝了季康子的草率，他不会因为季康子身份高贵而随便服用未知药性的药物。心意领了，药不乱吃。

## 10.17 厩焚❶。子退朝，曰："伤人乎？"不问马。

**【译文】**

马棚失火。孔子退朝后，问道："有人受伤吗？"却没有问马的情况。

乡党篇第十 379

【释读】

❶ 厩　马圈，马棚，养马的地方。
　焚　甲骨文"焚"，从木或从林，从火（甲骨文火形与山形相近，但有区别，火字下面一横为弧线，而山下面一横为直线），字象火烧山林之形。（图10.17-1）

图10.17-1

【读后】

程树德《论语集释·集解》引郑（玄）曰："重人贱畜也。退朝者，自鲁之朝来归也。"（这是更看重人的生命，而对牲畜的生命看得更轻。退朝，是指从鲁国朝廷退下回家。）

朱熹《论语集注》："非不爱马，然恐伤人之意多，故未暇问。盖贵人贱畜，理当如此。"朱熹说，并不是不爱马，但是对人是否受伤更为担心，所以没来得及问马的情况。这大概是更尊重人的生命，而对牲畜的生命看得更轻，这也是理所当然的事。

人命关天，人的生命是第一位的，正如朱熹《集注》说"理当如此"。如果只关心马，关心财产损失，而漠视人的生命，那就不是孔子了。

孔子之"仁"，便是爱人。脱口而出"伤人乎？"这是仁者之言，这是圣人之言，也是对"仁"的生动具体的阐释，千万不要忽略了。

## 10.18

君赐食，必正席先尝之❶。君赐腥，必熟而荐之❷。君赐生，必畜之❸。
侍食于君，君祭，先饭❹。

【译文】

国君赐予的熟食，定要摆正座席，先尝一尝。国君赐予的生食，定要煮熟之后，先祭祖宗。国君赐予的活物，定要先饲养起来。

陪同国君吃饭，国君在行饭前祭礼时，自己先吃饭食（不吃菜）。

【释读】

① **食** 熟食，做好的食物。与后"君赐腥""君赐生"相对。
**正席** 摆正座席。

② **腥** 生食，如生肉生鱼。
**必熟而荐之** 熟，煮熟，动词。荐，祭，祭祖宗。

③ **生** 鲜活的可食之物，如猪、羊、鸡等。
**畜** 饲养，动词。

④ **侍食于君** 陪同国君吃饭。
**君祭，先饭** 国君在饭前祭礼的时候，自己先吃饭（不吃菜）。

【读后】

看似对君王的敬，其实是对"礼制"的敬。
《史记·孔子世家》："景公问政孔子，孔子曰：'君君，臣臣，父父，子子。'"在孔子眼里，各种社会伦理关系，所彰显的是社会秩序的结构与契约。一个社会，没有一定的秩序与上下共同遵守的契约，社会必将大乱。

## 10.19 疾，君视之❶，东首❷，加朝服，拖绅❸。

【译文】

孔子生病后，国君去探望他。孔子躺在病床上，头朝东，把朝服盖在身上，用手拖着朝服腰部的大带。

【释读】

① **疾，君视之** 疾，孔子生病。君，国君，此指鲁哀公。《礼记·丧大记》：

"君于大夫疾，三问之。""士疾，一问之。"（大夫生病，君主去探望三次；士生病，君主去探望一次。）《荀子·大略篇》："君于大夫，三问其疾，三临其丧；于士，一问一临。"（君主对于大夫，在大夫生病时，去看望三次，在大夫去世后，去祭奠三次。对于士，生病的时候，看望一次，死后祭奠一次。）

❷ **东首** 头顶朝东。首，名词用作动词。孔子有病卧床，君主来探视，从东面的阼[zuò]阶上来。阼阶本是主人上下的台阶，因为君主是全国之主，所以从阼阶上下。按古礼，室内以西面为尊，君主入室，必背西面东，孔子头朝东来迎接君主。

❸ **加朝服** 即加朝服于身，把朝服披盖在身上。
**拖绅** 手拖着朝服腰部的大带。

**读后**

孔子谨守君臣之道，哪怕在自己卧病不起的时候，当面见君王时，也如此恭谨认真。

人可以病，"礼"却不能乱。穿着睡衣面见君王的事，孔子绝对干不出来。孔子不是在维护统治者的权威，而是在维护"礼制"，因为，"礼制"即秩序。

**君命召，不俟[sì]驾行矣❶。** 10.20

**译文**

国君召见孔子，孔子等不及车马备好，便急着先步行出门了。

**释读**

❶ **君命召** 即国君召见。
**俟** 等，等待。

382　细读论语·下册

皇侃《论语义疏》："谓君有命召见孔子时也。君尊命重，故得召，不俟驾车而徒趋而往也。"（是说国君有令召见孔子。国君位尊，君令重大，所以听到国君召见，等不及车马备好便跑步前行了。）《荀子·大略》："诸侯召其臣，臣不俟驾，颠倒衣裳而走，礼也。《诗》曰：'颠之倒之，自公召之。'"（诸侯急召大臣，大臣不等备好车马，衣服尚未穿戴好便急着往外跑，这就是礼。《诗经》上说："颠之倒之，自公召之。"）《诗经·齐风·东方未明》诗：东方未明（东方还没亮），颠倒衣裳（颠来倒去穿衣裳）。颠之倒之（颠来倒去穿衣裳），自公召之（那是公差催得忙）。郑玄曰："急趋君命，行出而车驾随之。"（急着奉君之命，所以匆忙赶路，车马随后。）

【读后】

不违君命，闻君命而动，这是为臣之人恪尽职守，尽忠尽责的职业操守，是君臣父子社会伦理关系之一，也即是"礼制"的内容之一。孔子遵守君臣之礼，似乎已到了诚惶诚恐的地步，却从根本上反映出孔子将礼制思想根植于现实生活的方方面面，而不是空洞的理论说教。

言传，身教，孔子之教，便是如此。

## 10.21 入太庙，每事问。❶

【译文】

孔子进入太庙，遇到有疑问的事情都要请教学习。

【释读】

❶ 本节重出而简。《八佾篇》3.15：子入太庙，每事问。或曰："孰谓鄹人之子知礼乎？入太庙，每事问。"子闻之，曰："是礼也。"

乡党篇第十　383

## 10.22

朋友死，无所归，曰："于我殡[1]。"

**【译文】**

朋友死了，没有人为其料理后事，孔子说："由我来操办丧事。"

**【释读】**

[1] 归　指下葬。
殡　葬礼。

**【读后】**

《孔子家语·曲礼·子夏问》："客至无所舍，而夫子曰：'生，于我乎馆。'客死无所殡矣，夫子曰：'于我乎殡。'礼欤？仁者之心欤？"

意思是，客人来了，没有住的地方，而老师说："客人活着的时候，由我安排住宿。"客人死了无人料理后事，老师说："由我来安排丧事。"这是礼吗？还是仁德之人的仁爱之心呢？

这就是义之所在，仁之所在，大仁大义，至圣之德。

## 10.23

朋友之馈，虽车马，非祭肉，不拜[1]。

**【译文】**

朋友馈赠的礼物，即使是车马这样贵重的礼物，因为不是祭肉，所以都不拜谢。

**【释读】**

[1] 馈　馈赠的礼物，名词。

**不拜** 不行拜礼，不拜谢。

**│读后│**

朱熹《论语集注》："朋友有通财之义，故虽车马之重不拜。祭肉则拜者，敬其祖考，同于己亲也。"朱熹说，朋友礼尚往来，所以即使是车马这样贵重的礼物也不用拜谢。馈赠祭肉却要拜谢，是敬仰朋友祖先，把朋友的祖先当成自己的亲人一样。

也有人认为，孔子不拜谢朋友所赠送的车马这样的贵重之礼，而对朋友分享的祭肉却要拜谢，这是因为，祭肉在祭祀过祖先之后，就不仅仅是可以食用的肉了，而是对祖先尽孝的表现。更为重要的是，祭祀祖宗神祇与分受祭肉是一件十分重要的事情。所谓"国之大事，在祀与戎。祀有执膰，戎有受脤"，一般只有在位的贵族才能参与祭祀、分享到祭肉。当时不仅同姓贵族共祭共食，不同姓的贵族也互相馈赠祭肉，分享祭肉就成了维系贵族统治者的一条纽带，也成为古代的一种礼制。

原来，孔子重视的是祭肉所蕴含的"礼"与"孝"的意义。

## 10.24 寝不尸，居不客[1]。

**│译文│**

睡觉的时候不仰卧如死尸，日常居家不必像做客或待客一样的严肃端重。

**│释读│**

[1] **寝不尸** 是指睡觉的时候不仰卧如死尸。钱穆《论语新解》："不舒布四体，偃卧如死人。此非恶其类死者，乃恶夫惰慢之气之肆而不知戒。"（不舒展四肢仰卧像死人一样。这不是厌恶这种睡姿类似死人，而是厌恶懈怠不恭、散漫放肆却不知收敛。）

**居不客** 居，日常起居，居家休闲之时。客，此处为动词，做客或待客。"居不客"意为居家休闲之时，不必像做客或待客一样严肃庄重。

乡党篇第十　385

**『读后』**

寝不尸，是要人们独处时不要太放纵自己，虽是独处，也当收敛而不懈怠放肆，不顾形象。正如钱穆所说，这不是厌恶这种睡姿类似死人，而是厌恶懈怠不恭、散漫放肆却不知收敛。

居不客，却是让人在日常生活中，不必太过拘泥于礼仪的严肃持重，把自己弄得太累。正襟危坐当然是好的，但日常生活中，处处如此，也会受不了。过犹不及，一切过度的偏执都是不道德的，孔子反对这样的行为。

君子不欺暗室。在无外人的时候，该收敛的收敛，该放松的放松。

两个字：慎独。（图10.24-1）

图10.24-1

## 10.25

见齐［zī］衰［cuī］者，虽狎，必变。见冕者与瞽者，虽亵，必以貌❶。

凶服者式之。式负版者❷。

有盛馔，必变色而作❸。

迅雷风烈必变❹。

**『译文』**

见到穿丧服的人，即使是亲近的人，也一定要改变态度，表达同情。见到穿礼服的人和盲人，即使关系亲密，也一定要礼貌相待，不可轻佻。

遇到穿着重丧出殡衣服的人，要手扶车轼，严肃庄重，表示同情。遇上贩夫小卒，也要凭轼而敬。

面对丰盛的美食，要起身对主人表示敬谢之意。

遇到打炸雷下暴雨，一定要改变姿态仪容，敬畏上天。

## 释读

① **齐衰** 参见《子罕篇》9.10。
   **狎** 亲近，亲密，关系密切，亲昵而不拘礼节。
   **亵** 本义是居家穿的衣服，贴身内衣，引申为熟悉、亲近，与"狎"义近。

② **凶服** 重丧出殡之服。此处应为穿着重丧出殡衣服的人。
   **式** 通"轼"，古代车辆前的横木叫"轼"，此处用为动词，以手扶轼，或凭倚车轼。身体前倾，以示恭敬。
   **负版** 疑为"负贩"之误。按钱穆观点，解为"其人虽负贩之贱亦式之"，即，哪怕是贩夫走卒也要凭轼而敬之。《礼记·曲礼》："夫礼者，自卑而尊人。虽负贩者，必有尊也，而况富贵乎？"（所谓礼，就是要保持自我谦卑，尊敬他人。即使是贩夫走卒，也一定有他的尊严，何况是富贵之人呢？）杨伯峻、杨逢彬等大多注家认为，"负版"即背着国家图籍的人。

③ **有盛馔，必变色而作** 面对丰盛的美食，要起身对主人表示敬谢之意。盛馔，丰盛的美食。变色，改变神情，改变神色，以示恭敬。作，起。

④ **迅雷风烈必变** 遇到打炸雷下暴雨，一定要改变自己的姿态仪容，以示敬畏上天之意。《礼记·玉藻》："若有疾风迅雷甚雨，则必变，虽夜必兴，衣服冠而坐。"（如果遇到刮大风打炸雷下暴雨，就一定要改变姿态仪容，即使深夜也要起来，穿好衣服，戴上帽子端坐。）

## 读后

这一节是在讲对服丧者要同情，对大人物或盲人不可轻佻，对重丧出殡的人要严肃庄重，哪怕是贩夫小卒，也要以礼相待。面对美食，要对主人表达谢意，遇到异常天气，要有敬畏之心……说得够细致，可以说是苦口婆心，千叮咛万嘱咐。为了什么？

怜悯，同情，尊敬，感恩，敬畏。这一切，哪一个是可以缺少的？现代人看到这些，可能觉得太烦琐。但是，我们严重欠缺的，也许正是这些看似"烦琐"的东西。

**升车，必正立，执绥 [suí]❶。
车中，不内顾，不疾言，不亲指❷。**

10.26

**【译文】**

登上马车时，一定要身体站正，手挽绥带。

坐在车里，不四处打量张望，不高声说话，不指指点点。

**【释读】**

❶ **升车**　登上马车。

**必正立**　一定要站直身子。

**执绥**　上车时抓住绳索。

❷ **不内顾**　多解为回头看，实指不四周打量、张望。

**不疾言**　此指不高声说话。

**不亲指**　是指不指指点点。

**【读后】**

读这一节，感觉国人都应该认真背诵，铭记在心。两千多年了，读到《论语》这段话，总有汗颜、羞愧、无地自容的感觉，因为，只要我们一出门，随处都是肆无忌惮的眼光，刺耳的高声喧哗，毫无顾忌的指指点点。文明，靠的是深厚的积淀，远不是嘴上说说而已。

## 10.27

色斯举矣，翔而后集❶。曰："山梁雌雉［zhì］，时哉时哉❷！"子路共［gǒng］之，三嗅而作❸。

**【译文】**

当雉鸟看到孔子惊讶好奇的神色，警觉地飞起，在空中盘旋张望，之后又落在树上。孔子感叹道："山梁上的雌鸟，真是审时度势啊！真是审时度势啊！"子路听到老师的感叹，俏皮地朝雉鸟拱手作揖，以示敬意，不料，却又惊得雉鸟左右张望，振翅飞走了。

**【释读】**

图10.27-1

❶ **色斯举矣** 色，表情，脸色，此指孔子惊讶的神色。

**翔而后集** 即飞起之后又落在树上。集，甲骨文"集"，从木，从隹［zhuī］，或从鸟，象飞鸟止息于木上。许慎《说文》："雧，群鸟在木上也。"（图10.27-1）雉鸟观察路人的神色，警觉飞起，在空中盘旋张望，感觉安全后，才又落在树上。

❷ **时哉** 得其时，生逢其时；一说为识时务。清刘逢禄《论语述何》："孟子曰：'可以仕则仕，可以止则止，可以久则久，可以速则速，圣之时者也（"圣之时者也"原文为"孔子也"）。'《乡党篇》记夫子言行皆中乎礼，而归之时中，礼以时为大也。"（孟子说："该做官就做官，该辞任便辞任，该久留就久留，该速去就速去，这就是圣人审时度势，顺势而为。"《乡党篇》记录孔夫子言谈举止都符合礼制，最后归结为识时务和中庸之道，"礼"的根本就是"时"。）

❸ **子路共之** 共，同"拱"，此处为打拱作揖。"子路闻孔子赞叹此雉，竦［sǒng］手上拱作敬意"（钱穆语）。

**三嗅而作** 程树德《论语集释·考证》引清王夫之《四书稗疏》："古无'嗅'字……按此'三嗅'当作'昊'［jú］（杨伯峻《论语译注》注释：'嗅，当作昊，［jù］，张两翅之貌。'标示注音为去声。但李学勤《字源》、《辞源》、《王力古汉语字典》等均作［jú］，杨伯峻本注音［jù］

乡党篇第十 389

应为误注。——引者注）音古阒［qù］切。昦从目，从犬。犬之瞻视，头伏而左右顾，鸟之惊视也亦然，故郭璞谓'张两翅昦昦然'，谓左右屡顾而张翅欲飞也。若谓张翅为昦，则鸟之将飞，一张翅而即翀［chōng］举（翀，向上直飞，相当于'冲'），奚待三哉？"（古代无"嗅"字……按"三嗅"当为"昦"，音古阒切。昦从目，从犬。犬观看的时候，头低下而左顾右盼，鸟儿受惊张望四周的时候也是这样，所以郭璞说"张开双翅左顾右盼的样子"，是说多次向左右张望而张开双翅展翅欲飞。如果说张开翅膀叫昦，那么鸟儿即将飞起，一张开翅膀就直冲而起了，为何还需要三次呢？）

根据李学勤《字源》："嗅"在楷书中才出现，而表示"嗅"的意思的字，在《说文》中为小篆"齅［xiù］"。《说文》："齅，以鼻就臭也，从鼻，从臭，臭亦声。"按汉字发展来看，"三嗅而作"的"嗅"字非本字，而最接近原字的，当属"昦"，故释读为"三昦而作"，王夫之的考证似最近原作，当从之。《吕氏春秋·审应》："君子犹鸟也，骇则举。"（君子就像鸟儿一样，受到惊吓就飞走。）《吕氏春秋》这句话，足以胜过大多注家之言。

## [读后]

这一节诗情画意，妙不可言，而且文意完整，语言的内在逻辑明确，朱熹等注家认为文有缺失，总觉并非如此。

一群雌鸟在山梁间，或翔或集，或起或落，十步一啄，百步一饮。山间，宁静而幽深，云白山青，恍若世外之境。

这时，孔子带着弟子走来，打破了这里的宁静。雌鸟看到路人惊讶好奇的神情，警觉飞起，盘旋张望，然后小心翼翼地落在树上。孔子见状，感叹不已：雌鸟的起起落落，或翔或集，是真正的审时度势啊！感觉到危险，惊起飞离，感觉到安全了，又飞回来落在树上。

子路听到老师叽里咕噜的感叹，俏皮地拱起双手，朝那雌鸟作揖施礼，哪知，警觉的雌鸟被这一举动惊吓了，左右张望，振翅飞走，消失在茫茫的山野之中……

本篇在诗情画意的这一小节中结束。对于大多数读者来说，这一篇是整部《论语》语言文字最生涩的一篇，而且似乎都是一些鸡毛蒜皮之类的事情，实在不知所云。

本篇由于内容多为日常起居琐碎之事，很容易被人忽略，甚至觉得枯燥乏味烦琐。但是，正是有本篇各章节的记录，才使得作为圣人的孔子形象有血有肉，丰满而生动，让后学之人明白，圣人并非高不可攀，而是如在目前。盛德并非远在天边，而是触手可及。而就是这触手可及的细碎琐事，却尽显出一个大写的"礼"字。仁是礼的内在本质，礼是仁的外在表现。只有本质而没有表现形式的仁是不存在的。

《述而篇》7.30：子曰："仁远乎哉？我欲仁，斯仁至矣。"我们回过头来再次品味孔子这句话，会有更深切的领悟。

苦口婆心的孔子，实在令人感动。

問弟子孰為好學孔子對曰有顏回者好學不幸短命死矣今也則亡顏回死顏請子之車以為之椁子曰才不才亦各言子也鯉也死有棺而無椁吾不徒行以為之椁以吾從大夫之後不可徒行也顏淵死子

# 先进篇第十一

子曰："先进于礼乐，野人也；后进于礼乐，君子也❶。如用之，则吾从先进。"   11.1

【译文】

孔子说："先学习礼乐而后做官的人，被称作粗鄙浅俗的野人；后学习礼乐而先做官的人，被称作文质彬彬的君子。如果要选才用人，那么，我主张任用把礼乐作为进德修业之首的人。"

【释读】

❶ **先进**　就是先学习礼乐的人，这是指没有爵禄的一般人，也就是野人。

**后进**　就是先取得官位而后学习礼乐的人，指贵族世家子弟，世袭爵禄，也就是所谓的君子。

孔子主张，要选用人才，要选用先学习了礼乐的人，而不是选用世袭爵禄的官宦子弟。朱熹《论语集注》引程子曰："先进于礼乐，文质得宜，今反谓之质朴，而以为野人。后进于礼乐，文过其质，今反谓之彬彬，而以为君子。盖周末文胜，故时人之言如此，不自知其过于文也。"（先学习礼乐的人，文质彬彬，今天反而称作质朴，而被视之为低贱浅俗的野人；后学习礼乐的人，文饰多于质朴，今天反而被视为文质彬彬的君子。大概周代末期崇尚文饰，所以那时的人都这样说，却不明白自己太注重文饰却流于虚浮不实。）《雍也篇》6.18：子曰："质胜文则野，文胜质则史。文质彬彬，然后君子。"此章可与本文参阅。

【读后】

在本章中，野人指没有贵族身份、地位低贱的人。君子指有地位的贵族。这里野人与君子之别，便是地位之别，身份之别。孔子主张"有教无类"，学生不分野人、君子，用人主张任人唯贤，突破了贵族身份的藩篱，这在孔子时代，是惊世骇俗的思想理念。而历史上，形形色色的各路"君子"，利用其特殊身份，占据重要职位，掌握各种资源，垄断谋利，这种现象似乎并不少见。

但孔子说，别瞧不起野人。

## 11.2  子曰:"从我于陈、蔡者,皆不及门也❶。"

**【译文】**

孔子说:"跟着我在陈国、蔡国之间共患难的那一批弟子,如今都不在我身边了。"

**【释读】**

❶ **不及门**  是指弟子不在孔子身边学习。

朱熹《论语集注》:"孔子尝厄于陈、蔡之间,弟子多从之者,此时皆不在门。故孔子思之,盖不忘其相从于患难之中也。"(孔子曾经被困于陈、蔡两国之间,他的弟子有不少跟随在他身边,而此时——说此话的时候——都不在他门下学习了,所以孔子想念他们,这大概是不忘弟子们跟随他共患难的那段经历吧。)

**【读后】**

孔子说这话,读起来有一股掩不住的伤感。孔子之伤,一是师生情谊之伤,一是对周游列国所经历的苦难之伤。周游列国,绝不是一件轻松愉快的"诗和远方"般的旅游,而是一次布道,一次儒学的传播,也是儒学思想的践行之路。

唐僧师徒西天取经,历九九八十一难,最终取得真经,功德圆满。孔子师徒,一路前行,一路布道,历经苦难,孔子从55岁到68岁,历时十四年,壮志未酬,而其中所遭遇的种种磨难,我们已无法想象或还原,而这段经历对孔子来说,是刻骨铭心的。十四年的颠沛流离,身边的人,经历的事,时时浮现在眼前,感慨万端,挥之不去。

## 11.3  德行:颜渊,闵子骞,冉伯牛,仲弓❶。言语:宰我,子贡❷。政事:冉有,季路❸。文学:子游,子夏❹。

【译文】

在弟子中，德行突出的有：颜渊、闵子骞、冉伯牛、仲弓；口才言语突出的有：宰我、子贡；通晓政事的有：冉有、季路；精通文献典籍的有：子游、子夏。

【释读】

❶ **德行：颜渊，闵子骞，冉伯牛，仲弓**　德行，道德品行。这是孔门四科中最为重要的一科。颜渊：颜回，字子渊；闵子骞：闵损，字子骞。冉伯牛：冉耕，字伯牛；仲弓：冉雍，字仲弓。

❷ **言语：宰我，子贡**　言语，宾主相对之辞，外交辞令。宰我：宰予，字子我；子贡：端木赐，字子贡。

❸ **政事：冉有，季路**　政事，冉有理财，季路治军，皆为政事。冉有：冉求，字子有；季路：仲由，字子路，又字季路。

❹ **文学：子游，子夏**　文学，文献典籍，非今之"文学"义。子游：言偃，字子游；子夏：卜商，字子夏。

【读后】

孔子弟子三千，贤人七十二，并有"孔门四科十哲"之谓。本章所记，便是"孔门四科十哲"。很多学者都在探讨一个问题，孔子这么一个圣人，为什么就没有一个国君重用他，接纳他的思想主张呢？

据《史记·孔子世家》记载，楚昭王打算把带有居民户籍的七百里地盘给孔子作封邑，楚国令尹子西说："大王你派去出使诸侯的使者的才干有比得上子贡的吗？"昭王说："没有。"子西说："你的辅相的德行有比得上颜回的吗？"昭王说："没有。"子西说："你的将帅的勇猛有比得上子路的吗？"昭王说："没有。"子西说："楚国祖先当初在周朝受封，爵位是子男一级，封地是五十里，现在孔丘祖述三皇五帝的法度，彰明周公、召公的传统，你要是任用他，那我们楚国还能够世世代代地享有这广大的几千里的地盘吗？当初周文王在丰邑，周武王在镐京，都是凭着百里的地盘最后称王天下，今天孔丘如果能拥有七百里的地盘，再有能干的弟子辅佐他，那绝不是楚国的福气。"昭王于是打消了封孔子的念头。

从《史记》记载，我们可以约略明白，在当时的诸侯列国，一方面崇拜孔子，一方面又惧怕孔子。崇拜孔子的才学及思想主张，却惧怕孔子及其弟子所形成的庞大势力和影响力。诸侯列国不接纳孔子和他的弟子，也就见怪不怪了。

## 11.4 子曰："回也非助我者也❶，于吾言无所不说［yuè］❷。"

**【译文】**

孔子说："颜回呀，不是个有助于我的人，因为他对我所说的话没有不心悦诚服的。"

**【释读】**

❶ **回**　颜回。
**非助我者也**　助，帮助，不是能有助于我的人。

❷ **于吾言**　对我所说的话，对我所讲的内容。
**说**　同"悦"。无所不说，没有不喜欢的，没有不心悦诚服的。

**【读后】**

朱熹《论语集注》："助我，若子夏之起予，因疑问而有以相长也。颜子于圣人之言默识心通，无所疑问。故夫子云然，其辞若有憾焉，其实乃深喜之。"胡氏（寅）曰："夫子之于回，岂真以助我望之？盖圣人之谦德，又以深赞颜氏云尔。"

朱熹说，助我，像子夏"启发我"，在教学中因为有疑难问题，老师与学生能相互促进，共同成长。颜回对于孔圣人的话，能默默记住并心领神会，没有什么疑问。所以孔夫子如此说，言辞看起来有所遗憾，其实是在表达深深的喜爱之情。胡寅说，孔夫子对于颜回来说，难道真是希望颜回对他有所帮助？这大概是孔圣人谦虚的美德，而且更是深深地夸赞颜回罢了。朱熹和胡寅所言，深得本章要旨。引于此，不再赘述。

子曰："孝哉闵子骞❶！人不间［jiàn］于其父母昆弟之言❷。" 11.5

【译文】

孔子说："闵子骞真是孝顺啊！别人对于他父母兄弟夸赞他的话，没有不认同的。"（不置疑父母兄弟夸赞他的话。）

【释读】

❶ **孝哉闵子骞** 即"闵子骞孝哉"，倒装句，强调"孝"而提前。《说苑·辑佚》："闵子骞兄弟二人，母死，其父更娶，复有二子。子骞为其父御车失辔，父持其手，衣甚单。父则归，呼其后母儿，持其手，衣甚厚温。即谓其妇曰：'吾所以娶汝，乃为吾子。今汝欺我，去。无留！'子骞前曰：'母在，一子单；母去，四子寒。'其父默然。故曰：'孝哉闵子骞，一言其母还，再言三子温。'"（闵子骞弟兄二人，母亲去世后，父亲再娶，并又有了两个孩子。有一天，闵子骞为他父亲驾车，突然，马缰从他手中掉落。父亲抓起他的手看，发现他衣服单薄。父亲回到家中，把后母母子叫出来，抓起他们的手，发现他们穿着厚厚的衣服，身上很温暖。闵子骞的父亲马上对他妻子说："我之所以娶你，就是为了我的儿子。现在你却欺骗我，你离开吧。不要停留！"闵子骞上前对父亲说："母亲在，就一个孩子穿少一点，要是母亲离去，四个孩子都要受冻了。"他的父亲沉默了。所以有人说："真是孝子啊闵子骞，说一句话就让母亲留下了，说两句话就让其他三个兄弟不至失去温暖。"）

❷ **间** 挑剔，不认可。
   **昆** 兄。昆弟，即兄弟。

**【读后】**

《雍也篇》6.9章写闵子骞生性耿介正直，不屈服于权贵的品格。而本章是在写闵子骞的孝。

闵子骞在孔门四科十哲中居德行科，其孝行也列于《二十四孝图》之中，名为"芦花顺母"。闵子骞的孝行以"鞭打芦花"的故事，通过豫剧、琴书、二人转、文学故事等文艺形式，在民间广为流传。

须要注意的是，孝文化不等于愚孝。我们并不主张如二十四孝图中那样的愚孝，但"孝"作为中华民族的传统美德，却是我们永远不可丢弃的传统。

## 11.6  南容三复白圭，孔子以其兄之子妻之❶。

**【译文】**

南容反复诵读"白圭"诗句，孔子把自己的侄女嫁给了他。

**【释读】**

❶ **南容** 参阅《公冶长篇》5.2、《宪问篇》14.3。

**三复白圭** 反反复复诵读"白圭"诗句。《诗经·大雅·抑》是一首强调修德慎行的诗，中有"白圭之玷，尚可磨也，斯言之玷，不可为（救）也"句，意思是，玉上的缺陷还可以磨掉，说错的话，就无法挽回了。此诗中还有"投我以桃，报之以李"（善往则善来，人无往而不得其报）、"匪面命之，言提其耳"（耳提面命，不但当面教导，还拉着你的耳朵让你注意听）等佳句，在后世广泛流传，逐渐演化为成语。

**【读后】**

有一句俗语，叫"狂人不用打"。

孔子一直教育学生，要谨言慎行，时时警醒，切莫行事鲁莽。南容因为能在太平盛世大展才华，在世道混乱之世也能从容游走于江湖，而无杀身之祸，所以孔子将他亲哥哥的女儿嫁给了他,这是对南容人品最高的认可和评价。而南容之所以能在乱世和太平之时左右逢源,并非他做人圆滑,而是他为人谨慎,且时时提醒着自己:谨慎做人,保持低调。

**11.7** 季康子问:"弟子孰为好学❶?"孔子对曰:"有颜回者好学,不幸短命死矣,今也则亡[wú]❷。"

**【译文】**

季康子问孔子:"弟子中谁是好学的人?"孔子回答:"有一个叫颜回的弟子好学,不幸的是很早就死了,现在已经没有好学的弟子啦。"

**【释读】**

❶ **孰** 谁,哪一个,疑问代词。

❷ **有颜回者** 有一个叫颜回的人。
**也** 句中语助词,表停顿。
**亡** 音、义同"无"。如今已经没有这样好学的弟子了。参见《雍也篇》6.3。

**【读后】**

一句"不幸短命死矣",把孔子失去爱徒那深入骨髓的悲痛展示得淋漓尽致。这既是白发人送黑发人的悲痛,更是作为老师,对失去一个最优秀的学生的深深惋惜。

如今真的没有好学的弟子了吗?其实不是。这句话要表达的,其实是颜回太优秀了,很难再有人能达到如此优秀的程度。

这就是师生之情,老师之大爱。

## 11.8

颜渊死,颜路请子之车以为之椁[guǒ]❶。子曰:"才不才,亦各言其子也。鲤也死,有棺而无椁❷。吾不徒行以为之椁❸。以吾从大夫之后,不可徒行也❹。"

**【译文】**

颜渊死了,他的父亲颜路请求孔子卖掉马车为颜渊置办外椁。孔子说:"不管是有才还是无才,对我们来说,都是在说自己的儿子。我的儿子鲤死后,也是有棺无椁。我不能卖车步行来去为他置办椁。因我也算是曾经跟随在大夫之后,所以按礼制是不能够步行的。"

**【释读】**

❶ **颜路** 颜回的父亲。《史记·仲尼弟子列传》载,颜无繇,字路。颜回的父亲。父子两人曾在不同时间段跟随孔子学习。
   **椁** 也作"槨",古代有地位的人,棺材有两层,内层为棺,外面还套着一层棺,叫"椁",合称"棺椁"。

❷ **鲤** 字伯鱼,年五十死,孔子时年七十。
   **也** 句中语助词。

❸ **徒行** 徒步而行,无车而徒步。《礼记·王制》:"君子耆[qí]老不徒行。"(年老的大夫、士,不徒步行走。)孔子曾经官至鲁国大司寇,为大夫身份。"吾从大夫之后",跟在大夫后面,这是谦辞。

**【读后】**

从这一章内容,我们读到颜回父亲失去儿子的悲痛与怜爱。白发人送黑发人却无力为儿子置办丧事的凄凉与无奈;同时,作为老师,爱徒的离世,也让老师痛苦不已。但是,孔子却在悲痛之际,也清醒地明白该做什么,不该做什么,而"礼",便是一条明确的界线。孔子的身份,按其自谦之辞,"吾从大夫之后",按照礼制,大夫级别,不能没有车而徒行。孔子的意思是,我们都爱自己的儿子，无论他们优秀也罢，平庸也罢，总归是我们的亲骨肉。当他离我们而去，我们虽然悲伤，但不能不遵守礼制，而让爱泛滥。这正如王大毛在《超解论语》本章阐述中所言："车意味着社会伦理和等级秩序，商人有钱也不许置办车子。孔子并未任由悲伤泛滥，丧失他最重视的礼乐秩序。这个细节恰恰反映出颜回在他心中的分量。"

**11.9 颜渊死。子曰："噫[yī]❶！天丧予❷！天丧予！"**

【译文】

颜渊去世。孔子说："啊！老天要我的命啊！老天要我的命啊！"

【释读】

❶ **噫** 叹词，咳，啊。朱熹《论语集注》："噫，伤痛声。"

❷ **天丧予** 老天要我的命啊。丧，亡，死，使……亡。予，我。文言文中第一人称的代词有很多，常见的有"我""吾""予""余"等。

【读后】

在本篇11.7章，季康子问孔子弟子中谁最好学，勾起孔子对失去颜回的悲痛，忍不住跳出一句"不幸短命死矣"的哀叹；而到上一章11.8，孔子强忍着失去爱徒的悲痛，告诉颜回的父亲，你我都爱自家的孩子，虽然白发人送黑发人是世间莫大的悲痛，但我们也要遵守礼制，不可让爱泛滥。到这一章，孔子却终于忍不住悲痛，失声痛哭，呼天抢地，"天丧予！天丧予！"我们仿佛看到孔子老泪纵横，痛不欲生。这该是一种多么深厚的师生之情！

**11.10 颜渊死，子哭之恸[tòng]❶。从者曰："子恸矣！"曰："有恸乎？非夫[fú]人之为[wèi]恸而谁为[wèi]❷？"**

【译文】

颜渊死了,孔子哭得悲恸欲绝。跟随在孔子身边的人说:"老师太悲伤了!"孔子说:"我真的太悲伤了吗?我不为这样的人悲伤,还为谁悲伤呢?"

【释读】

① **恸** 哀伤过度。成语"悲恸欲绝",伤心得要死,指极度悲哀,万分伤心的样子,形容悲哀伤心到了极点,比"悲痛欲绝"程度更深。

② **非夫人之为恸而谁为** 即"非为夫人恸而为谁(恸)",倒装句。夫,此处为指示代词,意为这,那。夫人,那人,这人,那个人,这个人,在此指颜渊。"夫人"是介词"为"的宾语,因强调而提前。"之"是宾语提前的标志,无实义。"谁为","谁"是宾语,因是疑问代词而提前,"谁为"后面省略了动词"恸","为"读去声。(倒装句是从现代汉语的角度看的。上古汉语,如果介词或动词的宾语是疑问代词,该宾语一般都放在介词或动词之前。)

【读后】

从连续几章的叙述,到上一章呼天抢地,失声痛哭,显然,孔子已经悲伤到失态的地步,身边的弟子也不忍老师这样下去,所以提醒老师,不要如此悲伤,要节哀顺变。这时,孔子仿佛才意识到自己的失态。但他接着便说,我不为这样的人悲恸,那还为谁悲恸呢?这一问,再把孔子对颜回的爱呈现在我们眼前。这是一个真实的有血有肉的孔子。鲍鹏山在《论语导读》的本章导读中说:"谁的眼泪在飞?年迈的孔子已不能自持。"

**11.11** 颜渊死,门人欲厚葬之①。子曰:"不可。"
门人厚葬之。子曰:"回也视予犹父也,予不得视犹子也②。非我也,夫[fú]二三子也③。"

【译文】

　　颜渊死了，弟子们想厚葬他。孔子说："不可以。"

　　弟子们还是厚葬了颜渊。孔子说："颜回把我看作父亲一样，而我却不能够待你如同儿子一般啊。如今这样，不是我的主意，是那帮弟子们干的啊。"

【释读】

❶ **门人**　孔子弟子。

**厚葬**　超过其家之财力。《礼记·檀弓上》：子游问丧具。夫子曰："称家之有亡［wú］。"子游曰："有亡恶［wū］乎齐？"夫子曰："有，毋过礼。苟亡矣，敛首足形，还［xuán］葬（立即下葬），县［xuán］棺而封（庶人之礼），人岂有非之者哉！"（子游询问治葬物品的事。孔子说："要和家庭财富多少相适应。"子游又问："那怎么去把握这个比例标准呢？"孔子说："家庭富有，不要逾越礼制厚葬；家庭贫困，衣衾能够遮住遗体，入棺后立即下葬。这样做，难道还有人非议吗？"）

❷ **回也视予犹父也**　颜回把我看作父亲一般。犹，如，像。

**予不得视犹子也**　即"予不得视（之）犹子也"，我却不能把他看作自己的儿子一般啊。指不能像亲生儿子那样按照礼制安葬颜回，没有能够制止门人厚葬颜回。颜回家贫而厚葬，在孔子看来，家贫厚葬，非礼，是不应该的。

❸ **非我也**　不是我啊，这并非我的本意啊。

**夫二三子也**　夫，那。是那帮弟子们干的啊。

【读后】

　　连续几章，对颜回的死，孔子之悲一波三折，时而伤痛欲绝，时而又清醒地意识到不能过度悲伤，我们的心情也随着孔子的感情起伏而起伏不定。本章以及11.8内容，孔子似乎是在告诉人们，无论你有多大的哀痛，哀痛归哀痛，礼归礼。不能因为有巨大的哀痛，就不遵守礼制。

　　这对我们现代人，也仍然是一种毫不过时的提醒。

## 11.12

季路问事鬼神❶。子曰："未能事人，焉能事鬼❷？"
曰："敢问死❸。"曰："未知生，焉知死❹。"

**【译文】**

子路问孔子有关事奉鬼神的事。孔子说："还没能把人事奉好，怎么去事奉鬼？"

子路又说："我再斗胆地问，死是怎么回事？"孔子说："生的道理还没弄明白，怎么知道死的道理？"

**【释读】**

❶ **季路** 仲由，字子路，又字季路。性情刚直，好勇尚武。
**事鬼神** 有关事奉鬼神的事。

❷ **焉** 表反诘，副词，可译作怎、哪、何等，后面常与助动词得、敢、可、可以、能、足、足以等连用。

❸ **敢问** 斗胆地问，冒昧地问，谦辞。

❹ **未知生，焉知死** 生的道理还没弄明白，怎么知道死是怎么一回事？朱熹《论语集注》引程子曰："昼夜者，死生之道也。知生之道，则知死之道；尽事人之道，则尽事鬼之道。死生人鬼，一而二，二而一者也。或言夫子不告子路，不知此乃所以深告之也。"（白天和夜晚，就如同是生与死的轮回。明白了生的道理，也就知道死的道理；彻底弄明白事奉人的道理，也就彻底弄明白事奉鬼的道理了。生与死，人与鬼，本为由一而分为二，又由二合归于一。有人说孔夫子是不想告诉子路关于生死人鬼的事，却不明白这其实是最深刻的告知了。）

**【读后】**

和道家的出世、佛教的来世不同，孔子重视的是入世，是今世，是眼下的世界，是当下的生活。

如果我们因为失去一个亲人，就沉迷于虚幻的世界，而忘掉了当下，忘掉了我们活着的人，这不是哀痛的本质与目的。正如贝多芬在《英雄》交响曲中所表达的一样，一个英雄倒下去，千万个英雄站起来。我们追忆英雄，悼念英雄，但是，生活还要继续，活着的人还要前行。正因为有失去，有死亡，我们更要倍加珍爱生命，珍惜当下，珍惜身边人，做好眼前事。

或许，这才是孔子要表达的思想。

## 11.13

闵子侍侧❶，訚［yín］訚如也❷；子路，行［háng］行如也❸；冉有、子贡，侃侃如也❹。子乐❺。"若由也，不得其死然❻。"

### 【译文】

闵子骞陪侍在孔子身边时，态度恭敬正直；子路陪侍在孔子身边时，态度刚强自负；冉有、子贡陪侍在孔子身边，态度温和而快乐。孔子很开心（学生们能真实坦诚地各自展示自己的性格特点），但又说："像子路这个性格，怕是不得善终啊。"

### 【释读】

❶ **闵子** 闵子骞。
  **侍侧** 陪侍在旁，晚辈陪长辈叫作"侍"，通常是尊者坐，卑者立。

❷ **訚訚** 恭敬正直的样子（恭谨适中的样子）。

❸ **行行** 刚强自负的样子。

❹ **侃侃** 温和快乐的样子（和悦从容的样子）。

❺ **子乐** 孔子很开心。按：皇侃《论语义疏》为"子乐，曰……"，程树德《论语集释》按曰"此节应从皇本增'曰'字"。但此处有无"曰"，似乎

并无大碍。郑玄曰:"乐各尽其性也。"(孔子所乐,是乐其各自展现他们的本性或性格。)

❻ **若** 像。

**由** 仲由,即子路。

**不得其死然** 得其死,当时的俗语,意为得善终。不得其死,即怕是不得善终,不得好死。然,语气词,同"焉"。

《道德经》第四十二章:"强梁者不得其死,吾将以为教父(把它作为教育人的依据)。"意指强劲有力、勇武有力、强横凶暴之人,不会善终。子路行侠仗义,刚直勇武,孔子一直试图化刚为柔,消除子路身上的那股戾气,也预感子路结局不好。果不出所料,鲁哀公十五年,卫国内乱,子路被蒉聩派手下杀死,砍成肉泥。听说子路被杀,孔子感叹道:"嗟乎,由死矣!"《礼记·檀弓上》记载:"孔子哭子路于庭中。有人吊者,而夫子拜之。既哭,进使者而问故。使者曰:'醢〔hǎi〕(古代一种酷刑,把人杀死后剁成肉酱)之矣。'遂命覆醢。"(孔子在屋内庭院里,正为子路的死伤心痛哭,这时,有人前来吊唁,孔子向来者拜谢。哭过之后,孔子叫使者进屋,询问子路被杀的情况。使者说:"被剁成肉酱了。"于是,孔子马上叫人倒掉正要吃的肉酱。)

【读后】

作为老师,只有充分了解学生的人格和他们的优势、劣势,才能根据各自的具体情况因材施教,扬其所长,补其所短。孔子作为中国最早开办私学的老师,除了施行有教无类的教育理念外,在教学方法上,便是推行因材施教的教育方针。也正因为如此,当他知道子路是个好勇而逞强,缺少足够的智谋的人,他总是不失时机提醒子路,力挫子路的锐气。遗憾的是,子路最终还是惨死刀下,被人剁成了肉酱。孔子一语成谶。

## 11.14

**鲁人为长府❶。闵子骞曰:"仍旧贯,如之何?何必改作❷?"子曰:"夫〔fú〕人不言,言必有中〔zhòng〕❸。"**

【译文】

鲁国执政者改建长府金库。闵子骞说："就保持老样子，怎么样呢？为什么要重新改建？"孔子说："这个人不说话则已，一说就说到关键点上。"

【释读】

❶ **鲁人** 鲁国的执政者，与"民"对。
**为** 此处释为"翻修""改建"义，动词。
**长府** 即鲁国金库之地。郑（玄）注："藏货财曰府。"

❷ **仍** 因，因袭，依照，沿用。
**旧贯** 原来的样子，以前的样子。
**如之何** 古汉语惯用词组。此处意为"怎么样"。
**何必改作** 为何定要改建，为何定要改变以前的样子。

❸ **夫人** 此处意为这人，这个人。夫，这，那，指示代词。
**中** 中肯，关键点。

【读后】

闵子骞在孔门四科十哲中居德行科。在《雍也篇》6.9章，闵子骞很有脾气地回绝了季氏的任用，一句"如有复我者，则吾必在汶上矣"，写出了闵子骞耿介正直，不屈服于权贵的品格。闵子骞是有名的孝子，所以《述而篇》11.5章，孔子大赞闵子骞的孝行。而在本章，孔子再次表扬闵子骞，说他平时不随便说话，一说话就说到点子上。

孔子为什么给闵子骞点赞？因为面对当政者要改建长府，闵子骞认为，就保持老样子会怎么样呢？为什么要推倒重建？

其实，闵子骞说这句话的背景一直是个谜。有人说"鲁人"是指鲁昭公，有人却说是指季氏。而关于改建的目的，也各说不一。有说是鲁昭公改建长府，为计划扳倒季氏集团做准备，一说是季氏因为鲁昭公曾经住在长府，鲁昭公流亡他国后，季氏看着长府就不爽，想要改变长府的模样。不过，不争的是，第一，闵子骞的话定有所指，老师迅速点赞，进一步加深了其中的意味；第二，不管是谁，都是要改建长府。至于由此联想到中国历史上数不清的推倒重建而致劳民伤财的事，甚想联想到继承与创新的话题，等等，这只是后人读《论语》后的启发或联想而已，不必太过较真。

## 11.15

子曰："由之瑟奚为［wèi］于丘之门❶？"门人不敬子路。子曰："由也升堂矣，未入于室也❷。"

**【译文】**

孔子说："凭子路弹瑟的技艺，怎么也敢跑到我这儿来弹了呢？"其他弟子听老师这样说，也开始看不起子路。孔子说："子路嘛，已经到升堂的地步了，只是还没有达到入室那种完美的程度而已。"

**【释读】**

❶ **瑟** 古代一种拨弦乐器，与琴同类。刘向《说苑·修文》："凡音，生人心者也，情动于中而形于声，声成文谓之音……子路鼓瑟有北鄙之声，孔子闻之曰：'信矣，由之不才也！'"（凡是音乐，都是出自人的内心深处，感情由内而发，而形成声音，声音美化之后成为音乐……子路弹瑟，有北方蛮荒之地的那种粗野之音，孔子听到子路弹瑟之后说："确实是如此啊！子路还是修养不够呢！"）《孔子家语》："子路鼓瑟，有北鄙杀伐之声。"（子路弹瑟，有北方蛮荒之地那种杀伐之音。）

**奚** 为什么，为何。

**为** 弹奏，动词。

子路那拙劣粗鄙的音乐怎么弹到我这里来了呢？言下之意，这么差的技巧，这么难听的声音，也敢有胆量跑到我这儿来卖弄，这显然带有调侃语气，半开玩笑半敲打子路。

❷ **升堂** 登上殿堂。古代建筑，阶上为堂，堂后为室。堂是正厅，室是内室。先入门，次升堂，最后入室，比喻学习的层次或阶段由浅入深，由低到高。其实就是说，子路的技艺其实已经入门了，或者说已经相当不错了，只是离

先进篇第十一 409

完美还差得远而已。

**【读后】**

孔子总是不失时机敲打子路，但是，孔子深知，敲打学生的目的最终是鼓励学生上进，而不是一味地打压。所以，本来他是用调侃的语气激励子路上进，却让子路的同学误解了老师，也误解了子路，开始看不起子路。这不是孔子的本意，所以，孔子要及时纠正这种不良的现象。

这也提醒我们，当老师批评一个学生的时候，不能只逞口舌之快，而不顾及后果或影响。

子贡问："师与商也孰贤❶？"子曰："师也过，商也不及。" 11.16
曰："然则师愈与［yú］❷？"子曰："过犹不及❸。"

**【译文】**

子贡问孔子："子张和子夏相比哪一个更优秀呢？"孔子说："子张呢过头了，子夏呢又还差一点。"

子贡说："那么相比较，子张更好一点吗？"孔子说："过头了和差一点是一样的。"

**【释读】**

❶ **师** 颛孙师，即子张，姓颛孙，名师，字子张。
　**商** 即子夏，姓卜，名商，字子夏。

❷ **然则师愈与** 然则，那么。愈，超过，更好。与，同"欤"。

❸ **犹** 如同。过如同不及，过头与差一点是一样的。

**【读后】**

"过犹不及"已成为中国人常挂在嘴边的成语。"过"与"不及"都失之偏颇,"差之毫厘,谬以千里",任何事情,最佳的状态是恰到好处,把握好"度"。孔子在这里强调的就是对"度"的把握。

**11.17** 季氏富于周公,而求也为之聚敛而附益之❶。子曰:"非吾徒也❷。小子鸣鼓而攻之,可也❸。"

**【译文】**

季氏比周公还富有,而冉求还要为季氏去聚钱敛财,增加他的财富。孔子说:"冉求不是我的学生,你们可以击鼓讨伐他。"

**【释读】**

❶ **周公** 指周公旦,而非泛指当时在周天子左右做卿士的人,比如周公黑肩、周公忌父、周公阅等人。

**附益** 增加。聚敛而附益之,征收赋税,聚敛钱财,搜刮财富,来增加他的财富。《左传·哀公十一年》:"君子之行也,度于礼:施取其厚,事举其中,敛从其薄。如是,则以丘亦足矣。"(君子施政,要按照礼制去进行:给予别人时尽量多给;做事尽量持中合度;向人索取尽量少。能这样,照我看来也做得足够好了。)

❷ **徒** 弟子,学生。

❸ **小子鸣鼓而攻之** 小子,此处指学生们,弟子们。鸣,使动用法,使……鸣。鸣鼓,即敲击鼓。攻之,声讨,讨伐。《荀子·议兵》:"闻鼓声而进,闻金声而退。"(听见战鼓声就进军,听见鸣金声就收兵。)金,青铜制作的钲[zhēng]一类的打击乐器。古时作战,击鼓为进攻,鸣金为收兵。

先进篇第十一　411

【读后】

损不足而补有余，这种行径已不是一个贪字可以概括，这就是祸国殃民，而助纣为虐，充当帮凶的人，孔子当然不会放过他。于是，他叫弟子们鸣鼓而攻之。这同11.15章调侃子路，却马上反过来维护子路的态度大相径庭。从对二人的态度，我们能体会到孔子的爱憎态度。

孔子表达爱憎总是如此明确果决。

## 11.18

柴也愚❶，参［shēn］也鲁❷，师也辟❸，由也喭［yàn］❹。

【译文】

高柴愚笨，曾参鲁钝，颛孙师（子张）偏激，仲由（子路）鲁莽。

【释读】

❶ **柴也愚** 柴，高柴，字子羔，孔子学生，比孔子小30岁。愚，愚笨。《孔子家语·弟子行》记载他"往来过之，足不履影；启蛰不杀，方长不折；执亲之丧，未尝见齿。"（经过别人身旁，不踩到别人的影子；不杀刚从冬眠状态苏醒过来的动物；不折断刚刚生长出来的草木；为父母守孝时，从来看不到他的牙齿露出来［不笑］。）

❷ **参也鲁** 曾参，一般称曾子，字子舆，后世被尊为"宗圣"。其父曾点，字皙，也是孔子学生，七十二贤之一，出现在本篇最后一章。鲁，鲁钝。

❸ **师也辟** 师，颛孙师，子张。见本篇11.16。辟，偏激。黄式三《论语后案》："辟，读若《左传》'阙西辟'之'辟'，偏也。以其志过高而流于一偏也。""以其志过高而流于一偏"，即志向过高，心高气傲，而流于偏激。

❹ **由也喭** 由，子由。喭，粗鲁，鲁莽，莽撞。

【读后】

这是孔子对几个弟子天赋与性格特征的评价：高柴愚笨，曾参鲁钝，颛孙师（子张）偏激，仲由（子路）鲁莽。像一幅幅极简而功力深厚的素描画像，寥寥几笔，神采飞扬。

我们曾经谈论过，孔子对他的弟子几乎了如指掌，然后根据每一个学生的实际情况因材施教，而因材施教是孔子创造性的教育理念之一。

在本章中，孔子对几个弟子的评论并不带批评的感情色彩，而只是在陈述弟子们各自的特性。世界这么大，完全容得下性格特性迥异的各色人等，世界也需要各种各样不同特长、性格的人去开拓，去创造。很难想象，如果这个世界的人都长得一模一样，性格天赋也完全相同，这世界还有趣吗？这世界还值得留恋吗？这世界还会存在吗？

**11.19**　子曰："回也其庶乎，屡空❶。赐不受命，而货殖焉，亿则屡中[zhòng]❷。"

【译文】

孔子说："颜回的道德学问也算差不多了吧，却常常穷得没办法。子贡不安本分，忙着去经商做买卖，却常常能准确把握行情。"

【释读】

❶ **庶**　同"庶几"，差不多。
　**空**　在此指空乏困顿，穷愁潦倒。

❷ **赐**　子贡。
　**不受命**　在此解为不循规蹈矩，不守规则，不安本分。
　**货殖**　经商做买卖。
　**亿**　繁体为"億"，通"臆"，臆测，猜测。此为预测行情。
　**屡中**　常常猜中。亿则屡中，在此解为"常常能准确掌握行情"为宜。

先进篇第十一　413

**[读后]**

不少人把本章与上一章合并为一章。然而从文理来看，上一章是列举四个学生的各自性格特征，四个人属于并列叙述，无褒贬，无高低。而本章列颜回与子贡二人，一个追求道德学问近于完美，却穷愁潦倒；另一个感觉不学无术，醉心于经商挣钱，却能得心应手，在市场中游刃有余。两人自然形成对比，也相对是一个独立的语言系统，形成有别于上一章的语境。合二为一，实无道理。

我们讲，本章列举颜回、子贡二人，实际形成了一个对比。孔子并未表达取舍臧否。但是，读者在读了本章之后，会自然地去思考，孔子更喜欢谁呢？如果在现实生活中，我们又会走哪一条路呢？也许，孔子在思考这个问题。孔子在内心深处，也在拷问自己的灵魂，人生最真实的意义到底是什么呢？人生的价值到底是什么呢？追求道德与追求财富，精神与物质，到底哪一个才是正确的或者说哪一个更达于人生的真谛呢？

答案在本篇最后一章。

我认为，本章是在各种铺垫之后，悄无声息地提出的一个大大的问题，而把答案放到了本篇最后。"子喟然叹曰：'吾与点也！'"我们有理由作如下理解：本篇的最深刻寓意，实际上是孔子在自问一个深刻的问题：精神与物质，道德与财富，理想与现实，到底该作何取舍？我到底该把这一群学生带往何处才是正道？说到底，我这条路是对的吗？

孔子并不知道儒学在后世的影响有多大，更不知道他带领一群弟子所创立的儒学会对中华民族产生如此深远的影响，尤其是，当他经历种种磨难，其政治主张仍得不到当政者采纳、重用，而他，也眼看着年事渐高，深感力不从心。这时候，情怀并不能取代他心底的隐忧。

孔子在反思，在拷问自己的灵魂，在苦苦追寻中似乎也有一丝的犹疑。

**11.20** 子张问善人之道[1]。子曰："不践迹，亦不入于室[2]。"

**[译文]**

子张向孔子询问善人是什么样的。孔子说："善人是不按照前人的规矩法度去走，但学问道德也还未达到理想的境界。"

**【释读】**

图11.20-1

❶ **善人** 善，古写为譱，从羊，从二言。甲骨文无"善"，最早出现于西周金文（图11.20-1）。至战国时期，"善"的异体字很多，但其基本义为吉祥，美好，与"義""美"义同。在《论语》中，共有五章内容言及"善人"，除本章外，7.26、13.11、13.29、20.1等四章都讲到"善人"。综合起来看，"善人"是次于"圣人""仁人"之后的人。朱熹《论语集注》："善人，质美而未学者也。"（本质好，但未经后天学习培养。）在《论语》中，"圣人"为具有最高道德标准的人，至高至大。"仁人"是通过努力修炼而具有仁德的人，也是孔子心目中的理想人格。我们无法成为"圣人"，但可以努力修炼，成为"仁人"。"善人"是天性善良，品质好的人，但未经修炼修养。《三字经》言："人之初，性本善。"钱穆《论语新解》："善人质美，行事一本天性，故能不践迹，犹谓不照前人脚印走路，即不依成法。此言其未经学问，虽亦能善，而不到深奥处。"

❷ **不践迹** 不踩着别人的脚印走。不沿着前人的足迹走。

**入室** 参见11.15章"由也升堂矣，未入于室也"。亦不入于室，道德学问尚未达到完美（理想）境界。

**【读后】**

这一章让人想到学习书法。

在书法界，虽然临帖已成为所有学习书法者的不二法门，但是，直到今天，在学习书法的群体中，依然有一大批人，坚持不临帖，而是写自己的"体"。这一群固执地"不践迹"而坚持写"我体"的人，几乎无一例外最终写成了"江湖体"，也终究不能登堂入室，进入真正的书法艺术境界，甚至根本难以入流。

艺术的创新，首先建立在坚实的继承传统的基础之上，没有坚实的继承，便是无源之水，无本之木，"创新"只能是痴人说梦。牛顿说过一句话："如果说我看得比别人远，那是因为我站在巨人的肩膀上。"我在写这本《论语》解读书的过程中，同样是这样的感受。如果没有大量参阅古今贤人的相关著作，很难想象我能完成这本《论语》解读书来。

至少在学习书法这件事情上，如果"不践迹"，不仅"不入于室"，还注定只能在书法的门外游走徘徊，最终不得其门。

子曰:"论笃是与❶,君子者乎?色庄者乎❷?"  11.21

**【译文】**

孔子说:"人们赞许说话实诚的人(言论笃实诚恳的人),但要看清楚此人是言行合一的真君子呢,还是故作深沉的人呢(仅仅表面神情庄重的人)?"

**【释读】**

❶ **论笃** 言论笃实,说话实诚,此处指论笃者,即言论笃实的人,说话实诚的人。是,帮助宾语提前并强调宾语,无实际意义,如"唯你是问""唯利是图"之"是"。与,赞许,称许,动词。"论笃是与",即"与论笃",赞许说话实诚的人。

❷ **色庄** 脸色庄重,此处指伪装神情庄重,故作深沉。朱熹《论语集注》:"言但以其言论笃实而与之,则未知其为君子者乎?为色庄者乎?言不可以言貌取人也。"(是说只凭说话实诚就赞许他,就不能知道他是真正的君子呢?还是只是表面庄重呢?这就是说不能够仅凭语言或表面现象去判断一个人的好坏。)

**【读后】**

孔子对人的认识判断向来谨慎而深刻。《学而篇》1.3:子曰:"巧言令色,鲜矣仁!"花言巧语,满脸虚伪之色的人,缺少仁德——透过现象看本质。《为政篇》2.10:子曰:"视其所以,观其所由,察其所安。人焉廋哉?人焉廋哉?"一个人做事的出发点(初心)是什么?途径、方法或手段是什么?兴趣所在是什么?弄明白了,人也就真相无遗,无法掩饰。《公冶长篇》5.10:子曰:"始吾于人也,听其言而信其行;今吾于人也,听其言而观其行。"信任不能仅仅停留在语言上,行动更有说服力。听其言,观其行,成为识人的利器。《卫灵公篇》15.23:子曰:"君子不以言举人,不以人废言。"不能因为说话好听就重用他,也不能因为他人品不好就忽略他所说的话。

孔子总是不经意地提醒人们,堂堂正正做人,小心谨慎识人。小时候,父亲总是教育我们，害人之心不可有，防人之心不可无，也是这个道理。

## 11.22

子路问："闻斯行诸❶？"子曰："有父兄在，如之何其闻斯行之❷？"

冉有问："闻斯行诸？"子曰："闻斯行之。"

公西华曰："由也问闻斯行诸，子曰，'有父兄在'；求也问闻斯行诸，子曰，'闻斯行之'。赤也惑，敢问❸。"

子曰："求也退，故进之❹；由也兼人，故退之❺。"

### 译文

子路问孔子："听到有道理的话就要马上去施行它吗？"孔子说："父亲兄弟健在，怎么能一听到有道理的话就草率行事呢？"

冉有问孔子："听到有道理的话就要马上去施行它吗？"孔子曰："听到有道理的话就去施行它。"

公西赤说："子路问听到有道理的话就去施行它吗，老师说：'父亲兄弟都健在，不能草率行事。'冉求问听到有道理的话就马上去施行它吗？老师说：'听到有道理的话就去施行它。'我有点迷惑不解，同样的问题，却有两个不同的答案，我斗胆问问老师，这是为什么呢？"孔子说："冉求胆小怕事，所以要激励他；子路勇气过人而行事鲁莽，所以要压制他。"

### 释读

❶ **闻斯** "闻"之后所带的"斯"应为代词，"闻斯"即"闻此""闻这"，此、这为指示代词，代道理，义理，应该做的事，而非副词或连词"就""则"。

**诸** "之乎"合音。

❷ **如之何** 此处为"怎么""为什么""怎么可以""怎么能"。此句意思是，父亲、兄弟都健在，怎么能一听到有道理的话就草率（鲁莽）行事呢？《礼记·曲礼》："夫为人子者，出必告，反必面；所游必有常，所习必有

业，恒言不称老。"（做子女的，出门前一定要告知父母，回家后一定要当面禀告父母；出行要有确定的地方，学习要有专攻，平常说话不能说"老"这个字。）"父母存，不许友以死，不有私财。"（父母在世，不向朋友以死相许，不背着父母私存钱财。）

❸ **赤也惑，敢问** 赤，公西赤，字子华，又称公西华。惑，疑惑不解，迷惑。敢问，斗胆问。

❹ **求也退，故进之** 求，冉求。退，退缩，畏缩，性格软弱，胆小怕事，遇事退缩。进，此处为激励、鼓励（他），不及物动词转及物动词。

❺ **由也兼人，故退之** 由，子路。兼人，即倍于人，胆气、勇气过人。退之，使之退，抑制他，压制他。

|读后|

朱熹《论语集注》："圣人一进之，一退之，所以约之以义理之中，而使无过不及之患也。"朱熹说，孔圣人对学生一个激励，一个压制，这就是用义理去约束学生，使他们没有做事过头或做不到位的问题。

我们曾在11.13章谈到孔子因材施教的教育理念。本章可视为对11.13章内容的进一步举证，或者，可视为对因材施教理念的具体实践，值得每一个教育工作者高度重视。

**11.23** 子畏于匡❶，颜渊后❷。子曰："吾以女［rǔ］为死矣❸。"曰："子在，回何敢死❹？"

|译文|

孔子被匡人围困，颜渊最后逃出来。孔子说："我以为你已经死了。"
颜渊说："老师您还健在，颜回我怎么敢死掉呢？"

【释读】

❶ **畏** 通"围",被围,被困,非今义。本句同《子罕篇》9.5 章"子畏于匡"句。

❷ **颜渊后** 是说孔子先避去,颜渊失散,最后才得以相聚。皇侃《论语义疏》引孔安国曰:"言与孔子相失,故在后。"皇侃注:"于围中相失也。""时颜渊与孔子俱为匡围,孔子先得出还至家,而颜渊后乃得出还至也。"(孔安国说:"是说颜渊与孔子失散,所以落到后面。"皇侃对此句注解说:"在围困中失散了。"又说:"当时颜渊和孔子都被匡人所困,孔子先逃出回到家中,颜渊最后才逃出归家和孔子相聚。")朱熹《论语集注》:"后,谓相失在后。"(后,是指颜渊和孔子失散,落在了后面。)

❸ **以……为……** 1."以"为介词,"以……"组成介词结构,作动词"为"的状语,相当于"用……做……""把……当作……"。2."以"是动词,"认为"的意思,相当于"认为(觉得)……怎么样""认为(觉得)……是……"。本章即用此义。3."以为"在少数情况下作为双音节词,与现代汉语"以为""认为"相当。

❹ **子** 对孔子的尊称。"子在"即老师您还健在,活着。
**回何敢死** 颜渊我怎么敢死,颜渊我哪里敢死。

【读后】

"子在,回何敢死?"这句话体现出颜渊对孔子的敬重之情。颜渊视孔子如父,恩重如山,师在,学生当如事父,尽心竭力,而不能轻身赴死。正如前文引述《礼记·曲礼》所言:"父母存,不许友以死,不有私财。"足见师徒二人之情深义重。

王大毛《超解论语》:师徒二人相见于危困流离之际,脱口而出的一句话竟然是"我以为你死了呀",足见其心中牵挂的就是颜回。本篇从头至尾弥漫着痛失颜回的哀伤。"子在,回何敢死。"他们当时应该说了很多话,这一句如今听来格外悲伤。

## 11.24

季子然❶问:"仲由、冉求可谓大臣与[yú]❷?"子曰:"吾以子为异之问,曾[zēng]由与求之问❸。所谓大臣者,以道事君,不可则止❹。今由与求也,可谓具臣矣❺。"

曰:"然则从之者与[yú]❻?"子曰:"弑父与君,亦不从也。"

### 【译文】

季子然问孔子:"子路和冉求算得上大臣了吗?"孔子说:"我以为你是要问别的事呢,原来是问子路和冉求这两个人的事啊。所谓大臣,按照大臣的准则去侍奉君主,如果行不通,那就辞官退隐。如今,子路和冉求算得上初步具备做大臣的才能了。"

季子然又问:"那么他们会事事听从君主之命吗?"孔子说:"如果是杀父杀君这样的事,也不会听从的。"

### 【释读】

❶ **季子然** 鲁国季氏子弟,季氏族人。

❷ **可谓** 可以说,可以称得上。

❸ **异之问** 问异,询问别的人或事。
**曾由与求之问** 曾,乃,却,竟然,原来。由与求之问,即询问子路和冉求这两个人。"异之问""由与求之问"两句结构相同,都是宾语提前的动宾结构,其中,两个"之"为宾语提前标志,无实际意义。

❹ **道** 指所遵守的为臣原则,准则,即为臣之道。以道事君,以做臣子的准则去侍奉君王。
**不可则止** 如果按照为臣的原则行事却行不通,不被君王所接受,那就辞官退隐(不干)。《礼记·曲礼》:"为人臣之礼不显谏,三谏而不听,则逃之。"(做大臣的礼制是不要直截了当指责劝谏君主,但如果多次劝谏,君主却不采纳,那就离开君主。)

❺ **具臣** 意即初具资格的臣子。钱穆《论语新解》："具臣，犹云备位充数之臣。"也就是如同今日的后备干部。

❻ **然则** 那么。
**从之者与** 从，跟从，顺从，听从，会事事顺从君主吗？会事事听从君主之命吗？

**读后**

才能可以有高下，道德底线却无高下之分，纵然只是后备干部，也不能在底线问题上是非不分。为臣之道，定不是顺从之道，不是溜须拍马之道，更不是充当爪牙打手之道。"所谓大臣者，以道事君，不可则止。"孔子之言，振聋发聩。

## 11.25

**子路使子羔为费宰❶。子曰："贼夫［fú］人之子❷。"**
**子路曰："有民人焉，有社稷焉，何必读书，然后为学❸？"**
**子曰："是故恶［wù］夫［fú］佞者❹。"**

**译文**

子路让子羔去做费城的行政长官。孔子说："你这是在害别人家的孩子。"

子路说："那里有众多的百姓，肥沃的土地，丰饶的五谷，为何一定要去读书，然后才算是学习呢？"

孔子说："所以我最讨厌油嘴滑舌的人。"

**释读**

❶ **子羔** 高柴，字子羔，见本篇11.18，"柴也愚。"
**费宰** 费城的主官，长官。

❷ **贼** 名词作动词用，贼害，戕害，坑害。孔子认为子羔年轻，学业未成，让他从政，无异于害他。杨树达《论语疏证》引《论衡·量知篇》："郑子皮

使尹何为政，子产比于未能操刀使之割也；子路使子羔为费宰，孔子曰：贼夫人之子，皆以未学不见大道也。"（郑国子皮让尹何去从政，子产将此比喻为还未学会如何使用刀就让其去割东西。子路让子羔去担任费城主官，孔子说：这是在害别人的儿子，都是因为还未能通过学习去认识万事万物的规律。）

**夫人**　那人，那个人，"夫"为远指代词，略等于"那"。

❸ **民人**　"民"与"人"连用，即指老百姓，人民，平民百姓。《论语》中的"民"都是和"上"或"君子"相对而言，指国君或官吏治理下的民众。焉，于此，在那里。

**社稷**　古代说"社稷"，指祭祀土地神和谷神的地方，"社"为祭祀五土之神，"稷"为祭祀五谷之神。后来把"社稷"作为国家政权的象征。在此可理解为有肥沃的土地，有丰饶的五谷。

**何必读书，然后为学**　为什么一定要去读书，然后才算是学习做学问了呢？言下之意，事事皆学问，在干中学也可以，何必一定要去读书？典型的读书无用论，或者，骨子里就有"仕而优则学"的实用主义思想。

❹ **是故恶夫佞者**　是故，所以。恶，憎恶，讨厌。佞者，油嘴滑舌之人，巧言狡辩之人。

**【读后】**

　　子路尚勇好斗，一直不把读书做学问当回事。在《为政篇》2.17章，我们曾讲过子路第一次跟孔子见面时的一段对话。在那一段对话中，孔子劝子路好好读书，但子路却说："南山有竹，不揉自直，斩而用之，达于犀革。以此言之，何学之有？"

　　从本章看来，子路跟随孔子这么多年，骨子里依然还残存着读书并非最要紧的观念，真乃"江山易改，禀性难移"。难怪，子路至死也未根除掉鲁莽好战的毛病。孔子只说，你找这些理由，就是在为自己的行为辩护，还说得冠冕堂皇。我最讨厌滑嘴滑舌的人，难道你不知道？

**11.26** 　子路、曾皙［xī］、冉有、公西华侍坐❶。

　　子曰："以吾一日长［zhǎng］乎尔，毋吾以也。居则曰：'不吾知也！'如或知尔，则何以哉❷？"

　　子路率尔而对曰："千乘［shèng］之国，摄乎大国之间，加之以师旅，因之以饥馑；由也为之，比及三年，可使有勇，且知方也。"

　　夫子哂［shěn］之❸。

　　"求！尔何如？"

　　对曰："方六七十，如五六十，求也为之，比及三年，可使足民。如其礼乐，以俟君子❹。"

　　"赤！尔何如？"

　　对曰："非曰能之，愿学焉。宗庙之事，如会同，端章甫，愿为小相［xiàng］焉❺。"

　　"点！尔何如？"

　　鼓瑟希，铿尔，舍瑟而作，对曰："异乎三子者之撰❻。"

　　子曰："何伤乎？亦各言其志也❼。"

　　曰："莫［mù］春者，春服既成，冠者五六人，童子六七人，浴乎沂［yí］，风乎舞雩［yú］，咏而归❽。"

　　夫子喟然叹曰："吾与点也❾！"

　　三子者出，曾皙后。曾皙曰："夫三子者之言何如❿？"

　　子曰："亦各言其志也已矣。"

　　曰："夫子何哂由也？"

　　曰："为国以礼，其言不让，是故哂之⓫。"

　　"唯求则非邦也与［yú］⓬？"

　　"安见方六七十如五六十而非邦也者⓭？"

　　"唯赤则非邦也与［yú］？"

　　"宗庙会同，非诸侯而何？赤也为之小，孰能为之大？"

[ 译文 ]

　　子路、曾皙、冉有、公西华在孔子身边陪侍而坐。

　　孔子说："因为我比你们年长一点，你们不要因为我比你们年长就不敢直言你们的志向（理想）。平常，你们总是说：'没有人了解我（懂我）呀。'假如有人了解你们，你们该怎么做呢？"

子路不假思索，脱口而出道："一个拥有千辆兵车的国家，夹在大国之间，在外，有外敌侵扰，在内，又加上连年的饥荒；如果让我去管理它，不出三年，可以让百姓变得勇敢无畏，而且懂得道义。"

　　孔子微微一笑。

　　孔子问："冉求！你怎么样？"

　　冉求回答说："方圆六七十里或者五六十里的小国，如果让我去管理它，不出三年，我可以让百姓富足。至于礼乐教化方面的事，那只有等待有德有才的君子去完成了。"

　　孔子问："公西赤！你怎么样？"

　　公西赤回答说："我不敢说我能够做什么，我愿意努力学习。祭祀方面的事，或者与别的诸侯国会盟的时候，穿上礼服，戴上礼帽，我愿意做一个小小的司仪。"

　　孔子又问："曾点！你怎么样？"

　　只听见琴声慢慢变得稀疏，最后，铿的一声，琴声戛然而止。曾皙放下手里的瑟，站起来，回答道："我跟他们三个人所具有的治国才能不同。"

　　孔子说："这又何妨？也就是各自表达自己的志向罢了。"

　　曾皙说："春暖花开的暮春时节，穿上春天的衣服，约上五六个成年人，带上六七个小孩子，在沂水河里洗洗澡，在舞雩台上吹吹风，再一路高歌，乘兴而归。"

　　孔子长叹一声，说："我赞同曾皙所言。"

　　子路、冉求、公西华出去后，曾皙留在后面。曾皙问："他们三个人所说的怎么样？"

　　孔子说："也就各自说说自己的志向罢了。"

　　曾皙说："老师为什么讥笑子路呢？"

　　孔子说："治理国家要讲礼让，子路说话都不懂谦让，所以我才讥笑他。"

　　曾皙问："那么，冉求所说的就不是治理国家的事吗？"

　　孔子说："哪里看到过方圆六七十里或五六十里的地方就不算是国家的呢？"

　　曾皙问："那么，公西赤所说的就不算是治理国家的事吗？"

　　孔子说："宗庙祭祀，诸侯会盟这些事，不是诸侯国的事又是什么呢？如果公西赤所做的都只能算是小事，那还有谁能做更大的事呢？"

[释读]

❶ **曾皙** 曾参的父亲，生卒年月不详，名点，字子皙，也是孔子的学生。《论语》中只此一章提及。

**侍坐** 在尊者身边陪坐。

❷ **毋吾以也** 毋，不要。以，因为。此句因为是否定句，代词宾语"吾"提前到"以"之前，即语序应为"毋以吾也"，"毋以吾"后省略了上一句"以吾一日长乎尔"，翻译时补出为：不要因为我比你们年长就不敢直言你们的志向（理想）。因为我比你们年长一点，你们不要因为我比你们年长就不敢直言你们的志向（理想）。

　　皇侃《论语义疏》引孔安国曰："言我问汝，汝无以吾长，故难对也。"皇侃注曰："孔子将欲令四子言志，故先说此言以劝引之也。尔，汝也。言吾今一日年齿长大于汝耳，汝等无以言吾年长而不敢言己志也。"〔孔安国说："是说我问你们问题，你们不要因为我比你们年长，所以就难以畅所欲言。"皇侃注释说："孔子想叫四位弟子各自谈谈自己的志向（理想），所以先说这句话来诱导他们。尔，你（们）。是说我现在的年龄比你们大一点，你们不要说老师我年长就不敢直言自己的志向（理想）。"〕

**居** 平常，平日。

**不吾知也** 即"不知吾也"，别人都不了解（不懂）我呀。否定词后，代词宾语提前。

**如或知尔** 如，假如。或，有人。知，了解。尔，你们。

**则何以哉** 那么，该怎么做呢。

❸ **率尔** 不假思索地，脱口而出，显得急切而轻率的样子。

**千乘之国** 有一千辆兵车规模的国家。《学而篇》1.5章：子曰："道千乘之国，敬事而信，节用而爱人，使民以时。"

**摄** 夹在其中。

**加** 外加，在外，有外敌侵扰。

**因** 黄怀信释为"仍""连续"，考其语意，此"因"与"加"应为同义，即，加上。又加上遭遇饥荒。在外有外敌的侵扰，加上连年的饥荒。

**由也为之** 如果让我去管理它。由，子路自称。为，治理，管理。

先进篇第十一　425

**比及**　等到。一说"比"读为[bì]。比及三年，等到三年时间，几年之间。
**可使有勇**　可使（之）有勇，可以让百姓变得勇敢无畏。
**方**　《广雅·释诂》："方，义也。"郑玄注："方，礼法也。"指规矩，道义。
**哂**　微笑，讥笑。

❹ **方**　方圆。
**如**　或者，下文"如会同"也是此义，而"如其礼乐"的"如"，则是"至于"的意思，至于礼乐教化方面的事。
**以俟君子**　以，副词，此处表示仅限，译为"只"。俟，等，等待。君子，此处为有德有才之人。

❺ **非曰能之，愿学焉**　不敢说我能够做什么，不敢说我有什么才能，我愿意去努力学习。
**宗庙之事**　指祭祀方面的事情。
**会同**　诸侯会盟。
**端章甫**　端，礼服。章甫，礼帽。用如动词，即，穿上礼服，戴上礼帽。
**相**　主持礼仪的人，司仪。

❻ **鼓瑟希**　弹拨出来的琴声慢慢变得稀疏。希，稀疏。（"弹瑟手迟而声希也。"弹瑟的手慢了下来，琴声稀稀落落。——皇侃《论语义疏》语。）
**铿尔**　象声词，最后，铿的一声，戛然而止。
**舍瑟而作**　舍瑟，放下瑟。作，站起来。舍瑟而作，放下手中的瑟，站起来。
**异乎三子者之撰**　即，我跟他们三个人所具有的为政才能不一样。意思是，我没有他们三人那样的治国才能。

❼ **何伤乎**　伤，妨害，妨碍。即有什么妨碍的呢，有什么妨害的呢？

❽ **莫**　同"暮"。莫春者，暮春之时，温暖和煦的暮春时节。
**既**　已经。
**春服既成**　春天的衣服已经准备就绪，也就是说，春暖花开的温暖之季，大家已经穿上春季的衣服。春服，春季的服装，春季穿的衣服。

**冠者**　古代男子20岁行冠礼，表示成年，故冠者指成年人。
**浴乎沂**　即浴于沂，在沂水河里洗澡。乎，于，在。
**风乎舞雩**　风，名词作动词，吹风。舞雩为祭天求雨的祭坛。《水经注》："沂水北对稷门，一名高门，一名雩门。南隔水有雩坛，坛高三丈，即曾点所欲风处也。"
**咏而归**　再一路高歌，乘兴而归。

⑨　**喟然**　长叹的样子。孔子长叹一声，说。
　　**与**　同意，赞同，赞许。

⑩　**三子者**　子路、冉求、公西华三个人。

⑪　**让**　谦让。

⑫　**唯**　句首语助词，引出话题，可不译出，此处可译为"那么"。

⑬　**安**　疑问代词，哪里，什么，怎么。

**【读后】**

　　这一章，被称为《论语》中最美最生动的一章。美在哪？大概主要是曾皙那一段。

　　随着一串悦耳的音乐渐行渐稀，最后，铿的一声，琴声戛然而止。曾皙缓缓地放下手中的瑟，起身回答老师的问话。曾皙说，暮春三月，春暖花开，阳光正好。穿上春装，邀约几个老友，带上几个孩子，一起到沂水河里洗澡。从河里起来，再到舞雩台上，吹着和煦的春风，尽情享受春天的温暖与惬意。兴之所至，长歌一曲，歌声悠扬而绵长。暮色渐浓的时候，一群人，沐着晚风，就这样，踏着欢歌笑语，兴尽而归……这是一个多么美妙温暖的画面。

　　这就是曾皙设想的生活，这也是令孔子赞叹不已的生活。但是，这种超凡脱俗、悠然快乐的自在生活，难道真的是孔子向往的生活吗？

　　从古至今，各路解读《论语》者，从各自不同的角度，对此作了令人眼花缭乱的解读，却总感隔靴搔痒、不得要旨。在古今各家解读中，钱穆先生的解读，似乎深得孔子之意，最为中肯。

钱穆《论语新解》说："盖三人皆以仕进为心，而道消世乱，所志未必能遂。曾晳乃孔门之狂士，无意用世，孔子骤闻其言，有契于其平日饮水曲肱之乐，重有感于浮海居夷之思，故不觉慨然兴叹也。然孔子固抱行道救世之志者，岂以忘世自乐，真欲与许巢伍哉？然则孔子之叹，所感深矣，诚学者所当细玩。"

意思是，子路、冉求、公西赤三个人，把入仕做官当成自己的追求，但是，这个世道，大道消亡，世事纷乱，他们的理想未必能够如其所愿。曾晳是孔子门下最清高狂放之人，无心入世为官，孔子猛然间听到他讲这段话，恰好契合了孔子自己在《述而篇》7.16所表达的高远志向："饭疏食，饮水，曲肱而枕之，乐亦在其中矣，不义而富且贵，于我如浮云。"又再次勾起了孔子自己远离尘世的乘桴浮于海的心结。所以，情不自禁，感慨唏嘘。但是，孔子一直怀抱推行大道、拯救乱世的理想，怎么会远离尘世，自得其乐，打算同许由、巢父这样的人为伍呢？不过，孔子的感叹，感慨至深，用意至深，实在是学人们应当细细品味的。

钱穆先生这段话，至少表达了以下观点：

第一，世事动乱之际，一心入世当官，未必能施展抱负。所以，一心想在仕途上大展宏图，其实是一种政治幼稚，这在孔子自己，是有切身体会的，这也是孔子矛盾心理的根源。

第二，曾晳所言，触动了孔子心底那根伤心之弦。孔子周游列国，推行儒学，却不被重用，心急如焚，却无回天之力，这是孔子心底最脆弱之处，无论是曲肱而枕，还是乘桴浮海，都是愤懑之情的自然流露。

第三，孔子最终仍是一个坚定的布道者，虽然常有远离乱世的念头，但终究不会忘世自乐，与许由、巢父这类人为伍。多么纠结的孔子啊！从这个意义上讲，孔子身上，具有浓郁的悲剧色彩。

也正因为此，我们在本篇11.19曾说，孔子在对颜回、子贡的评述中，似乎不经意透露出了一丝犹疑，对自己所孜孜以求的理想的怀疑，精神与物质，道德与财富，理想与现实到底该作何取舍，何去何从？方向是不是错了？到底该把身边这一群学子带往何处才是正途？

孔子在深深地反思，反省，拷问自己的灵魂。

这一深刻而不无犹疑的反思，正是他向往暮春三月，五六个老友，六七个天真烂漫的孩子，在沂水河畅游，在舞雩台享受和煦的春风，再长歌一曲，尽兴而归的自得之乐的根源所在。

一个有血有肉的孔子，活脱脱呈现在我们眼前。孔子是圣人，却是一个有血有肉有灵魂的圣人，他有坚定的信念，却也有犹疑，有矛盾，有对自己的深刻反思，有痛苦纠结的怀疑。

然而，纵有荆棘纵横，仍将勇往直前！这，才是孔子，一个悲壮的、豪迈的，令人崇敬的英雄孔子！

不敏請事斯語矣司馬牛問仁子曰仁者其
也訒訒其言也訒斯謂之仁已乎為之難
之得無訒乎司馬牛問君子子曰君子
不懼曰不憂不懼斯謂之君子已乎子
省不疚夫何憂何懼司馬牛憂曰人皆

# 顏淵篇第十二

## 12.1

颜渊问仁❶。子曰:"克己复礼为仁❷。一日克己复礼,天下归仁焉❸。为仁由己,而由人乎哉❹?"

颜渊曰:"请问其目❺。"子曰:"非礼勿视,非礼勿听,非礼勿言,非礼勿动。"

颜渊曰:"回虽不敏,请事斯语矣❻。"

**【译文】**

颜渊询问怎样做才算是仁。孔子说:"约束自身,践行礼制,这就是仁。一旦人人做到约束自己,践行礼制,那么,天下之人也就归于仁德。实践仁德,靠的是自己,难道还靠别人吗?"

颜渊说:"请问具体的要点有哪些呢?"孔子说:"不符合礼制的不看,不符合礼制的不听,不符合礼制的不说,不符合礼制的不做。"

颜渊说:"我虽然不聪明,但请让我按照老师所讲的话去做吧。"

**【释读】**

❶ **问仁** 即询问怎样做才算是仁。

❷ **克己复礼** 克,约束,抑制。克己,约束自己,约束己身。复礼,复,如"言可复也"之"复",践行。克己复礼即约束自身,践行(遵循)礼制。《左传·昭公十二年》:"仲尼曰:'古也有志:克己复礼,仁也。'"从《左传》内容可见,"克己复礼为仁"是孔子引用前人的话并赋予其新的内涵。克己复礼只是一个大的原则性的纲领,而要落到实处,就要找到切入口,找到具体实行的切入点,否则,克己复礼终将会成为一句口号。

❸ **一日** 一旦。

❹ **由己** 靠自己。实践仁德,全靠自己。

❺ **目** 本指网眼,此处指具体的要点,节点,环节。成语"纲举目张",意为提起渔网上的大绳,渔网上的网眼就一个个都张开了。比喻抓住事物的关

键，就能带动其他环节。郑玄注："举一纲而万目张。"

❻ **事** 实行，践行。
**斯** 这。

**[读后]**

孔子在本章关于仁的思路是，仁是本，礼是仁的外在表现。要达于仁德，须从礼入手，而礼又是很具体的，于是就有了"四勿"："非礼勿视，非礼勿听，非礼勿言，非礼勿动。"孔子说"为仁由己"，你就对照着做吧。就这么简单。

## 12.2

仲弓❶问仁。子曰："出门如见大宾，使民如承大祭❷。己所不欲，勿施于人❸。在邦无怨，在家无怨❹。"

仲弓曰："雍虽不敏，请事斯语矣。"

**[译文]**

冉雍询问怎么样才算是仁。孔子说："在外做事要像接待贵宾一样恭敬慎重，役使百姓要像承办重大祭典一样谨慎小心。自己不喜欢不愿意的，也不要强加给别人。在诸侯的邦国任职不心生怨气，在卿大夫家任职也不心生怨气。"

冉雍说："我虽然不聪明，请让我按照老师所讲的去做吧。"

**[释读]**

❶ **仲弓** 冉雍，字仲弓。

❷ **出门** 即出门在外，出门办事，在外任职。
**大宾** 贵宾，贵客。使民，役使民众，差遣百姓做事。
**承** 承办。
**大祭** 重要的祭祀活动。

皇侃《论语义疏》引孔安国曰："为仁之道，莫尚乎敬也。"（做一个有仁德的人，没有不推崇恭敬慎重的。）

❸ **己所不欲** 自己不想要的东西，不想做的事情，不喜欢的人或事等等。
**施** 施加，强加。

❹ **邦** 诸侯的邦国。
**家** 指卿大夫或其采邑。

杨逢彬《论语新注新译》："《论语》时代的典籍中，'家'在与'邦''国'并言时，多指卿大夫或其采邑，鲜有例外。本篇下文'在邦必闻，在家必闻''在邦必达，在家必达'（12.20）也是如此。"

**无怨** 表示我无怨于他人，而不是他人无怨于我。钱穆《论语新解》："无怨……乃指不怨天，不尤人，无论在邦在家皆无怨。非人不怨己，乃己不怨人。"不抱怨天，不责备人，从低处入手学习，最终至于完美境界。

**【读后】**

复旦大学哲学系教授王德锋说，当代人失去了两个底线，一是敬畏天道，一是敬重人心。当我们联系到现实社会中的种种怪象，我们会更深切地体会到这句话的深意。

## 12.3

司马牛❶问仁。子曰："仁者，其言也讱[rèn]❷。"
曰："其言也讱，斯谓之仁已乎❸？"子曰："为之难，言之得无讱乎❹？"

**【译文】**

司马牛问孔子怎样才算是仁。孔子说："仁，就是说话谨慎迟缓。"
司马牛说："说话谨慎迟缓，这就叫作仁了吗？"孔子说："看似简单，做起来很难，说话能不谨慎迟缓吗？"

[释读]

❶ **司马牛** 复姓司马,名耕,一名犁,孔子学生,宋国人,相传为宋国大夫桓魋[tuí]的弟弟。《史记·仲尼弟子列传》:"司马耕,字子牛。牛多言而躁,问仁于孔子。孔子曰:'仁者,其言也讱。'"(司马耕,字子牛。子牛话多而且性情急躁。他向孔子询问怎么做才算是仁。孔子说:"仁,就是说话谨慎迟缓。")

❷ **讱** 缓慢谨慎,言语迟钝,引申为虑事周详,说话慎重,不轻易开口。

❸ **斯** 这,这就,复指"其言也讱"。

❹ **得无** 能不。

[读后]

说话谨慎迟缓,难吗?难。
前面我们曾讲过一句话,人贵语迟,水深流缓。说话迟缓,不仅仅是说语速慢,更是说说话谨慎小心,说话要经过大脑。没想明白不说,没到该说的时候不说,没看清楚是不是你说话的对象不说。
病从口入,祸从口出。

## 12.4

司马牛问君子。子曰:"君子不忧不惧❶。"
曰:"不忧不惧,斯谓之君子已乎?"子曰:"内省不疚,夫何忧何惧❷?"

[译文]

司马牛问孔子怎么样才算作是君子。孔子说:"君子不忧虑,不畏惧。"
司马牛说:"不忧虑不畏惧,这就叫作君子了吗?"孔子说:"一个人问心无愧,有什么忧虑和畏惧的呢?"

颜渊篇第十二  435

【释读】

❶ **君子不忧不惧**　意思是君子不忧虑、不畏惧。

❷ **内省不疚**　即问心无愧，有什么可忧虑畏惧的？四川民间有一句俗语："心中无冷病，不怕鬼敲门。"

【读后】

有人说："当一个人极度坦诚，他就已经无坚不摧。"问心无愧，坦荡无私，还有什么不可面对的？想起《钢铁是怎样炼成的》保尔·柯察金那句名言：人生最宝贵的是生命，生命对于我们只有一次。一个人的生命应当这样度过：当他回忆往事的时候，他不因虚度年华而悔恨，也不因碌碌无为而羞愧。在临死的时候，他能够说："我的整个生命和全部精力都已献给世界上最壮丽的事业——为人类的解放而斗争。"

问心无愧，无怨无悔，这可能是人生最完美的结局。

## 12.5

司马牛忧曰："人皆有兄弟，我独亡［wú］❶。"子夏曰："商闻之矣：死生有命，富贵在天。君子敬而无失，与人恭而有礼❷，四海之内，皆兄弟也❸——君子何患乎无兄弟也❹？"

【译文】

司马牛忧伤地说："别人都有兄弟，唯独我却没有。"子夏说："我听说这样一句话：一个人的生与死都是由命运决定的，一个人的富与贵都是由上天安排的。一个君子，只要努力做到严肃恭谨而少过失，对人谦恭平和而遵守礼制，这样，普天之下的人，就都是你的兄弟了——一个真正的君子，何须担心没有兄弟呢？"

【释读】

❶ **忧** 忧伤。
**亡** 音、义同"无"。

❷ **敬而无失** 敬,严肃恭谨。失,过失,过错。
**恭而有礼** 恭,谦恭平和。礼,礼节,礼制。

❸ **四海** 天下。古人认为中国就是天下的中心,四周是东夷、西戎、南蛮、北狄,过此以往便是无边无际的海洋。四海之内即普天之下。

❹ **患** 担心,害怕,忧虑。

【读后】

钱穆《论语新解》:"命者不由我主。如人之生,非己自欲生。死,亦非己自欲死。天者,在外之境遇。人孰不欲富贵,然不能尽富贵,此为境遇所限。"在钱穆看来,不能由我做主的,我无法事先设定的,便是命,当我们把命神秘化之后,便成为悲观的宿命。时机,性格,禀性,学识,遇到的人,经历的事等等,这一切便构成境遇,也便是天命。

在中国传统文化及民族意识里,"命"与"天"总是不可逆,不可违,又不可回避。正如我们在前面所讲,天命不可违,我们却可以努力去触摸生命的边际、命运的边际,这,便是积极的人生观、天命观。

在本章,"死生有命,富贵在天",这是命定;而"敬而无失,与人恭而有礼",这是我们可以改变命运的积极的努力,是我们对自己生命的"边界触摸"。如此,"君子何患乎无兄弟也"?

子夏引用"死生有命,富贵在天",也不是用作消极的意图,而是用作积极的意图:他试图以此宽慰司马牛,使司马牛坦然面对命运。生死有命,富贵在天,这是我们不能改变的。我们能做的,就是"敬而无失,恭而有礼"。子夏还说出了一个很重要的道理:一个人,如果做个好人,做个对人有用的人,他就不会是孤独的,他会有兄弟朋友的。看12.4和12.5这两章,从老师到同学,都在尽力宽慰忧惧之中的司马牛,让我们感受到孔门集体的温暖。(图12.5-1:四海之内皆兄弟)

图12.5-1

**12.6** 　　子张问明❶。子曰："浸润之谮[zèn]，肤受之愬[sù]，不行焉，可谓明也已矣❷。浸润之谮，肤受之愬，不行焉，可谓远也已矣❸。"

**【译文】**

　　子张询问怎样做才算得上遇事明察。孔子说："无论是如和风细雨般逐渐渗透影响的谮言，还是那种让人有切肤之痛般的诬告，在你这里都行不通，就可以说是遇事明察了。无论是如和风细雨般逐渐渗透影响的谮言，还是那种让人有切肤之痛般的诬告，在你这里都行不通，也就可以说是具有远见了。"

**【释读】**

❶ **明**　即明察，洞明，明辨是非曲直，明察秋毫。甲骨文"明"从月，从囧[jiǒng]，囧为窗之象形，以夜间月光射入室内会意为明；或从日，则以月未落而日已出会意。（图12.6-1）许慎《说文》："明，照也，从月从囧。"小篆"明"与甲骨文形近。（图12.6-2）《逸周书·谥法解》："谮诉不行曰明。"（不听信诽谤诬陷，诽谤诬陷在你这里都行不通就叫明。）

❷ **浸润**　慢慢渗透，影响，如水之无孔不入而不知觉。
　　**谮**　诬陷，谗言，说人坏话。许慎《说文》："谮，愬也。"
　　**肤受**　切肤之感，切肤之痛。
　　**愬**　诽谤，也同"诉"。此处指诬告，诽谤。
　　**不行焉**　不行，行不通，焉，于此，在你这里。"不行焉"也即在你这里都行不通，不起作用。

图12.6-1

图12.6-2

❸ **远** 远见。刘宝楠《论语正义》："远则明之至也。《尚书》曰：'视远惟明。'"（有远见才能看得深远透彻。）

**读后**

谣言止于智者。面对谣言，面对诬陷，面对各种形式的诽谤，能遇事洞明，并能看得深远透彻，这就是智者，这也就是明。

**12.7** 子贡问政❶。子曰："足食，足兵，民信之矣❷。"

子贡曰："必不得已而去，于斯三者何先？"曰："去兵。"

子贡曰："必不得已而去，于斯二者何先？"曰："去食。自古皆有死，民无信不立。"

**译文**

子贡询问怎样治理国家（如何施政）。孔子说："充足的粮食，充足的军备，百姓的信赖。"

子贡说："如果不得已一定要在这三者之中去掉一项，先去掉哪一项呢？"孔子说："去掉军备。"

子贡说："如果不得已一定要在两项之中去掉一项，去掉哪一项呢？"孔子说："去掉粮食。自古以来，人总是都要死的，但如果失去了百姓的信赖，政权也就立不住了。"

**释读**

❶ **子贡问政** 即子贡向孔子询问如何施政，如何去治理国家。

❷ **足食** 充足的粮食。"仓廪实而知礼节。"

**足兵** 兵是兵器，武器，此处指军备，充足的军备。

**民信之矣** 赢得天下百姓的信赖，老百姓信赖他。

杨伯峻《论语译注》翻译为："孔子道：'充足粮食，充足军备，百姓对政府就有信心了。'"杨逢彬《论语新注新译》翻译为:"孔子说:'充足粮食,充足军备,百姓就信任政府了。'"二者均将"足食""足兵"作为"民信之"的条件。从通篇文字的逻辑关系看,足食,足兵,民信之,这三者应为并列关系,否则,子贡便不会有"必不得已而去,于斯三者何先?""必不得已而去,于斯二者何先?"这样的追问了。子贡明言"三者",孔子也据此作答,显然,师徒二人都认为三者是并列关系而不是条件关系。这也才能解释后面的"必不得已而去,于斯二者何先"的问题。

**【读后】**

日本学者宇野哲人《论语读本》译者序里,引用了日本作家立花隆的随笔,其中写道,二战末期的1943年,坚信日本必然会战败的西晋一郎教授在为昭和天皇进讲时,特意挑选了《论语·颜渊篇》"子贡问政"章进行讲解。该章大意是,孔子的学生子贡请教孔子:"政治上最重要的是什么?"孔子回答:"食物充足,军备完善,以及信赖感,三者同等重要。"子贡又问:"不得已而要在三者之间取舍呢?"孔子说:"首先放弃军备,其次放弃食物。"子贡紧接着问:"没了吃的,人不就活不成了吗?"孔子回答:"自古人皆有一死,没了食物会饿死,这是避免不了的,但信赖是政治的根本,至死都不可以放弃。因为如果人民和政府之间没有了信任,社会终究会垮掉。"就此看来,孔子认为上下之间的信任是政治的要害。据说,昭和天皇听后颇有触动,后来决定接受盟军的《波茨坦公告》,可能多少也跟当年听了西晋一郎进讲"子贡问政"有点关系。

## 12.8

棘子成❶曰:"君子质而已矣,何以文为❷?"子贡曰:"惜乎,夫子之说君子也!驷不及舌❸。文犹质也,质犹文也❹。虎豹之鞟[kuò]犹犬羊之鞟❺。"

**【译文】**

棘子成说:"君子有内在的本质就够了,还要文饰仪礼来做什么呢?"子贡说:"先生这样来谈论君子,太可惜(遗憾)了!一句话说出来,可是驷马难追的啊。文如同质,质如同文,不可偏废,二者同等重要。这就如去掉了皮毛的斑纹，虎豹的皮和犬羊的皮也就没什么两样了。"

**[释读]**

❶ **棘子成** 卫国大夫。

❷ **质** 质为本质，质朴，内在的本质。
**文** 文饰，文采，修饰，主要指"礼"的修为。
**何以……为** 由介宾词组"何以"和语气词"为"前后搭配构成。用于反诘。可译作"为什么要……呢""干吗要……呢""哪里用得着……呢"等。汉朝名将霍去病有一句名言："匈奴未灭，何以家为。"（匈奴还没被消灭，我拿家来做什么？）

❸ **夫子** 先生。古代大夫都可以被尊称为"夫子"，所以子贡也这样尊称棘子成。
**驷不及舌** 舌，在此处代指说出口的话。子贡这句话是委婉的说法。这句话其实是说，先生说话实在是欠考虑，不应该随意说这样的话，因为说错了话，四匹马拉的车也追不回来。

❹ **犹** 如同。

❺ **虎豹之鞟犹犬羊之鞟** 鞟，同鞹，去掉毛的兽皮。这话的意思是，虎豹皮与犬羊皮因毛色斑纹不同，很容易就区分出来，但如果把毛都去掉，那虎豹皮和犬羊皮也就没什么两样了。虎豹与犬羊几乎天地之间，如果没有独自的"文"，那不就混为一谈了么？

**[读后]**

《雍也篇》6.18：子曰："质胜文则野，文胜质则史。文质彬彬，然后君子。"内在的品质胜过外在的文采，就免不了粗野朴拙；外在的文采胜过内在的品质，就免不了虚浮不实。文质相融而恰到好处，那才是君子之风。

孔子其实已经把质与文的关系表达清晰了。只是，还是有人不明白。棘子成

颜渊篇第十二　　441

很不屑于在"文"上面下功夫。在他看来，一个君子，是不需要成天整那些花里胡哨没用的东西的，酒香不怕巷子深，我根正苗红，不需要搞那些个花头花脑的东西。"何以文为？"拿这个文来干嘛？！这话傲慢而又粗暴。问题是，持这种观点的人，估计在那时还不在少数。

面对如此粗暴无礼的棘子成，子贡再次展示自己的口才与聪明才智。他先恭恭敬敬地说，夫子啊，你这样谈论君子，实在太遗憾了。关键是，一言既出，驷马难追啊。夫子之言，要是传出去，可是会影响你的光辉形象呢。客气婉转了一番，然后，子贡话锋一转，单刀直入亮明自己的观点："质犹文也，文犹质也。"文就是质，质就是文，怎么割裂得开呢？言下之意，棘子成提出的观点，其实就是一个伪命题。这就叫釜底抽薪。紧接着，子贡再补一刀，用了一个形象的比喻：如果照夫子你的观点，我们都只要"质"不要"文"，那该怎么去区别去毛的虎豹皮与犬羊皮呢？

这是一篇精妙的议论文。有论点，有论据，有逻辑严密的论证过程，以驳论始，以立论终。试想，棘成子听完子贡的话，该是一副什么样的表情呢？

## 12.9

哀公问于有若❶曰："年饥，用不足，如之何❷？"
有若对曰："盍［hé］彻乎❸？"
曰："二，吾犹不足，如之何其彻也❹？"
对曰："百姓足，君孰与不足？百姓不足，君孰与足❺？"

### 译文

鲁哀公问有若说："年成不好，国家财政用度不够，怎么办呢？"

有若回答说："为什么不实行十抽一的彻税制呢？"

鲁哀公说："十抽二我还感觉到不够，实行十抽一的彻税怎么行呢？"

有若回答说："老百姓富足了，您怎么会不富足？老百姓不富足，您又怎能富足？"

### 释读

❶ **有若**　姓有，名若，孔子学生，首次出现于《学而篇》1.2，称为"有子"。

❷ **年饥** 年成不好，饥荒之年。
**用不足** 国家财政用度不够，财政吃紧。

❸ **盍** 何不，为什么不。
**彻** 西周的田税制度。国家从耕地的收成中抽取十分之一作为田税。

❹ **二** 十抽二。十抽二我还感觉不够呢，十抽一怎么行呢？

❺ **孰与** 古汉语的惯用词组，常用于比较问句，表示"与……相比，怎么样""比……怎么样""在……方面比……怎么样"。同时，"孰与"还有一个用法是作副词，表反问，译为"怎么"。本章即是此种用法。"百姓不足，君孰与足"结构同。一说，"孰与"即"与孰"，跟谁，和谁。不从。

[读后]

《说苑·政理篇》：鲁哀公问政于孔子。对曰："政在使民富且寿。"哀公曰："何谓也？"孔子曰："薄赋敛则民富，无事则远罪，远罪则民寿。"公曰："若是，则寡人贫矣。"孔子曰："《诗》云：'恺[kǎi]悌君子，民之父母'，未见其子富而父母贫者也。'"（杨树达《论语疏证》引此文有遗漏。——引者注）这段话的意思是，鲁哀公向孔子询问如何治国理政。孔子说："施政要能让百姓富裕并且长寿。"鲁哀公说："这是什么意思？"孔子说："减轻税赋，百姓就可以富裕起来。不滋扰百姓，百姓就能远离犯罪，远离犯罪，百姓就能长寿。"鲁哀公说："要是这样，我可就贫穷了。"孔子说："《诗经》上说，仁慈平易的君子，就是百姓的衣食父母。没见过子女富裕了，父母却贫困交加的。"）"恺悌君子，民之父母。"出自《诗经·大雅·泂[jiǒng]酌》。

《吕氏春秋·审应览·不屈》："君子之德长且大者，则为民父母。"（君子的品德高尚盛大，就能成为百姓的衣食父母。）一个国家，一个政府，如果靠横征暴敛来维持，如果靠高赋税来运转，而置百姓生死于不顾，这样的国家或政府，恐怕难逃灭亡的结局。

## 12.10

子张问崇德辨惑❶。子曰:"主忠信,徙义❷,崇德也。爱之欲其生,恶之欲其死❸。既欲其生,又欲其死,是惑也。'诚不以富,亦只以异❺。'"

**【译文】**

子张询问如何提高道德修养、辨明迷惑。孔子说:"遵循忠诚信实准则,追求正义,这也就可以不断提高道德修养了。喜爱一个人的时候就希望他永远活着,厌恶他的时候又恨不得他马上死掉。既要他活,又要他死,这就是迷惑。《诗经》说:'诚不以富,亦只以异。'"

**【释读】**

❶ **崇德** 推崇、崇尚、提高道德、品德,提高道德修养。
**辨惑** 明辨惑乱,辨明迷惑。

❷ **徙义** 追求正义。高尚举《论语误解勘正》认为,"徙",当是"從"(从)字,属于形近致误。清俞樾《群经平议》曰:"包氏以徙义为徙意从之,其说迂曲,殆非也。徙当为從,《述而篇》'闻义不能徙',阮氏《校勘记》曰'高丽本作從',是其证也。"黄怀信《论语新校释》也直接将"徙"字改为"從"。可参考。

❸ **爱之欲其生,恶之欲其死** 爱一个人的时候就希望他永远活着,厌恶起来的时候又恨不得他马上死掉。《礼记·檀弓下》:"今之君子,进人若将加诸膝,退人若将队(同'坠')诸渊。"(现在的国君,提拔任用一个人时,爱得好像要把他抱到膝盖上一样,而不需要这个人的时候,恨得又像要将其抛入深渊。)

❺ **诚不以富,亦只以异** 出自《诗经·小雅·我行其野》。诚,确实。异,喜新厌旧,对我有异心。意思是,即使真的不是因为嫌贫爱富,那也是因为见异思迁。这一句诗放在这里,上下意思不连贯,历代注家大多认为这是错简,是放错了位置。这一句诗应该放在《季氏篇》16.12的"其斯之谓与"

前。朱熹《论语集注》引程子曰："此错简，当在第十六篇'齐景公有马千驷'之下，因此下文亦有'齐景公'字而误也。"（这是错简，应在第十六篇"齐景公有马千驷"之下，因本章的下一章也有"齐景公"三个字而放错。）但杨逢彬《论语新注新译》认为何晏《集解》引郑玄说可从，即认为孔子引此诗句是要强调那个"异"字，并认为当时引《诗》并不须忠于原意，"各取所需"罢了，所以认为此诗句就该在这里，并译为："正所谓'不但捞不着，只让人奇怪。'"杨逢彬观点不足信。

## 【读后】

《子罕篇》9.29：子曰："知者不惑，仁者不忧，勇者不惧。""知者不惑"，可见，不惑与智慧有关。然而，智慧却不是一朝一夕便可获得，需要日积月累，不断修炼，不断自我提升。因此，崇德又成为辨惑的根基。

《先进篇》11.18："柴也愚，参也鲁，师也辟，由也喭。"其中，"师也辟"，"师"便是子张。"辟"是什么？"以其志过高而流于一偏也。"（黄式三）志向过高，心高气傲，而流于偏激。在孔子眼里，子张这个学生的特点就是自视过高而流于偏激。面对这样的学生，当子张向孔子请教如何去崇德辨惑时，孔子的回答就很有针对性了。

关于崇德，如何提升自己的道德修养。孔子给子张开出的方子是"主忠信，徙义"，也就是把忠和信作为你行动的准则，去不断追求正义。

《易·益卦》象曰："风雷，益。君子以见善则迁，有过则改。"

意思是说，益卦为上巽下震，巽为风，震为雷，风雷交加，则成益卦。君子见疾风迅雷相交之卦象，则知敬畏天威而急速迁善改过。《象传》说：风雷交加，这便是益卦的意象。君子应该见贤善而努力去接近，有过失应尽快改正。《易经》告诉我们，当我们处于风起云涌、风云变幻之时，或者当我们经历着潮起潮落的人生节点，我们最该做的，是努力提升自我道德修养，见贤善而努力接近，不断追求正义，有过错便尽力改正。如此，才能修成正果。对于子张这样一个偏激而急躁的人，孔子希望他先坚固自己的根基，坚守忠信，追求正义，也就是，先学会做人，做一个正直的人。

第二个问题辨惑，孔子却并没有正面回答，而是告诉子张，什么是"惑"——"爱之欲其生，恶之欲其死。既欲其生，又欲其死，是惑也。"喜爱一个人的时候就希望他永远活着，厌恶他的时候又恨不得他马上死掉。既要他活，又要他死，这就是迷惑。

孔子提出这样一个问题，我们细读之后，会发现，这段话的实质是——偏激、走极端。这正是"师也辟"。孔子说，这就是惑。明白了什么是惑，或者，你的惑是从何而来，那要辨惑，还有困难吗？这是不是孔子在教学生如何"辨惑"的方法呢？是不是在告诉我们，要明辨迷惑，首先是要搞明白的，不是惑的概念，而是惑在何处，惑从何来？

突然想起几句话来，把这几句话放到一起，颇为有趣：

孔子说："四十而不惑"。

何为不惑？

孟子说："我四十不动心。"不动心，即不为外物牵动、影响。

惠能说："不是风动，不是幡动，仁者心动。"

王阳明说："心若不动，万事从容。"

惑，往往因为心动。

## 12.11

齐景公[1]问政于孔子。孔子对曰："君君，臣臣，父父，子子[2]。"公曰："善哉！信如君不君，臣不臣，父不父，子不子，虽有粟，吾得而食诸[3]？"

**【译文】**

齐景公向孔子询问执政之事。孔子回答说："君主要像个君主，臣子要像个臣子，父亲要像个父亲，儿子要像个儿子。"齐景公说："说得好啊！假如果真是君不像君，臣不像臣，父不像父，子不像子，纵使有粮食，我能吃得着吗？"

**【释读】**

❶ **齐景公** 齐国国君，姓姜，名杵臼[chǔ jiù]，公元前547至前490年在位。

❷ **君君** 君像君的样子。第一个"君"是指国君，名词；第二个"君"是名词作动词用，意为像君一样行事。下面"臣臣""父父""子子"是同样的结构。

❸ **信如** 信，副词，果真，确实。假如果真如此，假如真的这样。
**虽有粟，吾得而食诸** 虽，即使，纵然。粟，此处泛指粮食。得，能够。诸，"之乎"的合音字。

**读后**

读完这一章，你会有一种"鸡和鸭讲"的感觉。齐景公看似很谦虚地向孔子讨教如何施政，孔子也诚恳地给齐景公讲，做到"君君，臣臣，父父，子子"就好。齐景公仿佛是听懂了，不然，他怎么会热情洋溢地赞许呢？但是，听完齐景公的话之后，我们才发现，原来，齐景公根本没听懂孔子的话！孔子强调的是君先做好君，君先摆正君的角色定位，齐景公却以为孔子说的是，臣先做好臣，臣要把自己的角色定位摆正，不然，纵是粮食满仓，做君王的也没得吃呢。这就不难理解，孔子很快离开了齐国，不再跟齐景公谈论政治。

有人说，这一章是在讲管理学中的角色定位问题。现在社会乱象之一，便是角色混乱，比如，有些教授越来越像商人，有些商人越来越像教授等等。从这种角度去理解本章内容也是很有趣的。

## 12.12

子曰："片言可以折狱者，其由也与［yú］❶？"
子路无宿［sù］诺❷。

**译文**

孔子说："凭一面之词就可以断案的人，大概就只有仲由了吧。"
子路没有隔夜才兑现的承诺。（没有什么诺言是过夜以后再兑现的。）

**释读**

❶ **片言可以折狱** 片言，单方面的言辞，一面之词。折狱，即断狱。折，断，决断。狱，官司，案件，诉讼。
甲骨文"片"像爿（床）形，为"爿"的初文（俗改"爿［pán］"为"广"，成为"床"），本应为横写，为适应竖行排列，于是竖写，后世

颜渊篇第十二　447

慢慢分写为"片""爿"。许慎《说文》有"片"无"爿"。《说文》："片，判木（将木头一分为二），从半木。"许说有误。（图12.12-1）后"片"义引申出"一半""偏"义，再引为单、少，扁而薄的东西，以及量词。甲骨文"折"象用斤（斧）断草木，本义为折断。《说文》："折，断也。从斤断草。"（图12.12-2）皇侃《论语义疏》引孔安国曰："片，犹偏也。听讼必须两辞以定是非，偏信一言以折狱者，唯子路可也。"（片，如同"偏"义。断案必须依据两方的言辞才能判定是非，而偏听一面之词是就能断案的人，只有子路能做到。）

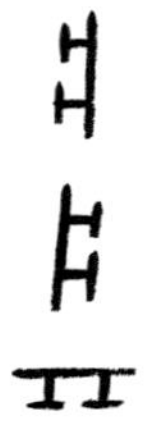

**其由也与** 其，表推测语气。也与（欤）[yú]，用于测度疑问句末，表示比较肯定的测度疑问语气，可译为"（恐怕）……吧"。由，仲由。

图12.12-1

图12.12-2

❷ **宿诺** 隔夜才兑现的承诺（许诺）。宿，过夜，如宿营；旧有的，如夙愿；年老的，如宿将。在此为隔夜。

【读后】

这一章的两句话，第一句很明确是孔子讲的，但第二句"子路无宿诺"是谁讲的却不太明确，因此历来有人将此别为一章，感觉也不无道理。

"片言可以折狱者，其由也与？"孔子这句话，怎么读都不像在夸子路，反倒有一点讽刺意味。单凭一面之词便敢断案下结论，从司法实践来看，这是不值得提倡和赞许的。

《孔子家语·好生》有这样一段记载："孔子为鲁司寇，断狱讼，皆进众议者而问之，曰：'子以为奚若？某以为何若？'皆曰云云如是，然后夫子曰：'当从某子，几是。'"（孔子任鲁国的大司寇，每当审理案件时，都要邀请众人参与讨论审议。孔子会问他们说："你以为怎么样？某某认为如何？"当大家各抒己见之后，孔子这才说："应当听从某某的意见，接近真相。"）从这段话可以看出，孔子审理案件非常慎重，定会听取多方意见。这样的孔子，显然不太可能鼓励子路审案的方式。不过，子路有子路的优点。比如，兑现承诺不过夜。说话算话，言必信，行必果。做事果决，这符合子路性格。

这一章，一贬一褒，一抑一扬，从一个新的侧面刻画出鲁莽草率却正直无私的子路形象。我们再回过头去读读《公冶长篇》5.7、《先进篇》11.15两章，当有更深更有趣的体会。

448　细读论语·下册

## 12.13  子曰："听讼，吾犹人也。必也使无讼乎❶！"

【译文】

孔子说："审理诉讼案件之类的，我和别人都没什么差别。如果有所不同，那我跟大家不同的是，我所致力追求的目标一定是使天下无纷争诉讼之事发生。"

【释读】

❶ **听讼** 审理诉讼案件。听，审理。讼，诉讼，打官司。孔子在鲁定公时，曾任鲁国大司寇。

**吾犹人也** 我与别人无异，我和别人都差不多。

**必也使无讼乎** 必也，一定，必定，此处指所致力的目标一定是。使无讼，使（之）无讼，使天下没有纷争诉讼。

【读后】

《汉书·刑法志》引孔子曰："今之听狱者，求所以杀之；古之听狱者，求所以生之。"意思是，现在的法官审理案件，是想方设法找出被告的罪名，从而杀掉被告；古代的法官审理案件时，是努力证明被告无罪，从而让被告得以免刑。

《为政篇》2.3：子曰："道之以政，齐之以刑，民免而无耻；道之以德，齐之以礼，有耻且格。"孔子倡导以德治国，"道之以德"，而不是靠"政"与"刑"治理国家。孔子"无讼"的司法思想，穿越两千年的时空，至今依然具有很深刻的司法实践意义。

## 12.14  子张问政❶。子曰："居之无倦❷，行之以忠❸。"

【译文】

子张询问如何执政。孔子说："处于执政的位置上，不松懈倦怠，执行政令尽忠职守，尽职尽责。"

### 释读

❶ **问政** 询问如何执政，询问行政之事。

❷ **居之** 处在官位之上。居，动词，位于，处于。如范仲淹《岳阳楼记》："居庙堂之高则忧其民。"成语有"居安思危"。处在执政的位置上，不要有疲倦懈怠（松懈倦怠）。《子路篇》13.1：子路问政。子曰："先之劳之。"请益。曰："无倦。"

❸ **行** 执行，行使，履行。

### 读后

"师也辟"，这三个字几乎就是子张的标签，辨识度还很高。唯其如此，子张一出场，我们眼前便总免不了会出现一个偏激、爱走极端的子张形象来。其实，作为老师的孔子，当他面对子张的时候，又何尝不是如此呢？不然，我们读读这一章，孔子回答子张问政的话，依然是针对性很强的。

居之无倦，那就不能只是三分钟的热情，不能虎头蛇尾，不能有始无终。行之以忠，那就要尽心尽力，尽职尽责，踏实勤勉，兢兢业业。

坚持，勤勉，踏实努力而不是心高气傲。这就是为政之道，这就是子张需要遵行循的行事准则。这也应是我们每一个人的行为准则。

## 12.15

子曰："博学于文，约之以礼，亦可以弗畔矣夫！"❶

### 译文

孔子说："广泛学习文献典籍，再用礼来约束控制，这样也便能不离经叛道，背离真理了。"

【释读】

❶ 此章为重出。《雍也篇》6.27：子曰："君子博学于文，约之以礼，亦可以弗畔矣夫！"

【读后】

本章虽为重出，但我们愿意再重温一遍，我们不仅要学识渊博，更要学会约束自己，学会管理自己的言行，包括情绪管控。唯有如此，才可能走向成功。

一个不能约束自己、管控自己的人，成功的概率很低。

## 12.16 子曰："君子成人之美，不成人之恶❶。小人反是❷。"

【译文】

孔子说："君子成全别人的好事，而不帮着别人做成坏事。小人正好相反。"

【释读】

❶ **君子** 有德之人。
**成人之美** 成，成全，帮助人实现某种愿望。美，美好，好事，善事。
**恶** 丑恶，丑事，坏事，与美、善相对。

❷ **反是** 跟此（成人之美，不成人之恶）正好相反。

【读后】

孔子说："夫仁者，己欲立而立人，己欲达而达人。能近取譬，可谓仁之方也已。"本章的宗旨跟这句话一脉相承。

成就别人，助人为乐，这就是仁。小人无仁者之心，故可能只会拉人下水，拖人后腿。我不能上，也让你上不了；我不能成功，也不让你成功。有人认为，这就是螃蟹效应：用敞口藤篮来装螃蟹，一只螃蟹容易爬出去，而多几只螃蟹装在一起，却没有一只能爬出去，原因是，螃蟹之间相互扯后腿。可见，成人之美，并非易事，还不仅仅是成为一句千古名言这么简单的事儿。

## 12.17

季康子问政于孔子。孔子对曰："政者，正也❶。子帅以正，孰敢不正❷？"

**【译文】**

季康子向孔子询问如何执政（执政之道）。孔子回答说："执政，就是正直（就是做表率）。您如果用正直去引领老百姓，还有谁敢不正直的？"

**【释读】**

❶ **政者，正也** 执政，就是正直。就是做表率。《子路篇》13.6：子曰："其身正，不令而行；其身不正，虽令不从。"《礼记·哀公问》："公曰：'敢问：何谓为政？'孔子对曰：'政者，正也。君为正则百姓从政矣。君之所为，百姓之所从也。君所不为，百姓何从？'"（鲁哀公说："我冒昧地问一下，怎么样叫作执政？"孔子回答说："执政，就是正直。国君正直，老百姓就能听从管理。国君所作所为，便是老百姓所效仿的。国君都不做，老百姓还效仿什么呢？"）

❷ **帅** 同"率"，带领，表率，做榜样。此处解为"引领""带头"。孰，谁。

**【读后】**

季康子是政坛上的权贵，权倾一时，身份特殊。因此，当这样一个身份特殊的人请教为政之道时，孔子的回答便自然是站在他的角度去考虑。孔子要表达的是，一个政治领袖，一个执政者，一个政治生态，最理想的状态便是"正"，正直，公正，便是以身作则，为百姓做出正直、公正的表率。但是，我们国内的影视剧却大张旗鼓的宣扬，政治是权术，是权变，是翻手为云、覆手为雨，是在政治斗争中击败对手、保全自己。我们常常听到的，是一句残酷的话——成者为王，败者为寇。这就是结果为王，过程可以忽略不计。这是一个严肃的导向问题。

如果这就是政治，历史将在腥风血雨中前行，人类将看不到希望。孔子的话，放到今天的政治生态、商业生态之中依然极具现实意义。

## 12.18  季康子患盗❶，问于孔子。孔子对曰："苟子之不欲，虽赏之不窃❷。"

【译文】

季康子为盗贼四起而忧虑，向孔子求教。孔子回答说："假如您不贪图财物，即使奖赏偷盗，也不会有人去干偷盗的事。"

【释读】

❶ **患盗**　患，担心，忧虑，害怕。"患盗"可解为担忧盗贼四起，为盗贼四起而忧虑。

❷ **苟**　假如。
**子之不欲**　您不贪图财物，您不贪得无厌，您没有贪欲。
**虽**　即使，纵使。
**赏**　奖赏。

【读后】

本篇12.9："百姓足，君孰与不足；百姓不足，君孰与足？"《道德经》第七十五章："民之饥，以其上食税之多，是以饥。民之难治，以其上之有为，是以难治。民之轻死，以其上求生之厚，是以轻死。"（百姓之所以饥饿，是因为统治者吞吃税赋太多，因此陷于饥饿。百姓难以统治，是因为统治者胡作非为，因此也就难以统治。百姓不怕死，是因为统治者自己贪图享乐，只管自己奉养奢厚，因此也就不怕死。）

儒、道两家表现出共同的政治良知。《庄子·胠箧[qū qiè]》："彼窃钩者诛，窃国者为诸侯；诸侯之门而仁义存焉。"（那些偷窃带钩的人便被诛杀，而盗窃国家的人却成为诸侯，诸侯之家反而被认为是有仁有义。）百姓偷窃只是一些实在的财物，但窃国者所偷窃的却是一国之权。偷财物的人要被处死，而偷一国之权的人却成了有仁有义的诸侯。谁是最大的盗贼？谁该戒除贪欲之心？

孔子说，你当官的如果不贪，百姓就不会贪；你当官的如果不欲壑难填，百姓也不会起盗心。

## 12.19

季康子问政于孔子曰："如杀无道，以就有道，何如[1]？"孔子对曰："子为政，焉用杀？子欲善而民善矣[2]。君子之德风，小人之德草[3]。草上之风，必偃[4]。"

**【译文】**

季康子向孔子询问如何执政，说："如果杀掉无道之人，以此来迫使人们走上正道，怎么样？"孔子回答说："您执政，哪里用得着杀戮呢？您一心向善，百姓也就一心向善。君子的德行就像风，百姓的德行就像草。风吹到草上，草一定顺风倒伏。"

**【释读】**

[1] **如杀无道，以就有道** 无道，无道之人，不循规蹈矩的人，为非作歹的人。有道，有道之人，遵纪守法的人，遵守规矩的人。就，靠近，走近，走向，走上。此处解为，假如杀掉为非作歹的人，以此来让百姓走上正道，让百姓遵纪守法。

[2] **子欲善** 欲，想要。善，善良，善行，此处指心怀仁慈，行仁政。"子欲善"即你如果一心向善，"民善"即老百姓也就会一心向善。

[3] **君子** 此处指在位之人，统治者。

**小人** 此处指老百姓，平民百姓，被统治者。

❹ **偃** 卧倒，仰面倒下。风吹到草上，草一定会随风倒伏。相关词语有风行草偃，闻风景从，风动草偃，比喻道德文教能感化人。《孟子·滕文公上》："上有好者，下必有甚焉者矣。君子之德，风也；小人之德，草也。草上之风，必偃。"（居于上位之人有什么喜好，下面的人就一定会加倍地喜好什么。君子的德行是风，百姓的德行是草。草被风一吹，一定顺风倒伏。）这就叫上行下效。

【读后】

季康子的想法很血腥。把无道之人都杀光，留下的就全是好人，或者留下的人也就自然走向正道，遵纪守法了。作为一个执政者，如果他的政治智慧低劣而残暴到如此程度，百姓可是要遭受灭顶之灾了。一个执政者，一旦动了杀心，必将是暴政，也必将血流成河。孔子告诉季康子，不可起杀心，不可以滥杀无辜，要从自身去找原因。靠血腥的杀戮，无法改变社会。相反，只有执政者一心向善，才能引导百姓一心向善，遵纪守法。

"君子之德风，小人之德草。草上之风，必偃。"形象而深刻。难怪孟子也顾不得版权纠纷的问题，把这个金句硬生生搬到自己的书里去。

可惜，从古至今，这样的至理名言，却并未引起执政者足够的重视。

可见，我们缺的不是思想者，而是缺实践者，缺知行合一的实践者。

**12.20** 子张问："士何如斯可谓之达矣❶？"子曰："何哉，尔所谓达者❷？"子张对曰："在邦必闻，在家必闻❸。"子曰："是闻也，非达也❹。夫达也者，质直而好义，察言而观色，虑以下人❺。在邦必达，在家必达。夫闻也者，色取仁而行违，居之不疑❼。在邦必闻，在家必闻❽。"

【译文】

子张问："作为一个士怎么样才能叫作通达？"孔子说："你所说的通达是什么意思呢？"子张回答说："在诸侯国任职一定要有名望，在大夫家

颜渊篇第十二 455

任职一定要有名望。"孔子说:"这是名声,不是通达。通达,是指品德正直,崇尚道义,能辨别真伪、明察虚实,时常想着对人谦恭,谦居人下。而能具备这些品质,可以说是在诸侯国任职一定通达,在大夫家任职也定能通达。至于名声,往往只是表面上看起来似乎是在追求仁德,而行动却与仁德相违背,以仁人自居还深信不疑。这样的人,在诸侯国任职定能博取虚名,在大夫家任职也定能博取虚名。"

---

【释读】

❶ **士** 在此指士人,士子。
**何如** 怎么样。
**达** 甲骨文"达"(達),从彳,从大,从止,或从行,字象人在路上行进通达之意。本义通达,亨通显达。再引申为畅通,到达,通晓,再引申为胸怀宽广,豁达,显贵,显达。(图12.20-1)皇侃《论语义疏》:"达,谓身名通达也。"(达,就是名声显赫,事途通达。)《雍也篇》6.30:"己欲立而立人,己欲达而达人。"《论衡·自纪》:"达者未必知,穷者未必愚。"(通达之人不一定智慧,穷困的人不一定愚蠢。)另读[tà],意为独自往来。许慎《说文》:"达,行不相遇也。"斯可谓之达,才可以称得上达。

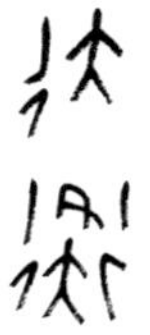

图12.20-1

❷ **何哉,尔所谓达者** 其语序按现代语序应为"尔所谓达者何哉",强调谓语,将谓语提前。尔所谓达者,"者"字词组作主语,你所说的达。何哉,是什么呢,是什么意思呢?

❸ **邦** 诸侯邦国。
**家** 卿大夫家。

❹ **是闻也,非达也** 这是闻,不是达。是,这是。闻,有声誉,有一个好名声。

❺ **夫达也者** 夫,句首语助词,表示要发议论,引出下文,也称发语词。也者,语气助词连用,舒缓语气。
**质直而好义** 质直,品行正直,内在质朴而正直。好义,崇尚道义,追求

道义。

**察言而观色** 辨别他人说话真伪,观察他人表情虚实。

**虑以下人** 虑,许慎《说文》:"虑,谋思也。"思虑,考虑。下人,下(于)人,存心谦退,自处于别人之下。也就是待人谦恭,对人谦和。"下"在此处为动词,居于下。

❼ **色取仁而行违** 色,表面,外表。取,采取,择取,采用。行违,行动上违背仁德。只具有一个好的名声的人,往往是表面上装出追求仁德的样子,行动却正好相反,与仁德相违背。

**居之不疑** 以仁人自居而深信不疑。

❽ **在邦必闻,在家必闻** 此处是说,有以上品行的人,在诸侯国任职一定能博取虚名,在大夫家任职也定能博取虚名。与子张所说的"在邦必闻,在家必闻"有别。朱熹《论语集注》:"达者,德孚于人而行无不得之谓。子张务外,夫子盖已知其发问之意,故反诘之,将以发其病而药之也。"又曰:"闻与达相似而不同,乃诚伪之所以分,学者不可不审也。故夫子既明辨之,下文又详言之。"(达,就是品德令人信服而行为无不顺利的意思。子张注重外表,夫子已经知道他发问的用意,所以反问他,目的是发现他的问题所在以对症下药。又说:闻和达意思相近但其实不同,实际是真实与虚伪的区别,学人不能不谨慎小心。所以孔夫子在明辨它们之间的区别之后,接下来又在下文中详细讲解。)

【读后】

"不求闻达于诸侯"是诸葛亮《出师表》中的一句话。后人在此句之后,又加了一句,用以表达低调做人,不求虚名,光明磊落,坦荡无私的情怀。于是,便有了流传盛广的名句:不求闻达于诸侯,但求无愧于天地。"不求闻达于诸侯"是不是诸葛亮化用本章之意,已不得而知,但其表达的志向,倒是与本章相契合。

子张显然是想求闻达于诸侯的,但是,孔子告诉他,闻与达是两回事。达是内外兼修,知行合一,要做到达,就必须"质直而好义,察言而观色,虑以下人"。而闻,是"色取仁而行违"的表面功夫,是虚假的浮名。孔子其实在问子张,你是想要"闻"还是想要"达"呢?

孔子这话在今天也不失其积极意义。当今社会,沽名钓誉者大有人在,为求出名不择手段者大有人在。这样的人，有名无实，有名无德。

**12.21** 樊迟从游于舞雩［yú］之下❶，曰："敢问崇德，修慝［tè］，辨惑❷。"子曰："善哉问！先事后得，非崇德与［yú］❸？攻其恶，无攻人之恶❹，非修慝与？一朝之忿，忘其身，以及其亲，非惑与❺？"

**【译文】**

樊迟陪同孔子在舞雩台下游玩。樊迟说："我斗胆问老师，怎么样才能提升自己的品德，消除内心的恶念，辨明事理而不迷惑？"孔子说："这个问题问得好！先做好事情，而后收获成果，这不就是提升自己的品德吗？对自己多反省自责，而不去指责别人的缺点、过错，不就能消除心中的恶念了吗？一时之愤，丧失理智，连累家人，这不就是迷惑吗？"

**【释读】**

❶ **樊迟** 孔子学生，《为政篇》2.5首次出现。
　**舞雩** 舞雩台。同《先进篇》11.26"风乎舞雩"的"舞雩"。

❷ **崇德** 推崇、崇尚、提高道德、品德，提高道德修养。与本篇12.10"子张问崇德辨惑"之"崇德"义同。
　**修慝** 修，此处指修正，修治，消除，去除。慝，邪恶，罪恶，邪念，隐匿于心中的邪念，恶念。"修慝"即消除隐藏在自我内心的恶念、邪念，而非消除隐藏在别人心中的怨恨。

❸ **事** 做事，付出，动词。
　**得** 收获，成果。
　《雍也篇》6.22："仁者先难而后获，可谓仁矣。"（先付出，先经历艰苦磨砺，然后才有收获，才有成果，这可以说就是仁了。成语"艰难困苦，玉汝于成"同此意。）

❹ **攻其恶，无攻人之恶** 攻，批判，指责。其，指代自身，自己的。恶，过错，缺点，错误。《卫灵公篇》15.15：子曰："躬自厚而薄责于人，则远怨矣。"（躬自，对自己。对自己多加反省自责，对别人少责备指责，就会远离怨恨或减少怨恨。）这一章正好可以作为本句的注脚。

❺ **一朝之忿** 一时的愤怒。忿，此处指愤怒，愤恨。
**忘其身** 忘记自己，忘记自己的安危。此处指人一发怒，也就忘记了自我，无法控制自己，把控自己，失去理智。也就是失去了自我控制能力，被激怒而丧失理智，也忘记了自己的爹娘或亲人。《季氏篇》16.10："忿思难。"（将要发怒，考虑是否带来祸患，灾祸。难［nàn］，祸患，灾难。）

[读后]

本章可与12.10章并读。与12.10相比，樊迟的问题多了一个"修慝"，如何消除内心的恶念。这是个有意思的话题。有人说："万恶淫为首，论迹不论心，论心世上无完人。"其实，我们每个人心里都住着一个魔鬼。只有努力修行，不断提升自我道德修养，时时反躬自省，消除恶念，才能清除这个心魔。

在回答"崇德"这个问题时，孔子对子张说："遵循忠诚信实准则，追求正义，这也就可以不断提高道德修养了。"而对樊迟说："先做好事情，而后收获成果，这不就是提升自己的品德么？"

在回答"辨惑"这个问题时，孔子对子张说："喜爱一个人的时候就希望他永远活着，厌恶他的时候又恨不得他马上死掉。既要他活，又要他死，这就是迷惑。"而对樊迟说："一时之愤，丧失理智，连累家人，这不就是迷惑么？"人愤怒的那一个瞬间，智商为零。冲动是魔鬼，发怒是祸水。

《汉书·魏相传》："争恨小故，不忍愤怒者，谓之忿兵，兵忿者败。"意思是，为一点小事而引发争执，产生仇恨，而不能克制自己的怒火，叫作愤怒之师，而愤怒之师必定会失败。同样的问题，针对不同的对象，有不同的答案。有意思的是，在回答如何辨惑这个问题时，孔子都只是回答什么是"惑"，而不回答怎么去"辨"，而且两个学生的"惑"还完全不同。这就是孔子施教的理念之一——因材施教。

每个人有自己特有的性格特点，因此也就会有自己特有的修行路径。从这个意义上讲，世上没有相同的路，这也就意味着，每个人不可能按照别人的路去走。

认清自我，走自己的路。

## 12.22

樊迟问仁。子曰："爱人❶。"问知[zhì]❷。子曰："知[zhī]人。"樊迟未达❸。子曰："举直错诸枉，能使枉者直❹。"

樊迟退，见子夏曰："乡[xiàng]也吾见于夫子而问知[zhì]❺，子曰，'举直错诸枉，能使枉者直'，何谓也？"

子夏曰："富哉言乎❻！舜有天下，选于众，举皋[gāo]陶[yáo]，不仁者远矣❼。汤有天下，选于众，举伊尹，不仁者远矣❽。"

### 译文

樊迟询问怎样做才算是仁。孔子说："爱人。"询问怎样做才算是智慧。孔子说："识人。"樊迟没能透彻理解。孔子又说："选拔品德正直的人，把他们安置到品德不正的人上面，可以让品德不正的人变得正直起来。"

樊迟退出来后，见到子夏，说："刚才我去见老师，问老师怎么样才算是智慧的人，老师说：'选拔品德正直的人，把他们安置到品德不正的人上面，可以让品德不正的人变得正直起来。'这话是什么意思呢？"

子夏说："老师的话意义太深刻了！舜拥有天下之后，在众人中选拔贤才，最后任用了皋陶，不仁之人也就渐渐少了。商汤拥有天下之后，在众人中选拔贤才，最后任用了伊尹，不仁之人也就渐渐少了。"

### 释读

❶ **爱人**　是指爱普天之下的所有人，包括官吏与百姓。

❷ **知**　知、智二字既是古今字，又是通假字。在本章，前一个"知"通"智"，明智，智慧，实指聪明的人，智慧的人。后一个"知"，音义即本字，了解，鉴别，认识。

❸ **达**　此处指明了，明白，即没能透彻理解，没有听明白。

❹ **举直错诸枉**　举，选拔，提拔，任用。直，形容词，正直，此处用如名词，指品德正直之人。错，通"措"，放置，安放。诸，"之于"合音词。枉，

形容词，邪曲，不正直，此处指品行不正的人。《为政篇》2.19：哀公问曰："何为则民服？"孔子对曰："举直错诸枉，则民服；举枉错诸直，则民不服。"

❺ **乡** 繁体字"鄉"，通"向"（嚮），从前，刚才。

❻ **富哉言乎** 倒装句，即应为"言乎富哉"。富，丰富，深刻。此处指富有深刻的含义，意义太丰富了。

❼ **有** 拥有，得到。
**选于众** 从众人当中选拔人才。
**举皋陶** 举，推举，选用。皋陶，舜的臣子，传说中舜时掌管刑法的大臣。
**不仁者远矣** 不仁者，不仁之人。远，远离，疏离，疏远；一说，不仁之人感化迁善，去邪枉，远其恶行，更改为善行（皇侃《论语义疏》），即，"远"的意思是不仁之人被感化后，弃恶从善，成为仁人，远离不仁。因孔子在本章中强调"能使枉者直"，即让不仁之人通过教化变得正直起来，而不是疏远不仁之人，或者不仁之人远离而去，所以，皇侃《论语义疏》的观点相对较为接近原旨，在翻译时，可译为"不仁之人也就渐渐少了"。

❽ **汤** 商汤，商代开国之君，灭夏建商，建都于亳［bó］。
**伊尹** 汤的辅相，贤臣。

### 【读后】

在本章中，樊迟问了两个问题，一是"仁"，二是"知（智）"。但是，读完整篇文字，我们发现，两个问题其实最终归结为一个问题，这就是"仁"。

仁，就是爱人。按我们的理解，爱人，是爱普天之下所有的人，从高官到平民——爱人无分别；而智，是知人，知什么人呢？正直之人，品德不正之人——这又有了分别。这是不是前后矛盾呢？樊迟有点糊涂。

孔子进一步说："举直错诸枉，能使枉者直。"选拔品德正直的人，把他们安置到品德不正的人上面，可以让品德不正的人变得正直起来。这不是还是有分别吗？所以，樊迟又去问同门师兄子夏。

子夏给樊迟举例说明，舜拥有天下之后，在众人中选拔贤才，最后任用了皋陶，不仁之人也就渐渐少了。商汤拥有天下之后，在众人中选拔贤才，最后任用

颜渊篇第十二 461

了伊尹，不仁之人也就渐渐少了。

　　原来，樊迟是只注意到了"举直错诸枉"，把正直的人安置到品德不正的人上面，却忽略了后一句："能使枉者直"，能让品德不正的人变得正直起来。在知人善任的同时，对品德不正的人，其实就是一种约束，一种鞭策，一种教化。这就是爱人，爱一切人，正直之人，不正之人，而这，也就是"仁"。

　　舜知人而用皋陶，而使不仁之人渐渐少了；商汤知人而用伊尹，不仁之人渐渐少了。这不就是爱人吗？而这不就是仁吗？

　　因此，本章看似二问，其实归结为一问，即"问仁"。仁就是爱人，而爱人就是知人善任，知人善任可以教化不正之人，为不正之人树立标杆，让不仁之人慢慢改变。

**子贡问友❶。子曰："忠告而善道之❷，不可则止❸，毋自辱焉❹。"** 12.23

【译文】

　　子贡询问如何交友。孔子说："真诚地劝告，恰当地引导，如果朋友不听从，就停止劝告引导，不要自取其辱。"

【释读】

❶ **友** 甲骨文"友"，前面已讲过，为方向相同的两只手，意为志同道合，方向一致，目标一致。

❷ **忠告** 尽心劝告。
**道** "導"的古字，简化为"导"，引导。《学而篇》1.5：子曰："道千乘之国，敬事而信，节用而爱人，使民以时。"道，引导，引申为治理。《为政篇》2.3：子曰："道之以政，齐之以刑，民免而无耻；道之以德，齐之以礼，有耻且格。"道，引导，训导。善导，恰当地引导，适当地引导，好好地劝导。

❸ **止** 终止，作罢。

❹ **毋** 表禁戒，不要。

**自辱** 自取其辱，自讨羞辱。

**┃读后┃**

古时有五伦五常之说。五伦：君臣、父子、兄弟、夫妇、朋友。五常：仁、义、礼、智、信。在人伦关系中，"朋友"一伦很重要，因为"有朋自远方来，不亦乐乎"，因为可以"以文会友，以友辅仁"。

但是，朋友一伦也是关系最为松弛而脆弱的。虽然你可能会唱《友谊地久天长》这首歌，虽然你可以为朋友两肋插刀，还熟知《三国演义》刘、关、张桃园三结义的故事，但你也要明白，友谊的小船说翻就翻，容不得你扼腕叹息。这时候，你可能才真正领悟"三年学说话，一生学闭嘴"的深刻内涵。

孔子告诉我们，朋友之交，要讲求一个基本原则，这就是，如果是朋友，你得真诚地劝告，恰当地引导；但是，如果朋友不听从你的劝告引导，你就该及时闭嘴。孔子给交友画了一条线，这条线就是，忠告而善导，不可则止。如果越过这条线，你将自取其辱。

听孔子的，没错。

## 12.24  曾子曰："君子以文会友❶，以友辅仁❷。"

**┃译文┃**

曾子说："用文章学问来结交朋友，用朋友的相互影响、相互促进来增进自我的仁德。"

**┃释读┃**

❶ **文** 文章学问。

**会友** 聚集朋友，结交朋友。

❷ **辅仁** 帮助提升自己的仁德。用朋友的相互影响、相互促进来帮助提升自己

颜渊篇第十二　463

的仁德。《礼记·学记篇》："独学而无友，则孤陋而寡闻。"（独自学习而没有朋友互相切磋，就会偏狭浅陋，见识短浅。）《说苑·谈丛篇》："贤师良友在其侧，《诗》《书》《礼》《乐》陈于前，弃而为不善者，鲜矣。"（有良师益友在身边，有《诗》《书》《礼》《乐》在眼前，却置之脑后而去做坏事情的人，这是很少见的了。）

【读后】

讲两件中外雅事。

**兰亭雅集**

只要是中国人，差不多都知道王羲之，都知道王羲之即兴书写的《兰亭集序》行书草稿。

东晋穆帝永和九年（公元353年）的三月初三，当时任会稽内史、右军将军的王羲之邀请友人谢安、孙统等四十一位文人雅士聚于会稽山阴（今浙江绍兴）兰亭修禊，曲水流觞，饮酒作诗。

众人沉醉，在酒香诗美的回味之后，有人提议将当日所作的三十七首诗汇编成集，这便是《兰亭集》。

众人又推王羲之为这个诗集写一篇序言。王羲之酒意正浓，提笔在蚕纸上畅意挥毫，一气呵成，写下了冠绝千古的《兰亭集序》。

一次朋友集会，成就了中国书法史上的天下第一行书《兰亭集序》，而《兰亭集序》也从此成为学书者的不二法门。

**《梅塘之夜》**

1870年开始的普法战争，是法国历史上的一个重大事件。法国边境上的七个军团，二十五万人被普鲁士军队打得落花流水，临时组织的国防政府，将地方保安队和民团一起动员起来，也挡不住敌方的四十万大军，最终，被迫割让阿尔萨斯、洛林两省，并赔款五亿法郎。法国历史上的这一奇耻大辱，使得法国的一些爱国主义作家大为震惊和感慨。

当时，一群作家聚集在左拉周围，结成了"梅塘集团"。他们气质相近，情趣相投，既有共同的爱国之心，又有相同的哲学倾向。1879年的一个晚上，以文坛领军人物左拉为首的六位作家，在左拉的梅塘别墅举行了一次聚会。就在这次聚会中，左拉提议，在场的六个人，每人写一篇以普法战争为背景的小说。

不久，左拉写了《磨坊之围》，于斯曼写了《背上背包》，莫泊桑写了《羊脂球》，其余三人也各交了一篇小说。这六篇小说于1880年出版，题为《梅塘之夜》。在这部小说集中，莫泊桑的中篇小说《羊脂球》受到文学批评家和读者的关注和高度赞赏，被推为六篇之中最好的小说，之前名不见经传的莫泊桑，更是一夜之间迅速走红，蜚声文坛。

莫泊桑从此一发不可收，陆续写出了《漂亮朋友》《温泉》《一生》等六部长篇小说以及《项链》《我的叔叔于勒》等近四百篇中短篇小说，被誉为"世界短篇小说之王"。

一次聚会，成就了一个法国19世纪后半期优秀的批判现实主义作家，法国文学史上一颗闪亮的文学之星。

禮樂不興禮樂不興則刑罰不中刑罰不中則民無所錯手足故君子名之必可言也言之必可行也君子於其言無所苟而已矣樊遲請學稼子曰吾不如老農請學為圃曰吾不如老圃樊遲出子曰小人哉樊須也上好禮則民莫敢不敬上好義則民莫敢不服上好信則民莫

# 子路篇第十三

子路问政。子曰:"先之劳之❶。"请益❷。曰:"无倦❸。" 13.1

**【译文】**

子路询问如何施政。孔子说:"自己先带头干,然后让老百姓勤奋劳作。"子路恳请老师讲详细一点。孔子说:"不要懈怠。"

**【释读】**

❶ **先之劳之** 先给百姓做榜样,然后让百姓勤奋劳作。先之,自己率先而为,做表率。劳之,役使他人,让他人勤奋劳作。先,甲骨文"先"从止,从人。止,足趾。足在人前,以示人先行。人先行为本义。许慎《说文》:"先,前进也。"(在前面行进,走在前面,非向前进之意)(图13.1-1)

❷ **益** 增加。恳请老师讲详细点,再多讲一点。

❸ **无倦** 不要懈怠。无,不要,别。《颜渊篇》12.14:子张问政。子曰:"居之无倦,行之以忠。"

图13.1-1

**【读后】**

领导要起领头羊的作用,更要起领头狼的作用。不光是指挥别人干,更不是只管州官放火,不许百姓点灯。领导还要有鞠躬尽瘁、死而后已的精神,要能始终保持勤勉而无倦的状态。"无倦",应该是每一个公仆的写照,也应该是CEO们的写照。

德鲁克说:"每个卓有成效的管理者都深深地理解一条真理:那就是领导并非意味着地位、特权、头衔和金钱,而是责任。一个将军如果安逸地待在后方,让士兵在前线流血牺牲,他就必须被撤职。将军固然需要发号施令,但他们绝对不会在需要树立榜样的关键场合退缩,他们要身体力行。"

## 13.2

仲弓❶为季氏宰，问政。子曰："先有司，赦小过，举贤才❷。"曰："焉知贤才而举之❸？"子曰："举尔所知；尔所不知，人其舍诸❹？"

**【译文】**

仲弓担任季氏家的总管，向孔子询问怎样执政。孔子说："放手让下属去做事，包容下属的小过错，提拔有才能的人。"

仲弓说："怎么样才能知道谁是有才能的人而把他们推举出来呢？"孔子说："提拔你所知道的；你所不知道的，别人难道会埋没他吗？"

**【释读】**

❶ **仲弓** 冉雍。

❷ **先有司** 先，放手让下属去做事。有司，官吏，古代设官分职，各有专司（各有所司之职），所以称之为有司。"先有司"的释读有二：

第一，先，同上一章"先之劳之"的"先"。先有司，即给下属做表率。杨伯峻《论语译注》释为"给工作人员带头"。杨逢彬《论语新注新译》释为"给下级行政人员做表率"。黄怀信《论语新校释》释为"（自己）走在办事人员前面"。

第二，钱穆释为"先任有司治其事"，也就是"诸事先责成下面的"。皇侃《论语义疏》引王肃曰："言为政当先任有司，而后责其事。"（执政应当先任用好下属，然后督促他们各司其职。）

这两种理解，我们很容易接受第一种观点，首先，"先"的甲骨文本义就是走在人之前；其次，上一章"先之劳之"的"先"意为给人做表率，做榜样，而且，孔子的确一直强调执政者要带头，要先做好表率。"子帅以正，孰敢不正。""君子之德风，小人之德草。草上之风，必偃。"但是，本章的"先有司"是不是因此就顺理成章地理解为给工作人员带头，或凡事走在下属前面呢？

我们知道，孔子的教育理念是因材施教，对不同的人，会有针对性地回答问题。冉雍为"孔门四科十哲"德行科四弟子之一，孔子对他的评价很

子路篇第十三　　469

高："雍也可使南面。"冉雍有王者风范，可君临天下。有如此之德才，难免事必躬亲，越俎代庖。这就容易导致一竿子插到底，驾空下属权力的结果。因此，当冉雍请教执政问题时，孔子告诉冉雍，不要以为自己有能力就大包大揽，事必躬亲，对下属不放心。要放手让下属去干，让下属各司其职，各尽其能。按照这个逻辑，接下来的意思就是，你放手让下属去做事，如果下属犯了错，只要不是突破底线的，我们要学会包容，而不是求全责备，这就是"赦小过"。再进一步，我们要注重举贤才，尽可能发现优秀的人才，把优秀的人用到合适的岗位上去，这就是"举贤才"。

朱熹《论语集注》引范氏（祖禹）曰："不先有司，则君行臣职矣；不赦小过，则下无全人矣；不举贤才，则百职废矣。失此三者，不可为季氏宰，况天下乎？"（如果不放手让下属去做事，那么国君等于在履行大臣的职责；如果不赦免小的过错，那么下属就没有完人了；如果不推举有才之人，那么所有职能也就失去作用了。做不好这三个方面，就不可能做季氏家的总管，更何况要执掌天下呢？）朱熹所引用的这段话是第二种观点最好的注脚。即，放手让下属去做事。

**赦小过** 赦，赦免，免除，此处意为包容，宽容。

**举贤才** 举，选拔，提拔，推举。贤才，优秀的人才。

❸ **焉知** 怎么知道（了解）。

❹ **人其舍诸** 其，句中语气词，用在主谓之间，表示委婉语气。此处可译为"难道"。舍，舍弃，放弃。此处可解为埋没不用。诸，"之乎"合音。

【读后】

这几乎就是现代管理的理念。无论是哪一种理解，在一个组织之中，"先有司，赦小过，举贤才"，都是最为重要的管理理念。看似平常，实在难得。

有意思的是，当冉雍问："怎么样才能知道谁是有才能的人而把他们推举出来呢？"孔子说："提拔你所知道的；你所不知道的，别人难道会埋没他吗？"孔子的意思是，你先任用你身边熟知的人才吧。至于那些你没有发现的人才，总会有人发现的，是金子总会发光。你没有发现人才，别人也迟早会发现。

## 13.3

子路曰:"卫君待子而为政,子将奚先❶?"

子曰:"必也正名乎❷!"

子路曰:"有是哉,子之迂也!奚其正❸?"

子曰:"野哉,由也❹!君子于其所不知,盖阙如也❺。名不正,则言不顺;言不顺,则事不成;事不成,则礼乐不兴;礼乐不兴,则刑罚不中[zhòng];刑罚不中,则民无所错手足❻。故君子名之必可言也,言之必可行也❼。君子于其言,无所苟而已矣❽。"

> **译文**
>
> 子路对孔子说:"如果卫国君主等待你去治国理政,您会从哪方面入手(你准备先做什么)?"
>
> 孔子说:"如果一定要去治国理政,那一定是先正名分吧。"
>
> 子路说:"先生之言不切实际到如此地步啊!有什么可以正名的呢(正什么名呢)?"
>
> 孔子说:"仲由你实在是粗鄙浅陋啊!一个君子,对于他所不了解的事情,一般情况而言,应该是存疑不说(而不是像你这样不懂还瞎说)。名分不正,说出的话就不能有理有据,顺理成章。说话不能有理有据,顺理成章,事情也就无法做成。事情无法做成,礼乐制度也就难以复兴。礼乐制度难以复兴,刑罚也就不能公允施行。刑罚不能公允施行,百姓就不知所措,无所适从。所以,一个君子,确定名分一定要有理有据,而有理有据说出来的话还一定要行得通。君子对于他所说出来的话,不会马虎草率,如此而已。"

**释读**

❶ **卫君** 卫灵公之孙卫出公,名辄,蒯聩[kuǎi kuì]之子(详见《述而篇》7.15)。

**奚先** 即先奚,先做什么,先从哪方面入手。奚,什么。

❷ **正名** 正,动词,纠正,使之正。名,名分。

❸ **有是哉,子之迂也** 语序应为"子之迂也有是哉",强调谓语而将谓语提

前。迁，许慎《说文》："迁，避也。"引申为遥远，远离，迂阔，不切实际，也即离题太远，非今之迂腐意。皇侃《论语义疏》："迂，远也。子路闻孔子以正名为先，以为不是，故云'有是哉'，言正名非是也。"（迂，就是远的意思。子路听孔子说要把正名作为治国最先要做的事，认为不应该是这样的，所以说"有是哉"，说正名不应该是治国的首要任务。）朱熹《论语集注》："迂，谓远于事情，言非今日之急务也。"（迂，就是离题太远之意。是说不是今日的当务之急。）

❹ **野**　粗鄙浅陋。朱熹《论语集注》："野，谓鄙俗，责其不能阙疑，而率尔妄对也。"（野，就是粗俗浅陋，批评子路不能存疑，而轻率妄言。）

❺ **于其所不知**　对他所不知道的，对于他所不了解的。
**盖阙如也**　盖，表推测的语气词，大概，一般情况来说。阙如，阙，通"缺"，阙如即存疑不说。

❻ **名不正则言不顺**　名分不正，说出的话就不能有理有据，顺理成章。
**刑罚不中**　中，适当，公平，公允。刑罚不中，即刑罚不符合法律法规，不公平，公允。
**错**　部分版本写为"措"。"错"通"措"，放置。手脚不知往哪儿放，意即百姓不知所措，无所适从。

❼ **名之**　确定名分。
**言之**　说出来的话。

❽ **于其言**　对他所说的话，对于他自己的言辞。
**苟**　马虎，草率。
**而已矣**　语助词连用，意为如此而已。

[读后]

《韩诗外传》卷五记载：孔子侍坐于季孙。季孙之宰通曰："君使人假马，其与之乎？"孔子曰："吾闻君取于臣谓之取，不曰假。"季孙悟，告宰通曰："自今以往，君有取谓之取，无曰假。"故孔子正假马之言，而君臣之义定矣。

这段话的意思是，孔子陪坐季孙氏，季孙氏的家臣通说："国君派人来借马，会借给他吗？"孔子说："我听说，国君从大臣那里拿东西叫拿，不叫借。"季孙氏领会了孔子的意思，对家臣通说："从今以后，国君要拿什么东西就叫拿，别叫借。"所以孔子纠正借马的概念，君臣之间的名分也便明确了。

确定什么？国君就是国君，大臣就是大臣，君臣之位，明确无误。如果是借马，君与臣的关系便是平等的，无高低贵贱之分，何况，既然是借，那就要还。君与臣的关系也就不存在了，名也就不正了。

在礼崩乐坏的社会之中，打着正义的旗号假公济私，谋取私利便成为常态。因此，要治理一个国家，先得从正名开始。正名的目的是恢复礼制秩序，使"名"与"实"相符合。在《雍也篇》，孔子曾慨叹觚不像旧制的觚，名与实不符。而当齐景公向孔子请教如何执政时，孔子回答齐景公："君君，臣臣，父父，子子。"

## 13.4

樊迟请学稼❶。子曰："吾不如老农❷。"请学为圃［pǔ］❸。曰："吾不如老圃❹。"

樊迟出。子曰："小人哉，樊须也❺！上好礼，则民莫敢不敬；上好义，则民莫敢不服；上好信，则民莫敢不用情❻。夫如是，则四方之民襁［qiǎng］负其子而至矣，焉用稼❼？"

【译文】

樊迟请教如何种庄稼。孔子说："我不如有经验的老农。"樊迟又请教如何种蔬菜。孔子说："我不如有经验的菜农。"

樊迟退出。孔子说："樊须真是个胸无大志之人！居上位者崇尚礼制，老百姓就没有人敢不恭敬严肃；居上位者崇尚道义，老百姓就没有人敢不信服；居上位者崇尚诚信，老百姓就没有人敢不讲真话。能做到这样，那么天下的老百姓就会背着自己的孩子前来投奔你了，哪里用得着你亲自种庄稼？"

【释读】

❶ **学稼** 学种庄稼，学习种庄稼的技艺。

❷ **老农** 有经验的农民。

❸ **为圃** 为，种植。圃，本指种菜的园地，此处代指蔬菜。朱熹《论语集注》："种五谷曰稼，种菜蔬曰圃。"

❹ **老圃** 有经验的菜农。圃，此处指菜农。

❺ **小人哉，樊须也** 即"樊须也，小人哉"。樊须，即樊迟。樊迟姓樊，名须，字子迟。小人，指胸无大志、做不了大事、没有出息的粗鄙之人。

❻ **上** 居上位者，统治者。
**莫** 没有谁，没有人。
**敬** 恭敬严肃。
**信** 诚实，诚信，真实。
**情** 实情，真话。

❼ **夫如是** 夫，句首语助词，表示要发议论。如是，像这样，能像这样。
**四方** 天下，普天之下。
**襁负其子而至** 襁，襁褓。襁负其子，用襁褓背着他们的儿女。至，投奔，归顺。
**焉用稼** 哪里用得着亲自种庄稼呢？

**[读后]**

　　《孟子·滕文公上》："有大人之事，有小人之事。"意思是，大人有大人的事，小人有小人的事。大人之事，修身齐家治国平天下，小人之事，种菜种粮食，自食其力，各有分工，各有所专，各有聚焦。孔子设教，在仁义礼智信，而非教人种菜种粮食。孔子并不是真不懂怎么种菜种粮食，他曾说："吾少也贱，故多能鄙事。"但是，他不和学生讨论这些鄙事，更不引导学生去关注种菜种粮食这些事。

　　在《雍也篇》6.13，孔子曾对子夏说："女为君子儒！无为小人儒！"孔子告诉子夏，你要做志存高远的儒者，不要做目光短浅的职业儒。在《卫灵公篇》15.32，孔子说："君子谋道不谋食。耕也，馁在其中矣；学也，禄在其中矣。君子忧道不忧贫。"

结合这两章内容和孟子所言，我们就可以明白孔子为什么骂樊迟"小人哉"了，而明白了孔子的真实思想，我们也就不会草率地批判孔子轻视劳动，看不起劳动人民了。

## 13.5

子曰："诵《诗》三百❶，授之以政，不达❷；使于四方，不能专对❸；虽多，亦奚以为❹？"

**【译文】**

孔子说："熟读《诗经》三百篇，把政事交给他，却处理不好；派他出使外国，却不能独立应对，即使是熟读《诗经》三百篇，又有什么用呢？"

**【释读】**

❶ **诵《诗》三百**　即熟读《诗经》三百篇。

❷ **授**　交付，交给。
**不达**　办不成事，处理不好。

❸ **使于四方**　使，派遣，出使。四方，此处指外国。
**专对**　独自应对外交事务。
　　杨伯峻《论语译注》本章注释："古代的使节，只接受使命，至于如何去交涉应对，只能随机应变，独立行事，更不能事事请示或者早就在国内一切安排好，这便叫做'受命不受辞'，也就是这里的'专对'。同时春秋时代的外交酬酢［zuò］（客人用酒回敬主人）和谈判，多半背诵诗篇来代替语言（《左传》里充满了这种记载），所以《诗》是外交人才的必读书。"

❹ **虽多**　即使读再多的《诗经》。
**奚以为**　在本章中，应为"奚以（之）为"，省略的"之"代"诵《诗》三百"，"亦奚以为"可释为"哪怕诵《诗》三百，又拿它来做什么用呢？"

**【读后】**

　　这是在批评书呆子。在《季氏篇》16.13，孔子对他的儿子说："不学《诗》，无以言。"《诗经》在当时远不只是供审美之用的文学作品，它有非常重要的实际用途。春秋时期，办理政事或出使外国，人们会用《诗经》里的诗句来表达自己的思想，或用作外交辞令。因此，引用《诗经》来表达自己的意思，是当时的普遍做法，也是一种社交文化时尚。

　　钱穆《论语新解》说："孔门设教，主'博学于文'，然学贵能用。学于《诗》，便须得《诗》之用，此即'约之以礼'也。若学之不能用，仅求多学，虽多亦仍无用，绝非孔门教人博学之意。学者于此不可不辨。"孔子重视学以致用，在《论语》第一篇第一章的第一句话就讲明白了："学而时习之。"

子曰："其身正，不令而行；其身不正，虽令不从[1]。" 　　13.6

**【译文】**

　　孔子说："在位之人自身品行正直，不发命令，老百姓也会照着去做。在位之人品行不正，即使三令五申，老百姓也不会听从。"

**【释读】**

[1] **其身正**　其，指示代词，指在位的执政者。在位之人自身端正，自身品行正直。**虽令不从**　令，发布命令，下命令，作动词用。从，听从，服从。

**【读后】**

　　孔子反反复复、苦口婆心告诫执政者，你们要以身作则，要带好头。可现实中，只许州官放火，不许百姓点灯的事，却一直都在延续着。

## 13.7　子曰："鲁卫之政，兄弟也❶。"

**【译文】**

孔子说："鲁国和卫国的政治状况，就像兄弟一般相似。"

**【释读】**

❶ **兄弟**　此指像兄弟一般相似，所谓"伯仲之间"。

**【读后】**

这一章，用四个字来概括：孔子之叹。

鲁国是周公旦的封地，卫国是康叔的封地，周公旦和康叔是同脉同宗的兄弟，而当时两国的政治状况极为相似。所以孔子说，鲁国的国事和卫国的国事，就像兄弟一样。

读这一章，我们仿佛听到孔子的一声叹息。孔子之叹，一叹周王朝的没落，二叹鲁、卫两国本是同根同宗，如今却是每况愈下，一片混乱。鲁国被"三桓"把持，卫国有卫庄公、卫出公父子之争。孔子所推崇膜拜的周王朝，就这样渐渐远去。孔子是在扼腕叹息，又何尝不是对现实的严厉批判！

## 13.8　子谓卫公子荆❶，"善居室❷。始有，曰：'苟合矣❸。'少有，曰：'苟完矣❹。'富有，曰：'苟美矣❺。'"

**【译文】**

孔子评价卫国公子荆时说："卫国公子荆很善于持家。刚刚有一点的时候，公子荆就说：'差不多够了。'稍稍增加一点的时候，公子荆说：'差不多完备了。'等财富渐渐丰足之后，公子荆就说：'差不多完美无缺了。'"

【释读】

❶ **谓** 评价，评论。
**卫公子荆** 卫国的公子荆。荆，卫国公子，字南楚，卫献公之子，被列为卫国的"君子"之一。

❷ **居室** 住宅，"善居室"指善于居家过日子，很会持家过日子。

❸ **始有** 刚刚有一点家产。
**苟合** 苟，苟且，马虎，草率，随便，敷衍了事。苟合，差不多合适，基本上够了。

❹ **少有** 即稍有，稍稍增加一点，稍稍多一点。
**苟完矣** 完，完备，足够。差不多完备了。"完"在古汉语中，没有完毕、完结之意。

❺ **富有** 富足之后，财富渐渐富足之后。
**苟美矣** 差不多可以说是完美无缺了，差不多算是完美之极了。

【读后】

其实，这段话也引出了关于人的欲望的话题。我们常说，欲壑难填，还有一句话叫"人心不足蛇吞象"，也是指人的贪欲太强。欲望是人的本能反应，但如果不加节制，就会泛滥成灾。因此，我们常常告诫自己，知足常乐。

商纣王刚刚即位，生活便开始奢侈起来，使用起了象牙筷子。对此，纣王的叔父箕子叹息道："他使用象牙筷子，必定不再用陶制的食器盛东西，并且要做犀玉之杯了。有了犀玉杯、象牙筷，必不会再吃羹藜等野菜制成的食物、穿质料粗劣的短褐衣服、住在茅草铺顶的房屋之下了，而会要求身披锦衣九重、脚踩高台广室。怀有这样的要求，整个天下也满足不了他了。远方的珍怪之物，车马宫室等等都逐渐齐备，自此而始，我害怕他由此走向灭亡！"没过多久，纣王便开始建造鹿台，琼室玉门，豪华富丽，狗马奇物充满其中，还有酒池肉林，宫中街市，供他穷奢极欲。最后却是自焚而死。

想起了另一个话题："狄德罗效应"。有一天，朋友送狄德罗一件质地精良、做工考究的睡袍，狄德罗非常喜欢。可他穿着华贵的睡袍在书房走来走去时，总觉得家具不是破旧不堪，就是风格不对，地毯的针脚也粗得吓人。于是，为了与睡袍配套，旧的东西先后更新，书房终于跟上了睡袍的档次，可他却觉得很不舒服，因为"自己居然被一件睡袍胁迫了"，就把这种感觉写成一篇文章叫《与旧睡袍别离之后的烦恼》。

200年后，美国哈佛大学经济学家朱丽叶·施罗尔在《过度消费的美国人》一书中，提出了一个新概念——"狄德罗效应"，或"配套效应"，专指人们在拥有了一件新的物品后，不断配置与其相适应的物品，以达到心理上平衡的现象。

生活中也有"狄德罗效应"，人们买到一套新住宅，为了配套，总是要大肆装修一番，铺上大理石或木地板后，自然要以黑白木封墙再安装像样的灯饰；四壁豪华后自然还要配红木家具；出入这样的住宅，显然不能再破衣烂衫，必定要"拿得出手"的衣服与鞋袜；就此"狄德罗"下去，到最后甚至可能觉得男主人或女主人不够配套了……这也许就是"狄德罗效应"下的宿命。

## 13.9

子适卫，冉有仆❶。子曰："庶矣哉❷！"
冉有曰："既庶矣，又何加焉❸？"曰："富之❹。"
曰："既富矣，又何加焉？"曰："教之❺。"

**【译文】**

孔子到卫国去，冉有为他驾车。孔子说："人真多啊？"

冉有说："人口多了，下一步该做什么呢？"孔子说："让老百姓富裕起来。"

冉有说："老百姓富裕起来之后，下一步又该做什么呢？"孔子说："教育他们。"

**【释读】**

❶ **适** 前往，到某地去。
　**仆** 驾车，驾车的人。

❷ 庶　众多，指人口众多。

❸ 既　已经。
　 何加　如何，增加什么。

❹ 富　使……富裕起来。

❺ 教之　教育老百姓。朱熹《论语集注》："富而不教，则近于禽兽。"

【读后】

这一章是在讲治国方略。《诗经·小雅·绵蛮》："饮之食之，教之诲之。"这句话翻译成白话文就是，给他吃喝，教化他们。民以食为天，吃喝当然放在了前面。但是，有了足够的生活保障之后呢？教育，用教育来提高人的文化素质。《荀子·大略》："不富无以养民情，不教无以理民性。"意思是，不使百姓富裕就不能调养百姓的感情，不教化百姓，就不能改造百姓的本性。

毛泽东时代，让中国变成了一个人口大国；邓小平时代，中国改革开放，大力发展经济，逐步走向了繁荣富强。而接下来，要大兴教育，因为提高全民族的文化素质、提升全民族的文化自信，已经尤为迫切。

### 13.10

子曰："苟有用我者，期［jī］月而已可也，三年有成❶。"

【译文】

孔子说："如果有人任用我治理国家，一年便可初见成效，三年便可成效显著。"

【释读】

❶ 苟　假如，如果。
　 期月　一年。期，本作"朞"，时间周而复始。"期月"指一年的月份周而

复始。邢昺《论语注疏》:"期月,周月也。谓周一年之十二月也。"《王力古汉语字典》:"期,周期,指一周年,一整月,一昼夜。"并以本章为例句,释"期月"为一周年。

**可** 差不多,初见成效。

**成** 成就,成效,此处指成效显著。与"可"相对。

### 【读后】

看似是在自我推荐,自我介绍,甚至,你还可以说是自我标榜,而其实还是一种坚定的文化自信。

文化自信是更基础、更广泛、更深厚的自信,这是对文化重要性的准确定义。孔子在本章所言,又何尝不是一种深厚的文化自信呢?从我们已经学过的《论语》篇章中,我们读到过孔子言行所展示出来的这种深厚的文化自信。

一个没有文化自信的民族是可悲的。

## 13.11 子曰:"'善人为邦百年,亦可以胜残去杀矣❶。'诚哉是言也❷。"

### 【译文】

孔子说:"'有贤德慈善之人治理国家一百年,也就能够克服残暴,消除杀戮了。'这话说得对极了。"

### 【释读】

❶ **善人** 此处为贤德善良、贤德仁慈的人,或是有才德而天性善良的人。

**为邦** 治理国家。邦,国家。

**胜残** 克服残暴。胜,克服,制服,战胜。

**去杀** 消除杀戮、虐杀。

❷ **诚哉是言也** 这话说得对极了。

**┃读后┃**

　　有贤德慈善之人治理国家一百年，也就能够克服残暴，消除杀戮了。这是孔子引用别人的话。但这其实只是一个善良的愿望而已，终究难以实现。历史上盛赞的西汉"文景之治"、唐朝"贞观之治"，也未能真正"胜残去杀"，反而充满了血雨腥风的尔虞我诈，杀伐不断。

　　朱熹《论语集注》引程子曰："汉自高、惠至于文、景，黎民醇厚，几致刑措，庶几其近之矣。"意思是说，汉朝从汉高祖、汉惠帝到汉文帝、汉景帝这个历史阶段，民风淳厚朴实，刑法几乎都废弃不用了，这可能差不多接近孔子引言所说的那种情况吧。程颐这段话，也仅仅是书生们聊以自慰而已。

　　愿望是好的，现实却是残酷的。然而，这就是历史，在矛盾中艰难前行，在斗争中不断延续。

## 13.12

子曰："如有王者，必世而后仁❶。"

**┃译文┃**

　　孔子说："假如有王者兴起，一定需要一代人的时间才能大行仁政。"

**┃释读┃**

❶　王　旧读［wàng］，在此用作动词，称王，统一天下。甲骨文"王"为独体象形字，意为斧钺之形，本义为杀人的斧头。古代斧钺是劈山开路的工具，征战杀戮的兵器，还是用于治军的刑具。谁掌有斧钺，谁就拥有至高无上的权力，就是军事首长。（图13.12-1）所以"王"就有了"君王"之意。但这个字很容易与"玉"字（图13.12-2）相混，需要注意。

　　世　三十年，或以父子相传为一世，也即三十年左右。因唐代避太宗李世民讳，遇"世"字多改用"代"字，后"代"字成为"世"的同义词。今口语中多用"代"。

图13.12-1

图13.12-2

**【读后】**

从本章的落脚点在"仁"字上来看,孔子似乎是在告诉我们,要建立一个政权容易,但要推行仁德,形成仁德之风,乃至形成深厚的民族文化,民族精神,民族气节,则绝非一朝一夕可成。

## 13.13

子曰:"苟正其身矣,于从政乎何有❶?不能正其身,如正人何?"

**【译文】**

孔子说:"假如能端正自身品行,对于治国理政来说,又有什么难的呢?如果不能端正自身品行,又怎样去端正别人的呢?"

**【释读】**

❶ **正其身** 端正自身,使自身行为端正。
**从政** 治国,治国理政。
**何有** 有什么困难的。

**【读后】**

正人先正己;"正者,正也",执政先正己。做人如此,执政如此。

## 13.14

冉子退朝❶。子曰:"何晏也❷?"对曰:"有政❸。"子曰:"其事也❹。如有政,虽不吾以,吾其与闻之❺。"

**【译文】**

冉有从季氏家办公回来。孔子说:"为什么回来这么晚呢?"冉有回答说:"有政务要处理。"孔子说:"那只是一般事务吧。如果国家有重大政事，即使国家不再任用我了，我也能够知道的。"

### 【释读】

❶ **冉子** 此指冉有。
**朝** 这里指季氏的私朝，非指鲁君的朝廷。

❷ **晏** 晚，迟。李学勤《字源》认为，训为"晚"的"晏"实际上是"旰［gàn］"的假借字。"旰"字有两读，读［gàn］时，为晚，天色晚之意；读［hàn］时，意为盛大的样子，如"皓皓旰旰，丹彩煌煌"。

❸ **有政** 有政务处理。政，政务，国家大政之事。如《左传·成公十三年》："国之大事，在祀与戎。"这就是"政"。

❹ **其事也** 那只是一般事务。其，指代冉有所说的"政"。你所说的"政"，只是一般事务吧。孔子纠正冉有所说的不是国政，而只是季氏家的私事，厘清国政与私事的区别。这里也暗含了孔子对季氏家族的不满与轻蔑，借此批评冉有公私不分，是非不明。

❺ **虽不吾以** 即"虽不以吾"，即使不任用我了。虽，即使。以，动词，用。此处意为任用。
**与闻** 听到，知道。

### 【读后】

感觉孔子很较真，其实这里透露了至少两点：1. 对季氏家族僭礼的不满与不屑；2. 孔子"正名"的又一体现。

另外，从师徒二人的对话，我们还能感受到一种情同父子的感情。那场景，就像父母在关心与疼爱子女，正如钱穆所说"师弟子亲如父子家人"。这感情，在孔子与颜渊之间表现得淋漓尽致，而在这里同样浓郁而深厚。

## 13.15

定公❶问:"一言而可以兴邦,有诸❷?"

孔子对曰:"言不可以若是其几[jī]也❸。人之言曰:'为君难,为臣不易。'如知为君之难也,不几乎一言而兴邦乎?"

曰:"一言而丧邦,有诸?"

孔子对曰:"言不可以若是其几也。人之言曰:'予无乐乎为君,唯其言而莫予违也❹。'如其善而莫之违也,不亦善乎❺?如不善而莫之违也,不几乎一言而丧邦乎?"

### 译文

鲁定公问:"一句话便可以让国家兴盛起来,有这样的话吗?"

孔子回答说:"一句话不可能有这么大的作用,但也有近似于一句话让国家兴盛起来的。有人曾说:'做国君难,做臣子也不容易。'如果知道了做国君的难处,这句话不就接近于一言兴邦吗?"

鲁定公又问:"因为一句话就使国家衰亡,有这样的话吗?"

孔子回答说:"一句话不可能有这么大的作用,但也有近似于一句话让国家衰亡的。有人曾说:'我做国君没什么快乐可言,只是乐于没有谁敢违抗我说的话。'如果他所说的话正确而没有人违抗,不也是好事情吗?如果他所说的话不正确,却没有人敢违抗,这句话不就接近于一言丧邦了吗?"

### 释读

❶ **定公** 鲁定公,鲁国国君,公元前509年—前495年在位。

❷ **言** 有时指一句话,有时指一个字,如五言,万言书。在此指一句话。
**有诸** 诸,"之乎"合音。有之乎,有这样的话吗?

❸ **几** 近,接近于。

❹ **予** 我。
**无乐** 没什么快乐。
**唯其言** 其,指代君王,"其言"即君王所说的话。

**莫予违** 即"莫违予",没有谁违抗我。

❺ **善** "如其善"的"善",好的话,正确的话。"不亦善乎"的"善",好事,好事情。
**莫之违** 即"莫违之",没有人违抗他所说的话。莫,没有谁,没有人。

### 读后

"座右铭"三个字据说出自南朝梁萧统诗文集《昭明文选·崔瑗〈座右铭〉》吕延济的题注:"瑗兄璋为人所杀,瑗遂手刃其仇,亡命,蒙赦而出,作此铭以自戒,尝置座右,故曰座右铭也。"(崔瑗的兄长崔璋被人杀了,崔瑗于是杀掉了仇人后逃亡,后来崔瑗被赦免,再次回归社会。于是,崔瑗写了一篇铭文,用来警诫自己。铭文放置在座位的右侧,所以便叫作"座右铭"。)

每个人都有自己为人处世的原则,座右铭便是恪守原则的常见的表现形式。座右铭的内容是勉励自己,鞭策自己,或约束自己行为的准则。也许,鲁定公就是在寻找一句类似座右铭的话,用来警诫自己,鞭策自己。只是,一言兴邦、一言丧邦这样的名言警句很难找到。孔子告诉定公,完全符合他要求的话不好找,但类似的话还是有的。于是,孔子引导定公去找这样的话。

在改革开放初期,"发展才是硬道理""不管白猫黑猫,抓住老鼠就是好猫""时间就是金钱,效率就是生命"这样的金句,就算得上一言兴邦的话。

想一想,你的座右铭是什么?

**叶公问政。子曰:"近者说,远者来❶。"** 13.16

### 译文

叶公请教执政之道。孔子说:"只有让身边的百姓快乐幸福了,远方的人才会来投靠你。"

[释读]

❶ **近者说，远者来**　说，音、义同"悦"，高兴，快乐，开心。皇侃《论语义疏》："言为政之道，若能使近民欢悦，则远人来至也。"（是说执政的原则，如果能让身边的百姓快乐幸福，那么远方的人就会来投靠你。）皇侃是把前一分句作为后一分句的条件来看待的，也就是说，你只有让近的人快乐，远的人才会闻风来投奔你。

[读后]

其实，本篇13.4已经为本章做好了铺垫："上好礼，则民莫敢不敬；上好义，则民莫敢不服；上好信，则民莫敢不用情。夫如是，则四方之民襁负其子而至矣，焉用稼？"

只是，本章还有一个视角，即要治理好一个国家，你先得安顿好自己的百姓，让辖内的百姓幸福安康。如果你的百姓都怨声载道，谁还敢来？到处发善心、做慈善，为朋友两肋插刀，却对父母、兄弟姊妹恶语相向，这样的人并不少见。

大到国家，小到个人，"近者说"才能"远者来"。一屋不扫，何以扫天下。先做好身边的事，关爱身边的人。如此，"四海之内，皆兄弟也"。

**13.17**　子夏为莒［jǔ］父宰，问政❶。子曰："无欲速，无见小利❷。欲速，则不达❸；见小利，则大事不成❹。"

[译文]

子夏担任莒父的行政长官，向孔子请教如何施政。孔子说："不要图快，不要只看蝇头小利。图快，反而达不到目的；只看蝇头小利，就做不成大事。"

[释读]

❶ **莒父**　鲁国邑名，今已不确知其所在，一说在今山东高密东南，一说在今莒县。

❷ 无　通"毋",不要,别。
　　见　看见,引申为贪图。

❸ 达　达到,达到目的。

❹ 见小利,则大事不成　朱熹《论语集注》:"欲事之速成,则急遽〔jù〕无序,而反不达。见小者之为利,则所就者小,而所失者大矣。"(想要把事情快速办成,就会仓促而没有章法,反而无法办成。把很小的东西当作利益,那么就会去追逐小的东西,而失去大的东西。)这就是我们常说的,捡了芝麻丢了西瓜。

**[读后]**

　　看看某些形象工程,看看我们的家庭教育,看看当下的快餐文化,再看看眼前的书法乱象,你会猛然一惊,孔子在两千多年前就明明白白告诫我们的,现在依然没有过时。痛哉!

　　在中国法语著作翻译界中,傅雷是大师级的人物,翻译了包括巴尔扎克的15部作品在内的诸多法语名著。傅雷翻译外国名著非常严谨。在动笔之前,一定要"熟读原著,不厌求详",把原著吃透,把握原著的精神和风格。他曾告诫青年译者,"任何作品,不精读四五遍绝不动笔"。只有真正吃透了原著,才能译出神似的作品来。这样的翻译精神,在当下追求速度和利益的商业化翻译时代是很难觅到的,也是机器人翻译无法取代的。

　　遗憾的是,在快餐时代,心浮气躁,一切求快,少了那份从容优雅。什么时候才能找回那份从容优雅?

## 13.18

叶公语孔子曰❶:"吾党有直躬者,其父攘〔rǎng〕羊,而子证之❷。"孔子曰:"吾党之直者异于是❸:父为〔wèi〕子隐,子为父隐。——直在其中矣❹。"

**[译文]**

　　叶公对孔子说:"我们那里有一个叫躬的正直之人,他的父亲偷了别人的羊，他去揭发了父亲。"孔子说："我们那里的正直之人跟你们那里的不一样：父亲替儿子隐瞒，儿子替父亲隐瞒——正直就在这里面了。"

---

【释读】

❶ **语** 告诉，对……说。

❷ **党** 五百家为一党。此处指家乡。
**直躬** 人名，理解为名叫"躬"的正直之人。
**攘羊** 偷羊。攘，抢夺，侵犯，窃取。
**证** 告发。许慎《说文》："证，告也。"相当于检举，揭发。

❸ **异于是** 跟你们那里的那个叫躬的正直之人不同。

❺ **父为子隐，子为父隐** 为，替，给。隐，隐瞒。郑玄注："隐，谓不称扬其过失也。"（不传播这个人的过失。）
**直** 正直，直率，耿直。

【读后】

关于直躬告发父亲偷羊的事，《吕氏春秋·当务》《庄子·盗跖》《韩非子·五蠹》均有记载，看来历史上确有其事。

《吕氏春秋·当务》记载，楚国有一个叫直躬的人，他的父亲偷了别人的羊，他向官府告发了这件事。官府抓住了他的父亲并要将其处死。这个叫直躬的人请求代父受刑。将要行刑的时候，他告诉官吏说："父亲偷了羊，儿子告发这件事，这样的人不是很诚实吗？父亲受罚，儿子代他受刑，这样的人不是很孝顺吗？又诚实又孝顺的人却要被杀掉，那么国家将还有不遭杀戮的人吗？"楚王听说了这番话，就不杀他了。孔子闻知这件事说："这个人的所谓诚实太奇怪了！利用一个父亲却两次为自己捞取名声。"所以像直躬这样的诚实还不如没有。

《韩非子·五蠹》："楚之有直躬，其父窃羊，而谒之吏。令尹曰：'杀之！'以为直于君而曲于父，报而罪之。以是观之，夫君之直臣，父之暴子也。"（楚国有个正直的人叫直躬，他的父亲偷了羊，他便把这件事报告给了官吏。令尹说："把他杀了！"认为他对君主虽然正直忠诚，但对父亲却大逆不道，所以判了罪并把他处惩了。由此看来，君主的忠诚正直之臣，便是父亲的大逆不道之子啊。）

《孟子·尽心上》似乎也在试图破解这个难题——"桃应问曰：'舜为天子，皋陶为士，瞽瞍杀人，则如之何？'孟子曰：'执之而已矣。''然则舜不禁与？'曰：'夫舜恶得而禁之？夫有所受之也。''然则舜如之何？'曰：'舜视弃天下犹弃敝蹝［xǐ］也。窃负而逃，遵海滨而处，终身䜣［xīn］（同"欣"）然，乐而忘天下。'"（桃应问："舜做天子，皋陶当法官，如果瞽瞍杀了人，该怎么办？"孟子说："把他抓起来就是了。""那么舜不去制止吗？"孟子说："舜怎么能去制止呢？皋陶抓人是有依据的。""那么舜该怎么办？"孟子回答说："舜把抛弃天子的位置看得如同丢弃破鞋。他会偷偷地背上父亲逃跑，选择在海边住下，一生都高高兴兴的，快乐得忘掉了天下。"）

## 13.19

**樊迟问仁。子曰："居处恭，执事敬，与人忠❶。虽之夷狄，不可弃也❷。"**

**〖译文〗**

樊迟询问怎么样才算是仁。孔子说："在家举止端庄，做事严肃谨慎，待人忠诚信实。即使到蛮荒之国，也不放弃这些美德。"

**〖释读〗**

❶ **居处恭** 居处，在家独处。恭，举止端庄，谦恭有礼。
**执事敬** 执事，做事，行事。敬，严肃谨慎。
**与人忠** 与人，与人交往，对人。忠，忠诚，真心诚意。

❷ **虽** 即使。
**之** 动词，去，往，到。甲骨文"之"，从止，从一。止为人足，一为地，

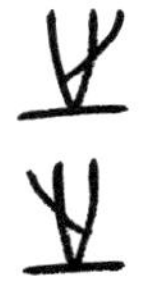

图13.19-1

象人足于地上有所往。（图13.19-1）《尔雅·释诂》："之，往也。"此为"之"的初义。

**夷狄** 蛮荒、野蛮之国。

**弃** 放弃，丢弃，此处指不放弃恭、敬、忠三种品德。

**［读后］**

在《论语》中，樊迟曾经三次向孔子问仁，而孔子的回答每次都不同。在《雍也篇》6.22，孔子的回答是："仁者先难而后获，可谓仁矣。"在《颜渊篇》12.22，孔子的回答简单明了："爱人。"而在本章中的回答是："居处恭，执事敬，与人忠。虽之夷狄，不可弃也。"

从这里我们可以看出，孔子的"仁"，不只是一个单一的概念，而是多层次、多角度、内涵丰富的至高道德体系。"仁"之所以是最高的道德境界，是因为它触及人的方方面面。我们的举手投足，言谈举止，无一不包括在内。因此，在回答弟子关于"仁"时，孔子层层剥笋，从不同角度、不同层面一一道来，让学生尽可能完整地把握"仁"的深刻内涵。

值得注意的是，在本章中，孔子特别强调哪怕是在蛮荒之国，也不能丢掉"居处恭，执事敬，与人忠"这些仁德。这便是《里仁篇》4.5"君子无终食之间违仁，造次必于是，颠沛必于是"思想的扩展和补充。

## 13.20

子贡问曰："何如斯可谓之士矣❶？"子曰："行己有耻，使于四方，不辱君命，可谓士矣❷。"

曰："敢问其次❸。"曰："宗族称孝焉，乡党称弟焉❹。"

曰："敢问其次。"曰："言必信，行必果，硁［kēng］硁然小人哉！——抑亦可以为次矣❺。"

曰："今之从政者何如？"子曰："噫！斗筲［shāo］之人，何足算也❻？"

**［译文］**

子贡问孔子说："怎么样才可以叫作士呢？"孔子说："对自己的言行举止保持羞耻之心，出使各国，不辱没君主的重托，这样就可以叫作士了。"

子贡说："冒昧地问，比这次一等的呢？"孔子说："在家族中都夸他孝顺父母，在本乡里都夸他尊敬长辈。"

　　子贡说："冒昧地问，比这再次一等的呢？"孔子说："说话定要坚持守信，做事定要坚持到底，这样的人就像硁然有声、顽固僵硬的石头，这是不通权变的固执浅陋之人啊！或许，也可以把这看作是再次一等的士吧。"

　　子贡问："现在执政的人怎么样呢？"孔子说："唉！如此器量狭小、见识短浅的人，怎么值得一提呢？"

---

【释读】

❶ **何如**　怎么样。
　**斯**　连词，则，就。
　**士**　商周时代，贵族中的最低阶层，介于卿大夫和庶民之间。此处指有品行有才能的人。后泛指读书人，知识分子。

❷ **行己有耻**　对自己的言行举止，保持羞耻之心。钱穆《论语新解》："心知有耻，则有所不为。此指其志有所不为，而其才足以有为者。"（知道什么是羞耻，就会有所不为，也就是有底线。这是指他的志向追求能有所不为，而他自身又是完全具备去做的能力的那种人。）《孟子·尽心上》："人不可以无耻。无耻之耻，无耻矣。"（人不可以不知羞耻。不知羞耻这种羞耻，真的就是没有羞耻了。）又孟子曰："耻之于人大矣，为机变之巧者，无所用耻焉。不耻不若人，何若人有？"（羞耻对于人关系重大，干机谋巧诈事情的人是没有地方用得着羞耻的。不以赶不上别人为羞耻，怎么能赶上别人呢？）
　**使于四方，不辱君命**　即出使各国，不辱没君主的重托（使命）。
　**可谓士矣**　可以叫作士了。

❸ **敢问**　冒昧、斗胆地问，表示对对方的尊敬。
　**其次**　次一等，比这低一等的。

❹ **宗族称孝焉**　宗族，家族，在家族中。称孝焉，称赞他孝顺父母。
　**乡党称弟焉**　乡党，家乡，在本乡里。称弟，弟，即"悌"，尊敬兄长，此指尊敬长辈。

❺ **言必信** 说话不论是非曲直，定要信实可靠。

**行必果** 做事不论结果好坏，定要坚定果决。果，果敢，果断，果决。

**硁硁然小人哉** 硁，本指刚劲有力的击石声。《史记·乐书》："石声硁。"硁硁然，指像硁然有声的石头一样顽固僵硬，不知通权达变的样子。小人，固执浅陋之人。

**抑亦可以为次矣** 抑，或者，或许。亦，也。可以为次，可以（之）为次，可以把这看作是次一等的士。

❻ **斗筲** 斗，为量粮食的器具；筲，古代竹制圆形饭筐。《论衡·定贤篇》："家贫无斗筲之储。"斗和筲都是容量很小的器具，故"斗筲之人"指气量狭小、见识短浅之人。

**何足算也** 足，够得上，值得，副词。哪里值得拿来凑数呢，即不值一提，不足挂齿。意思是，气量狭小、才识短浅的人，怎么值得拿来凑数呢？

【读后】

本章又是一段生动有趣、妙不可言的对白。子贡依然发挥他那种"打破砂锅问到底，还问砂锅装几升米"的精神，层层剥笋，而至水落石出。孔子依然沉着机智，见招拆招。

在本章中，孔子从品格的角度把士分为三个层次：第一等的士，做人有底线，做事有能力。第二等的士，有孝悌之德。孝敬父母，尊敬长辈，这是一种基本的品德，也是一个人成长的根基，因为"孝弟也者，其为仁之本与？"（《学而篇》1.2）。第三等的士，说话，必守信不移；做事，必坚持到底不回头。这看似是美德，实质却是不懂权变，无随机应变的能力。孔子说，这种人，也勉强算得上士，至少，具备士的一些好品性。还有一类不入流的，那就是有些官场中的小公务员了。这些人心胸狭窄，见识短浅，连士的边儿都沾不到。孔子的语气中，透出一种毫不掩饰的不屑与轻蔑。

值得注意的是，在我们的认知里，一直将"言必信，行必果"作为一种美德去遵循。它也因此成为约束我们言行的道德标准。但是，孔子的原意却不在赞赏这种美德，而是告诉我们，"言必信，行必果"并不值得我们不加分别地大加赞赏，一个固执而不懂权变的人，其实是"硁硁然小人"。

《孟子·离娄下》："大人者，言不必信，行不必果，惟义所在。"（有德行的人说话不一定句句守信，做事不一定非有结果，只依义而行。）

"惟义所在"，这是对孔子之言最完美的补充。

**子曰："不得中行而与之，必也狂狷[juàn]乎**[1]**！狂者进取，狷者有所不为也**[2]**。"** 13.21

### 【译文】

孔子说："如果不能结识行事中庸的人而与之交往，那么，一定要去结交志高狂放的人和坚守节操的人。志高狂放的人有进取之心，坚守节操的人有底线，不会干坏事。"

### 【释读】

[1] **中行** 皇侃《论语义疏》："中行，行能得其中者。"
**与之** 此处指与之结交、交往。
**必也** 如果……那么一定……
**狂狷** 狂，志向高远而脱离实际的人。狷，拘谨无为而洁身自好的人。

[2] **狂者进取** 志向高远的人敢作敢为，一意向前。
**狷者有所不为** 拘谨自好的人约束自己，做事有底线。

### 【读后】

《孟子·尽心下》：孟子曰："孔子'不得中道而与之，必也狂狷乎！狂者进取，狷者有所不为也'。孔子岂不欲中道哉？不可必得，故思其次也。"（孔子说："找不到言行合于中正之道的人相结交，那也要和狂放和狷介之人交往。狂放的人具有进取精神，狷介的人有所不为。"孔子难道不想和言行合于中正之道的人相结交吗？只是找不到而已，因此只能求其次罢了。）

在《雍也篇》6.29中，孔子感叹，中庸作为一种至高的道德，已经渐渐离开我们很久了，中庸之道只是人们的一种理想和追求，已经很难真正实现了。缺失了中庸之道，那我们该遵循什么样的道德规范呢？孔子告诉我们，若实在没得选，就选择"狂"和"狷"吧。"狂者"锐意进取，即使偏激，但仍在前进的方向上；"狷者"虽然保守，但能洁身自好，守住底线，也在正确的方向上。中庸，是"极高明"的圣人才有可能做到的，而在现实中，能在或"狂"或"狷"的状态中行走，就已经在无限接近中庸之道了。

"狂"与"狷"是孔子的选择，也是现实社会的选择。在对"狂"与"狷"的不断调适中接近中庸之道，可能是孔子找到的一个最为理想的折中方案。

## 13.22

子曰："南人有言曰：'人而无恒，不可以作巫医❶。'善夫❷！"
"不恒其德，或承之羞❸。"子曰："不占而已矣❹。"

### 译文

孔子说："南方人有句话说：'人如果没有恒心，不可以当巫医。'这话说得真好啊！"

《易经》说："不能长久坚守自己的品德修养，就可能会遭受羞辱。"

孔子说："这话的意思是，没有恒心的人不必去占卜了。"

### 释读

❶ **恒** 恒心。

**巫医** 巫者与医者。此二者在古代往往兼而为一。朱熹《论语集注》："恒，常久也。巫，所以交鬼神。医，所以寄死生。故虽贱役，而犹不可以无常，孔子称其言而善之。"（恒，就是持久坚持。巫，就是能通鬼神之人。医，就是能把生死托付给他的人。所以即使是低贱的职业，也不能够没有持久坚持的恒心。孔子对南方人所说的话大为赞赏。）

❷ **善夫** 这话说得真好啊。

❸ **不恒其德，或承之羞** 这句话引自《周易·恒卦》，意为不能长久坚守自己的品德修养，可能会遭受羞辱。或，或许，可能。承，承受，遭受。

子路篇第十三　495

❹ **不占而已矣** 无恒心的人不必占卦，因为这种人只会有凶，不会有吉，所以占卜没用。

【读后】

这是告诉我们，做事在笃定，要坚守信念，不可轻言放弃。

稻盛和夫有一段很有名的话。他说："穷，并不是吃苦，穷就是穷。吃苦不是忍受贫穷的能力。吃苦的本质，是长时间为了某个目标而聚焦的能力。在这个过程中，放弃娱乐生活，放弃无效社交，放弃无意义的消费。它本质是一种自控力，自制力，坚持和深度思考的能力。"

人的恒心从哪儿来？笃定，坚守，热爱。

## 13.23

子曰："君子和而不同，小人同而不和❶。"

【译文】

孔子说："君子追求和谐却不盲从附和，小人同流合污而不追求和谐。"

【释读】

❶ **和** 调和，和谐。
**同** 相同，一致，此处指无原则的苟同。

【读后】

我们从两方面去理解本章的主旨：

第一，一个君子，追求和谐是他的目的，但底线是不为和谐而放弃原则与底线，不无原则地苟同。小人追求的往往是无原则的苟同，只要利益一致，便可不择手段。

第二，从另一个角度看，孔子也是在告诉我们，要允许不同的声音、观点、主张存在。

## 13.24

子贡问曰:"乡人皆好[hào]之,何如❶?"子曰:"未可也❷。"
"乡人皆恶[wù]之,何如?"子曰:"未可也;不如乡人之善者好[hào]之,其不善者恶[wù]之❸。"

**【译文】**

子贡问道:"全乡的人都喜欢他,这个人怎么样?"孔子说:"不行。"

子贡又问:"全乡的人都厌恶他,这个人怎么样?"孔子说:"也不行;不如乡里正直的人喜欢他,而乡里的坏人厌恶他。"

**【释读】**

❶ **乡人** 乡里人,全乡的人。
**好** 喜爱,称道,赞扬,跟恶(憎恶,讨厌)相对。
**何如** 怎么样。

❷ **未可也** 不行,还不行,不可以。

❸ **善者** 好人,正直之人。
**不善者** 不好的人,不正直的人,坏人。

**【读后】**

"是非自有公论。"人们对这句话深信不疑。但是,孔子告诉我们,公论是需要警惕的,需要仔细甄别。面对公论,孔子提出了一个对人的评价原则,这就是,真正优秀的人,是那种好人喜欢他,恶人讨厌他的人。如果一个人只有一边倒的好评,或一边倒的恶评,都要警惕。所有人都说好的那种人更需要警惕,因为这种人很可能是不讲原则是非的好好先生,是道德的破坏者。这是一个大是大非的问题,它不以人数多寡为依据,而以善恶是非为依据。这才是真正的知人之道。而这却很容易被人忽略。孔子这一评价原则,至今仍具有现实意义。

子曰:"君子易事而难说也❶。说之不以道,不说也❷;及其使人也,器之❸。小人难事而易说也。说之虽不以道,说也;及其使人也,求备焉❹。"

13.25

### 译文

孔子说:"一个君子,你很容易与他相处共事,却很难取悦于他。不用正当的方式去讨好他,他不会喜欢。等到他要用人的时候,他会按照各人的才能大小去任用他们。一个小人,你很难与他相处共事,却容易取悦他。即使不以正当的方式去取悦他,他也会喜欢。等到他用人的时候,却对任用的人求全责备。"

### 释读

❶ **易事** 容易与之相处共事。

**难说** 难悦,很难讨他喜欢,难以取悦于他。说,即悦,取悦。《说苑·杂言》:"曾子曰:'夫子见人之一善而忘其百非,是夫子之易事也。'"(曾子说:"老师看到人好的一面而忽略其他不好的。这就是老师容易与人相处共事的原因。")

❷ **说之不以道** 即不以道说之。不用正当的方式去讨好他。

❸ **及其使人也** 等到他任用人的时候。

**器之** 器,器皿,此处意为根据器皿不同的功能去使用,任用人才根据各人的实际才能去任用。

❹ **求备焉** 对任用的人求全责备。焉,相当于"于之",对任用的人。

### 读后

一个真正的君子,有高尚的品德,仁爱而宽容,友善而慈厚,谦恭而平和,所以很容易相处。但是,要君子真心喜欢却并不容易,因为君子有底线,讲原

498　细读论语·下册

则，不会丢掉尊严，更不会丢掉人格。小人气量狭小，目光短浅，处处算计得失，与之相处自然很难。让小人喜欢却非常容易，投其所好即可，让他看到利益所在即可，满足他的虚荣心即可。

两千多年前的孔子，已对人性洞悉得如此透彻。

## 13.26　子曰："君子泰而不骄，小人骄而不泰❶。"

**【译文】**

孔子说："君子平和坦然而不骄矜放纵，小人骄矜放纵而不平和坦然。"

**【释读】**

❶ **泰而不骄**　泰，安宁，平和，坦然。骄，骄矜，倨傲，盛气凌人。皇侃《论语义疏》："君子坦荡荡，心貌怡平，是泰而不为骄慢也。小人性好轻凌，而心恒戚戚，是骄而不泰也。"（君子心胸坦荡，身心舒缓平和，这就是泰然自若而不骄矜轻慢。小人性情轻慢倨傲，而心态却总是患得患失，这便是骄矜而不泰然自若。）程树德《论语集释》引清学者李塨［gōng］《论语传注》："君子无众寡，无小大，无敢慢，何其舒泰，而安得骄？小人矜己傲物，惟恐失尊，何其骄侈，而安得泰？"（君子无论人多人少，无论势力大小，都不轻慢，多么舒展平和，又怎么会骄矜？小人骄矜自傲，时时担心失去自尊，多么骄矜无度，又怎么能平和自然？）《尧曰篇》20.2："君子无众寡，无小大，无敢慢，斯不亦泰而不骄乎？"但是，杨逢彬《论语新注新译》认为，"泰"和"骄"是同义词，且都是贬义。其共同特点是看上去自高自大，严厉不好接近。"泰"是矜持自负之意，"骄"则指不但自大，还盛气凌人，显摆自己。杨逢彬认为本章是在辨明君子的缺点和小人的做派是有本质区别的。同时，《论语》中所有"君子……而不……""小人……而不……"的句式，实际都是同义词辨析。因此，杨逢彬将本章释为：君子自负，但不盛气凌人；小人盛气凌人，却并不自负。（详见杨逢彬《论语新注新译》）结合古今注家观点及《尧曰篇》20.2内容来看，"泰"在此处似不宜看作带贬义的"自负"义，"骄"除了盛气凌人，还有自傲，放肆，无所顾忌义。

**[读后]**

"泰"和"骄"是两种人生状态。泰,矜持自重,泰然自若,不激不厉,不急不躁,沉着冷静,心胸开阔,是一种"水深流缓,人贵语迟""每临大事有静气"的状态。骄,遇事张皇,做事急躁,对人凌厉不逊,恃强凌弱。

我们常说,从容才能优雅。有"泰"的气度,你便能"君子坦荡荡",而如果你是一种"骄"的状态,就只有"小人长戚戚"了。

《般若波罗蜜多心经》:"心无挂碍。无挂碍故,无有恐惧,远离颠倒梦想,究竟涅槃。"(心中没有挂碍。由于没有挂碍,所以不恐惧,远离颠倒梦想,最后达到彼岸。)心得自在,不执着于有修有得有证,也不执着于无修无得无证,诸法空净,心无挂碍。非不挂也,挂而无碍也。

唐朝翻译"菩萨"为"觉有情"。有情,以情爱为中心,对世间的一切都想占有它,主宰它。想使与我有关的一切,从属于我。要在我的无限扩大中,实现自我的自由,然而不知我所关涉的愈多,自我所受的牵挂愈甚。觉者则不然,无我,无身外之物,超越了世间的名利,因而心无牵挂。有情因为有执着,有牵挂,对拥有的一切都产生恐惧。比如一个人拥有财富,就会害怕财富的失去;拥有地位,就会害怕别人窥视他的地位;拥有色身,就会害怕死亡的到来;谈感情,就会害怕失去对方。

觉者看破了世间的是非、得失、荣辱,无牵挂,自然不会有任何恐惧。涅槃不仅仅是看破超脱生死的精神境界,而是达到能与万事万物为一体的境界,是佛的终极境界。

《心经》中的智慧,可与本章互证。

子曰:"刚、毅、木、讷近仁[1]。"  13.27

**[译文]**

孔子说:"刚强不屈,果决坚毅,质朴无华,言语谨慎四种品质接近于仁德。"

[释读]

❶ **刚、毅、木、讷近仁** 刚,刚强不屈。毅,果决坚毅。木,质朴无华。讷,言语谨慎。皇侃《论语义疏》:"言此四事与仁相似,故云近仁。刚者性无求欲,仁者静,故刚者近仁也。毅性果敢,仁者必有勇,周穷济急,杀身成仁,故毅者近仁也。木者质朴,仁者不尚华饰,故木者近仁也。讷者言语迟钝,仁者慎言,故讷者近仁也。"(是说这四件事与仁相似,所以说近仁。刚是不追求欲望的满足,仁人安静笃定,所以刚强的人近于仁德之人。毅就是果断坚毅,仁人一定是勇敢而无畏的,救济穷困之人,勇于牺牲自己以成就仁德,所以果断坚毅的人近于仁德。木就是质朴无华,仁德之人不求虚浮的外表,所以质朴无华的人近于仁德。讷就是言语迟缓,不随便说话,不巧言令色,仁德之人说话谨慎,所以言语迟缓的人近于仁德。)

[读后]

刚是一种力度,而要刚,需要无欲。这一观点在前面已有涉及,是关于申枨是否刚的问题。毅是一种韧性,强调的是持久,这就需要有恒。木是强调朴实无华,但如果只有质,就会落入鄙陋浅薄,因此要文质彬彬。讷是表达方式,说话需谨慎。孔子一直强调敏于行而慎于言,先行后言,就是这个意思。

**13.28** 子路问曰:"何如斯可谓之士矣?"子曰:"切切偲[sī]偲❶,怡怡如也❷,可谓士矣。朋友切切偲偲,兄弟怡怡。"

[译文]

子路问道:"怎么样才可以叫作士呢?"孔子说:"互相勉励切磋,相处融洽愉悦,就可以叫作士了。朋友之间要勉励切磋,兄弟之间要融洽愉悦。"

[释读]

❶ **切切偲偲** 恳切地责勉、告诫,善意地互相批评。偲偲,相互切磋、勉励。

❷ **怡怡** 和气，愉快，和顺的样子。

**【读后】**

《大戴礼记·曾子立事》："宫中雍雍，外正肃肃。兄弟憘［xǐ］憘，朋友切切。远者以貌，近者以情。"（在家和和气气，在外谦恭严肃。兄弟之间和和乐乐，朋友之间勉励切磋。疏远的人以礼相待，亲密的人用情相待。貌，仪容，神态，引申为礼貌，言行举止以礼相待，而非骄纵不逊。）

子路性格耿直，却不够圆润，在与人相处时，往往不招人待见。因此，孔子告诉子路，跟朋友要多一些切磋沟通，相互促进，共同进步；跟亲人、同学要和睦相处，快乐自在，融洽和顺。

对子路，孔子总是如此循循善诱，总是批评而不失善意，劝告而不失耐心。也许，对一个小自己9岁的学生，孔子更多的是把他当成朋友，当成亲人。所以当知道子路不幸丧生之后，孔子悲恸欲绝，把刚吃到嘴里的东西都吐了出来。

### 子曰："善人教民七年，亦可以即戎矣❶。" 13.29

**【译文】**

孔子说："贤明的人君教导百姓七年，也就能够让他们从军打仗了。"

**【释读】**

❶ **善人** 此处指好的有作为的领导，人君。有人认为指优秀的教官，或善于治军作战的人。皇侃《论语义疏》："善人，贤人也。"（善人，就是贤德之人。）
**即戎** 从军打仗。即，就，往，走向。戎，军事，武器，战争。

**【读后】**

孔子为何要在本篇最末两章突然谈起教人打仗还是不教人打仗的话题，且表达得如此平淡？其实，孔子在这里不是真让人去打仗，而是说要让民众有不畏死的勇气，有赴死的意志，有面对死亡的担当。

狭路相逢勇者胜。任何时候，缺少团结赴死的意志与精神，人再多，也是乌合之众，不堪一击。对于一个团队、一个公司来说，如果没有进取精神，没有敢拼敢干敢冲的意志和勇气，就成为有待宰的羔羊的可能。

## 13.30　子曰："以不教民战，是谓弃之❶。"

**【译文】**

孔子说："用没有经过训练的百姓去打仗，这就等于让百姓去白白送死。"

**【释读】**

❶ **以不教民战**　用没有经过军事训练的百姓去打仗。以，用。不教民，不教之民，未经训练的百姓。战，作战，打仗。

**弃**　甲骨文"弃"（图13.30-1），从子，从双手，从其，字像双手持簸箕将子抛出。本义是抛弃。

图13.30-1

**【读后】**

在《孟子·告子下》中，孟子曰："不教民而用之，谓之殃民。殃民者，不容于尧舜之世。"（孟子说，不先教导百姓就驱使他们去打仗，这就叫祸害百姓，祸害百姓的人是尧舜之时所不容的。）本章当同上一章同读。人民有为国而死的情怀，有赴死的勇气，但是，仁者岂能驱羊群入虎口？敢于战斗，还要善于战斗。

天下夫子不答南宮适出子曰君子哉若
尚德哉若人子曰君子而不仁者有矣夫
有小人而仁者也子曰愛之能勿勞乎忠
能勿誨乎子曰為命裨諶草創之世叔討
論之行人子羽修飾之東里子產潤色之或
問子產子曰惠人也問子西曰彼哉彼哉問管

# 宪问篇第十四

14.1

宪问耻❶。子曰："邦有道，穀；邦无道，穀，耻也❷。"

"克、伐、怨、欲不行焉，可以为仁矣❸？"子曰："可以为难矣，仁则吾不知也❹。"

【译文】

原宪询问什么是耻辱。孔子说："国家政治清明，便可从政领取俸禄；国家政治黑暗还去从政领取俸禄，这就是耻辱。"

"好胜，自夸，怨恨，贪欲，这些品行都克制住了，便可以算是仁德之人了吧？"孔子说："可以认为是难能可贵了，是否算是仁德之人，我就不知道了。"

【释读】

❶ **宪** 原宪，字子思，孔子弟子。《雍也篇》6.5 称"子思"。朱熹《论语集注》认为本章不称姓而称名，疑为原宪自记，所以引胡氏曰："此篇疑原宪所记。"
**问耻** 询问什么是耻辱，羞耻。

❷ **穀** 粮食的总称，今写作"谷"。古代以谷物计算俸禄，所以在此意为俸禄，用作动词，领取俸禄。

❸ **克、伐、怨、欲不行焉** 克，争强好胜。伐，本义为征伐，进军时敲击钟鼓，炫耀武力，引申为自我夸耀。怨，怨恨，与现在的"怨"在程度上有别。欲，贪婪多欲。不行，克制住。

❹ **难** 难能可贵，难得。

【读后】

本章涉及两个重要概念：耻、仁。通读《论语》，我们发现，"耻"也属于儒家十分看重的道德范畴。"知耻近乎勇"（《中庸》），"恭近于礼，远耻辱也"（《学而篇》1.13），"邦有道，贫且贱焉，耻也；邦无道，富且贵焉，耻也"（《泰伯篇》8.13），"行己有耻"（《子路篇》13.20）。这些相关的论述，都是本章关于"耻"的最好注脚。

李泽厚《论语今读》认为，本章第一节为今日犹然的"不倒翁"或"政治娼妓"写照："左右逢源，看风使舵，永远居高官、食厚禄，真可谓恬不知耻者矣，又何其多也。"

历史上，与黑暗的官场、腐败的政治抗争而决然退隐江湖者并不少见，如陶渊明、郑板桥，他们都是知耻者。而那些贪官恋爵，在黑暗腐败政治之下依然稳坐高位，心安理得享受荣华富贵之徒，则正如孟子所痛斥的"人不可以无耻，无耻之耻，无耻矣"。（《孟子·尽心上》）

原宪的第二问，涉及人的品性。原宪的意思是，如果克、伐、怨、欲这四种品行都克制住了，应该就可以算是仁德之人了。而孔子认为，克制住这些品行并不能进入仁德之境，只是，能克制约束这些品行，也算难能可贵了。

孔子的学生都很努力地追求老师所指引的目标——实现仁德，而孔子却时时提醒弟子们，要进入仁德之境，非一朝一夕之事。所以，别把做好一两件事当成仁德，仁德并不是一蹴而就的事。你只有持之以恒地做好眼前的每一件事，才有可能最终成就仁德。

## 14.2　子曰："士而怀居❶，不足以为士矣❷。"

【译文】

孔子说："一个士人，却贪恋安逸的生活，便不配做一个真正的士人了。"

【释读】

❶ **士而怀居**　士，有德有才之人，有知识，有志向的士人。怀，怀念，留恋，贪恋。居，此处指安逸的居家生活。何晏《集解》："士当志道，不求安；而怀其居，非士也。"（一个士人，应当立志求道，而不贪图安乐；一心贪恋安乐生活，这不是一个士人所为。）

❷ **不足以** 不值得，配不上。

|读后|

《孟子·告子下》："故天将降大任于斯人也，必先苦其心志，劳其筋骨，饿其体肤，空乏其身，行拂乱其所为，所以动心忍性，曾益其所不能。"（上天打算把重任放到一个人的身上时，一定会先磨砺他的心志，折磨他的筋骨，使他忍饥挨饿，陷于困境，使他的所作所为受到干扰而不能如愿。以这种方式去锤炼其坚忍的性格，增强他的才能。）

这段话是我们最为熟悉的名言，几乎每一个中国人都能脱口而出。但是，能真正懂其中深意的，又有几人？

重耳，晋文公，晋国第二十二任君主，春秋五霸之一。初为公子，骊姬之乱（骊姬本为骊戎首领的女儿，晋献公妃子，曾离间献公父子兄弟。）时流亡在外十九年。《左传·僖公二十三年》有这样一段记载：重耳流亡到齐国，齐桓公为他娶妻纳妾，并配置二十乘车马。公子重耳安于眼前的生活。重耳的手下随从认为这样不行，打算出走，并在桑树下暗中密谋，却被在桑树上采桑的女仆听到了。女仆把这事告诉了重耳的妻子姜氏，姜氏杀掉了这个女仆，并对重耳说："你胸怀天下，有远大的理想。那个偷听计划的人，我已经将其杀死。"重耳说："我没有什么远大理想了。"姜氏说："赶紧走吧，怀恋享乐，安于现状，这实在是败坏人的名声。"重耳还是不肯走。姜氏与子犯商量，把重耳灌醉，然后送他上路。重耳醒来，拿起长戈，就去追赶子犯。

自古以来，消磨一个人的意志，最好的方法就是让其陷于安乐之中。

## 14.3

子曰："邦有道，危言危行❶；邦无道，危行言孙［xùn］❷。"

|译文|

孔子说："国家政治清明，就正直地说话，正直地做人；国家政治黑暗，就正直地做人，说话谦恭谨慎。"

【释读】

❶ **危** 正直，端正。

❷ **孙** 音义同逊，恭顺，谦逊谨慎。

【读后】

《雍正实录·八年十月己亥》记载："刑部等衙门议奏，原任庶吉士徐骏，狂诞居心，悖戾成性，于诗文稿内，造为讥讪悖乱之言，应照大逆不敬拟斩立决，将文稿尽行烧毁。从之。"这段史料记载的是文字狱的一桩冤案。讲的是，朝廷刑部等几个部门联合上奏，原任庶吉士的徐骏，行为狂诞而居心叵测，悖逆成性，违抗朝廷，在其诗文中，常有讥讽朝廷、蛊惑人心的言论，按照大清法律，当以"大逆不敬"之罪，判其斩立决，将其文稿全部烧毁。判决得以执行。

徐骏曾有一句得意的诗句：清风不识字，何故乱翻书。不料，这句诗句被他的同僚举报，称他影射大清，诽谤朝廷，妄议中央，嘲讽圣上，应斩立决。结果，雍正下旨将其斩首。

《后汉书·黄琼传》："峣［yáo］峣（刚强不屈）者易折，皎皎者易污。"鲁迅说："正无需乎震骇一时的牺牲，不如深沉的韧性的战斗。"

孔子告诉我们，要见义勇为。"见义不为，无勇也。"（《为政篇》2.24）但是，孔子还告诉我们，要学会审时度势，有勇无谋，是瞎胆大。那种逞一时意气的刚强者，不足以持久。要勇于斗争，还要善于斗争。

## 14.4 子曰："有德者必有言，有言者不必有德❶。仁者必有勇，勇者不必有仁。"

【译文】

孔子说："有道德的人一定能说出有价值的话，能说出有价值的话的人不一定有道德。仁德之人一定勇敢，勇敢的人却未必有仁德。"

【释读】

❶ **必有言** 一定能说出有价值的话。言，指有价值的言论。

【读后】

钱穆《论语新解》本章注释说："有德者不贵言而自有之。仁者不贵勇而自有之。若徒务有言，岂必有德？徒务有勇，岂必能仁哉？"意思是，有道德的人不看重话语，他的行为举止便是最好的话语。一个仁德之人不刻意好勇逞能，他能不怒自威，自有胆识勇气。如果只是一味追求外在的言语，岂能一定是有德之人？如果只是追求勇敢，岂能一定成为仁者？

一个人内在与外表很难做到必然的统一。唯其难，所以必须努力去做。我们总容易犯一个逻辑错误，以为A是B，于是B就自然也是A。孔子说，事实上不是这样的。有道德的人总会有至理名言，而能口吐莲花的人未必道德高尚；仁德之人不忧不惧，但胆大的人也可能妄为，便不是仁者。

别轻信满口仁义道德的人，别轻信勇气过人的人。

**14.5** 南宫适［kuò］问于孔子曰："羿［yì］善射，奡［ào］荡舟，俱不得其死然❶。禹稷［jì］躬稼而有天下❷。"夫子不答❸。
南宫适出，子曰："君子哉若人！尚德哉若人❹！"

【译文】

南宫适向孔子请教说："后羿擅长射箭，奡擅长驾舟，却都未能善终。禹和稷亲自种庄稼，却赢得了天下。"孔子没有回应他的话。

南宫适退出去后，孔子说："这个人真是一个君子啊！这个人真是个追求道德的人啊！"

【释读】

❶ **羿** 古代传说中有三个羿，都是射箭能手。一说为帝喾［kù］的射师；二说

为尧时射手，即传说羿射九日之羿；三说为夏代有穷国的君主，曾夺得夏太康的王位，后被其臣寒浞［zhuó］所杀。这里即指第三位。

**奡** 古代传说中寒浞的儿子，以力大著称，相传他能陆地行舟，后被少康所杀。

**俱不得其死然** 俱，都，全部。其，指代羿和奡。然，语助词。

❷ **禹** 姓姒［sì］，名文命，夏后氏部落首领，奉舜命治洪水，后以治水有功被舜选为继承人，是夏朝的建立者。

**稷** 后稷，名弃。传说是周朝的始祖，尧、舜时曾做农官。

**躬稼** 亲自耕种庄稼。

❸ **夫子不答** 孔子没有回应他的话。

❹ **若** 此，这，代词。

【读后】

羿和奡只是强大的个体。禹和稷心系百姓，把人民的幸福安康作为己任，以他们的才能提升这个世界的幸福指数，这就是大仁大德。

孔子说，可以靠力气征服天下，但要靠仁德才能赢得民心。

## 14.6 子曰："君子而不仁者有矣夫，未有小人而仁者也❶。"

【译文】

孔子说："君子有时也会有不仁之举，这种情况是存在的吧，但从来没有见过小人会有仁德的情况。"

【释读】

❶ 君子偶有不仁之行，即一个君子，偶尔也会出现不仁的言行、不仁之举。杨伯峻《论语译注》译为："君子之中不仁的人有的罢，小人之中却不会有仁

人。"杨逢彬《论语新注新译》译为:"是个君子却不仁的人是有的吧,是个小人却仁德的人是不会有的。"按照杨伯峻、杨逢彬的释读,"君子而不仁者"即为"不仁的君子"。但是,既然"不仁",又何谈"君子"?程树德《论语集释》引孔安国曰:"虽曰君子,犹未能备。"(即使被称作君子,也还是有不完美之处。)《论语集释》引陈埴《木钟集》:"君子容有不仁处,此特君子之过耳,盖千百之一二。若小人本心既丧,天理已自无有,何得更有仁在?"(一个君子,允许偶尔有不仁之处,这只是君子的过错、瑕疵罢了,应该不及君子之行的千百分之一二。如果是小人,天性之中就丧失了仁德,心中更无天理存在,哪儿还有仁德呢?)又引《论语稽》:"君子偶不仁,无害其为君子。小人偶或仁,终见其为小人。"(君子偶尔有不仁之行,也不妨碍他成为君子。小人偶尔有仁德之举,终究还是一个小人。)

[读后]

诗人北岛在《回答》一诗中写道:"卑鄙是卑鄙者的通行证,高尚是高尚者的墓志铭。"

一心向善,不断提升自我,完善自我,就可能成为一个君子。一个仁者,虽未必一定是完美的,但一心在仁,本质不变,其标签还是"高尚"。而灵魂卑劣的人,虽偶有善举,最终的标签依然是"卑鄙"。君子可能有坏的时候,而小人却没有具备仁德的可能。君子小人,各自有其特有的标识与灵魂。

这一章也再一次提醒我们,对一个人的判断、认知,不能仅凭一言或一行就做结论。君子偶有不仁之举,却不失其为君子;小人偶有仁德之举,未必就能改变其小人特性。唯有一心向善,日日精进,不断提升自我,才能达于至善之境。

子曰:"爱之,能勿劳乎❶?忠焉,能勿诲乎❷?" 14.7

[译文]

孔子说:"如果爱一个人,能不让他经受辛苦磨炼吗?如果为他着想,能不对他劝告引导吗?"

【释读】

❶ **爱** 本义是喜爱，爱慕，对人或事物的深厚真挚的感情。而爱字的构形，正是来源于一个人告白的场景。爱字最早见于战国晚期的金文，像一个面朝左边，张嘴而坐，手抚胸口的人。心就在手抚之处，像一个人在低诉着自己的喜爱之情。（图14.7-1第一字）到小篆时，爱字的人脸转向了右边，字的下部多出一个"夊"〔zhǐ〕，为脚趾朝下之形，表示行走，由远及近。（图14.7-1第二字）有人说，这是为爱奔波；有人说，这是表示爱是主动性的行为。总之，因爱而动。到了草书，爱字已无心。（图14.7-1第三字）

**劳** 使之劳，让他经受辛劳磨炼。《孟子·告子下》："故天将降大任于是人也，必先苦其心志，劳其筋骨，饿其体肤，空乏其身。"此处"劳"与本章之"劳"义近。

❷ **忠** 在《论语》中往往指忠诚、忠心、尽忠职守，尽力做好分内的事，对他人负责，为他人着想。

**诲** 指教导，诱导。《王力古汉语字典》在本词条下有一个辨识：教，诲，两个词都有教导义，但有细微差别。"教"带强制性，"诲"重在启发，诱导。因此，我们将"诲"译作劝告，引导，似更贴近原文本意。

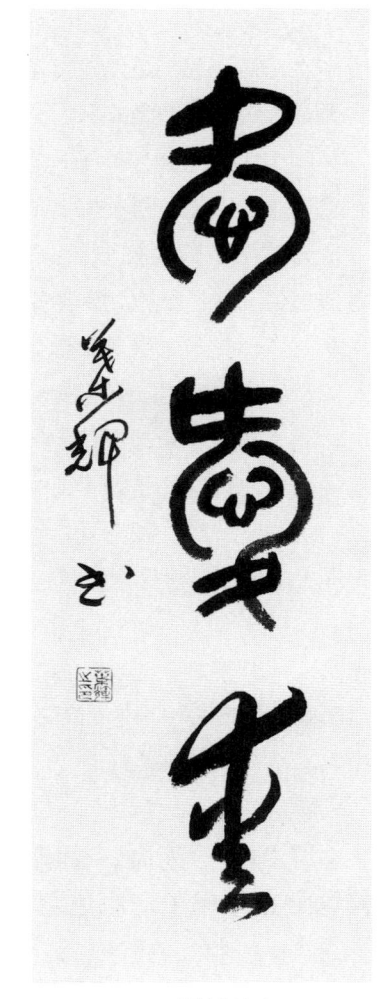

图14.7-1

【读后】

《国语·鲁语》："夫民劳则思，思则善心生；逸则淫，淫则忘善，忘善之恶心生。沃土之民不材，逸也；瘠土之民莫不向义，劳也。"（百姓劳顿艰辛就会去想积极改变，思变就会心生向善之心；安逸舒适则会放纵享乐，放纵享乐就

宪问篇第十四　　513

会忘记美好的品行，忘记美好的品行就会产生邪念。居住在富庶之地的人不能积极向上，是因为沉迷于过度享乐；居住在贫困之地的人没有不讲求道义的，是因为他们劳顿艰辛的缘故啊。）

年少之人当胸怀天下，志在四方，若早早沉迷于温柔之乡，就会意志消沉，不思进取，如此，则一生平庸，难成大事。

《孟子·滕文公上》："分人以财谓之惠，教人以善谓之忠，为天下得人者谓之仁。"（把财物送给别人叫作惠，教人向善叫作忠，为天下发现有才能的人才叫作仁。）朱熹《论语集注》引苏东坡曰："爱而勿劳，禽犊之爱也；忠而勿诲，妇寺之忠也。爱而知劳之，则其为爱也深矣；忠而知诲之，则其为忠也大矣。"（爱一个人却不让他经受辛劳磨炼，这便是牲畜的爱。对他忠心，却不去劝告引导他，这便是妇人侍从的忠心。爱一个人又懂得让他去经受辛劳磨炼，那么，这种爱就是一种深爱；对他忠心又懂得适时劝告引导他，那么这种忠就是一种最大的忠了。）

《荀子·大略》："君子之于子，爱之而勿面，使之而勿貌，导之以道而勿强。"（君子对于儿女，疼爱他们而不表现在脸上，使唤他们而不用和颜悦色，用正确的道理去引导他们而不去强迫他们接受。）

**14.8** 子曰："为命，裨谌［bì chén］草创之，世叔讨论之，行人子羽修饰之，东里子产润色之[1]。"

**【译文】**

孔子说："每当郑国撰写外交辞令时，总是由裨谌草拟初稿，由世叔提出意见，外交官子羽修改，再由东里的子产润色加工。"

**【释读】**

[1] **为命** 拟定外交辞令方案。

**裨谌** 一说音［pí chén］，郑国大夫。

**草创** 初步拟定，起草。

**世叔** 即《左传》中的子太叔，名游吉。

**讨论**　一个人去研究而后提出意见，意义和今天的"讨论"不同。讨，寻究。论，讲论。

**行人子羽**　行人，古时指外交官。子羽，公孙挥。

**修饰**　整理，加工。

**东里子产**　东里，地名，今郑州市，子产居住地。

**润色**　修饰文字，使有文采。

【读后】

乍看起来，本章像一则工作日志，或者说是一则极简的白描记事。但却包含了很大的信息量。

外交无小事。虽然那时候的诸侯国几乎都是巴掌大的国家，但诸侯国之间的交往，却是如此慎重。因为自古至今，国与国之间的交往，稍有不慎，就会造成外交事故。

从本章内容中，我们看到的是井然有序的分工合作，严谨分明的工作程序，一丝不苟的工作态度。从一个公司的运行，到一个国家机器的运转，需要每个环节丝丝相扣，紧密配合，每个成员各尽所能。要避免职能不清，责任不明，相互推诿。如果我们人人都能像这样去对待工作，我们的国家将变得非常强大！

## 14.9

或问子产❶。子曰："惠人❷也。"

问子西❸。曰："彼哉❹！彼哉！"

问管仲。曰："人也❺。夺伯氏骈［pián］邑三百，饭疏食，没齿无怨言❻。"

【译文】

有人向孔子询问子产是个什么样的人。孔子说："子产是一个宽厚慈爱的人。"

问子西是个什么样的人。孔子说："那人啊！那人啊！"

问管仲是个什么样的人。孔子说："他算是一个人物。曾经剥夺了伯氏骈邑三百户的采地，伯氏只能靠吃粗粮度日，却到死也没有怨恨的话。"

宪问篇第十四　　515

【释读】

❶ **或** 有人，有的人。此处为有人。

❷ **惠人** 仁爱之人，宽厚慈爱的人。

❸ **子西** 春秋时，载入史籍的有三个子西，一是楚国公子申；二是楚国斗宜申；三是郑国公孙夏，子产（公孙侨）的同宗兄弟，即本章的子西。

❹ **彼哉** 不值一提，为当时表示轻视的习惯用语，等于现在的"那人啊！那人啊！也就这样吧"。何晏《集解》引马融曰："彼哉彼哉，言无足称。"

❺ **人也** 算是一个人才、人物。不是现在意义上的"是一个人"或"是人"的意思。

❻ **夺伯氏骈邑** 夺，剥夺。伯氏，齐国大夫，名偃。骈邑，地名，伯氏的采邑。
**饭疏食** 吃粗粮，粗茶淡饭。
**没齿** 即老到牙都掉光了，指老死，终身。
**无怨言** 史载伯氏有罪，管仲为宰相，依法下令剥夺了伯氏的采邑三百户。因管仲执法公允，所以伯氏口服心服，始终无怨言。

【读后】

　　评价一个人，是在宣传一种思想，倡导一种主张。孔子称赞子产"惠人"，称赞管仲"人也"，正是孔子思想的一次宣讲。有意思的是，孔子在说到子西时，用了一句不置可否的流行语——"彼哉！彼哉！"却没有更具体的言辞。孔子既表达了一种轻蔑，又没有恶语相向。这算不算一种圆融？
　　赞美或者否定一个人时，一定要当心，因为这也是在为自己画像。如果你是一个公司的领导人，你的赞美或否定，便是一种主张，一种倡导，一种指引，更需要慎之又慎。从某种意义上讲，一个公司的文化，可能就是在领导人的赞美或否定之中形成的。

## 14.10

子曰:"贫而无怨难,富而无骄易❶。"

**【译文】**

孔子说:"贫穷却没有怨恨,很难做到;富贵却不傲慢骄矜,容易做到。"

**【释读】**

❶ **贫而无怨** 贫穷却没有怨恨,"而"表转折。
**富而无骄** 富贵却不傲慢骄矜、放肆。

**【读后】**

《左传·定公十三年》记载,史䲡对公叔文子说:"富而不骄者鲜,吾唯子之见。"(富贵却不傲慢骄矜的人很少,我只见到你是这样的人。)又《晏子春秋·内篇》:"富而不骄者,未尝闻之。贫而不恨者,婴是也。"(富贵却不傲慢骄矜的人,从未听说过。贫穷却心无怨恨的人,晏婴便是这样的人。)

贫穷容易让人心生怨恨,抱怨时运不济,抱怨生不逢时,抱怨人情淡薄,抱怨社会不公,甚至产生仇富心理。总之,容易怨天尤人。安贫乐道需要极为强大的内心,需要坚忍的意志,需要远大的理想去支撑,不怨天不尤人实属不易;有钱有势,往往容易自我膨胀,盲目自信,产生唯我独尊的幻觉。要能真正做到富而无骄,其实也并非易事。

## 14.11

子曰:"孟公绰[chuò]为赵魏老则优❶,不可以为滕[téng]薛大夫❷。"

**【译文】**

孔子说:"孟公绰如果担任赵氏、魏氏的家臣,其能力绰绰有余,但他却不能够胜任滕国、薛国这样的小国的大夫。"

宪问篇第十四 517

【释读】

❶ **孟公绰** 鲁国大夫，《左传·襄公二十五年》记载，齐国崔杼率军进攻鲁国北部边境，引起鲁襄公担心，鲁襄公向晋国求援。而孟公绰却说，崔杼有大志，不会困扰鲁国。果然，齐军班师回齐，并未占领鲁国领土。这说明孟公绰富有政治经验，成熟老练，对齐军的分析准确透彻。《史记·仲尼弟子列传》称他与晏婴、子产、蘧伯玉一样，是孔子所尊敬的人。

**赵、魏** 赵氏，魏氏，皆为晋卿之家。

**老** 指古代大夫的家臣，也称室老。

**优** 优裕，这里指能力绰绰有余。

❷ **滕、薛** 鲁国周边的小国。

【读后】

程树德《论语集释》引《论语稽》："孔子言此，盖以人各有能有不能，国家用人，宜量其所长而用之也。如公绰之贤，尚有能有不能，其他可知。此孔子为用人者言，言不可用人而违其才，非于公绰有贬辞也。"（孔子说这话，大概是因每个人各有能做不能做的事。国家任用人才，理当根据他自身的优势而任用他，就像孟公绰这样的贤能之人，尚且有能做的不能做的事，其他人就可想而知了。这是孔子对当政者说的话，指不能够任用人却违背人才的优势所在，并不是对孟公绰有贬损之意。）

一个人无论多有才德，也总有不能之处。寸有所长，尺有所短。无所不能的人也许有，但很难遇到。

我们无论是对待自己的能力，还是对待他人的才华，需要客观冷静地评判，不可感情用事。人尽其才的前提是要把他放在合适的位置上。

巴菲特说："只有在退潮的时候，才知道谁在裸泳。"问题是，当知道谁在裸泳的时候，有些损失已经无法挽回了。用人有风险，我们只能尽可能地提升自己识人的本领。

**14.12** 子路问成人❶。子曰："若臧［zāng］武仲之知［zhì］，公绰之不欲，卞［biàn］庄子之勇，冉求之艺，文之以礼乐，亦可以为成人矣❷。"曰❸:"今之成人者何必然❹? 见利思义,见危授命❺,久要[yāo]不忘平生之言❻,亦可以为成人矣。"

### 译文

子路问怎么样才算是完美之人。孔子说:"像臧武仲那样的智慧,像孟公绰那样的清廉,像卞庄子那样的勇敢,像冉求那样的多才多艺,再用礼乐来增加他的涵养,也就能够算是完美之人了。"孔子补充说:"如今,完美之人的概念为什么一定要这样呢?面对利益时首先想到是否符合道义,遇见危难时敢于献出自己的生命,长久困顿艰难也不忘曾经许下的诺言,这也能够算是完美之人了。"

### 释读

❶ **成人** 完美的人。《左传·昭公二十五年》:"故人之能自曲直以赴礼者,谓之成人。"(所以,一个人能屈能伸,而又符合礼制,这就叫作完美的人。)朱熹《论语集注》:"成人,犹言全人。"

❷ **臧武仲** 鲁国大夫臧孙纥,臧文仲之孙。臧孙纥为人聪慧,他逃亡到齐国后,预见齐庄公不能长久,而设法拒绝庄公赐给的田邑。齐庄公被杀,他因而未受牵连。
**不欲** 不贪心,清廉。
**卞庄子** 鲁国大夫,卞邑(今山东泗水县东)人,以勇力驰名。传说他曾经独身刺双虎。
**艺** 技艺,技能,此处指多才多艺。
**文之以礼乐** 用礼乐来涵养他。文,修饰,作动词。

❸ **曰** 有人认为此处是子路"曰",理由是符合子路性格。但根据全文内容来看,似作为孔子再次补充更为妥当。

❹ **成人者** 完美之人的标准。
**何** 为什么。

宪问篇第十四　519

**必然** 一定这样。

❺ **授** 给予，此处为付出，献出。

❻ **要** 通"约"，穷困，困顿。
**平生** 平日，一指年少。此处为"曾经"之意。
**言** 此处指诺言。

**读后**

有智，有勇，有艺，无欲，还能遵守礼制，有极高的修养与内涵。这样的人，当然是理想之人，完美之人，是德智体美劳全面发展的人。要成为这样的人，何其难哉！然而，这未尝不是我们每个人努力的方向。

"见利思义，见危授命，久要不忘平生之言"，是孔子提出的另一个"成人"标准。很多人认为，孔子这个标准比前面的"成人"标准低了。但是，我们仔细想想，这个"成人"标准低吗？面对利益之时首先想到是否符合道义，遇见危难时敢于献出自己的生命，长久困顿艰难也不忘初心。如果你觉得这样的要求低，那就照此努力吧。我们这个社会，太需要这样的人。

## 14.13

子问公叔文子于公明贾［jiǎ］曰❶："信乎，夫子不言，不笑，不取乎❷？"

公明贾对曰："以告者过也❸。夫子时然后言，人不厌其言❹；乐然后笑，人不厌其笑；义然后取，人不厌其取。"

子曰："其然？岂其然乎❺？"

**译文**

孔子向公明贾询问公叔文子，说："先生不轻言，不苟笑，不取不义之财是真的吗？"

公明贾回答说："这是传话人有误。老先生在该说话的时候才说话，所以人们不讨厌他说的话；开心了才会笑，所以人们不讨厌他的笑；合乎道义的才获取，所以人们不讨厌他的获取。"

孔子说:"原来是这样?难道真是这样吗?"

## 【释读】

❶ **公叔文子** 卫国大夫公孙拔,名拔,字叔文,卫献公之孙,谥号"文"。
**公明贾** 卫国人,姓公明,名贾,公叔文子的使臣。

❷ **信乎** 真的吗?确实如此吗?
**夫子** 《论语》中大多指孔子,但也有几处例外。此处敬称公叔文子。
**不言** 不说话,不轻言。
**不笑** 不喜形于色,不苟言笑。
**不取** 不索取不义之财。

❸ **以告者** 即"以(之)告者",把上面的话传给别人的人,也即传话的人。
**过** 过错,此处为"有误"。

❹ **时然后言** 该说话的时候才说话。时,适时,恰当的时候,合适的时候。

❺ **岂其然乎** 难道真是这样吗?其,语助词,表委婉语气。然,如此,这样。

## 【读后】

《卫灵公篇》15.8载"子曰:'可与言而不与之言,失人;不可与言而与之言,失言。知者不失人,亦不失言。'"可以看作是对本章的补充和延展。

当今社会,有些人言不由衷,整天说着连自己都不相信的话。笑成为一种职业表情或职业习惯,"职业笑"似乎成为我们这个时代追逐利益、见利忘义的装饰性表情。功利心成为有些人的精神支撑点。如此种种,触目惊心,却见惯不惊。如果今天有人告诉我,有一个时然后言,乐然后笑,义然后取的人,我们是不是也会问:"其然?岂其然乎?"

## 14.14

子曰:"臧武仲以防求为后于鲁❶,虽曰不要[yāo]君,吾不信也❷。"

**【译文】**

孔子说:"臧武仲凭借自己的封地防城来请求鲁国国君立他的子弟为鲁国卿大夫,即使说这不是要挟国君,我是不相信的。"

**【释读】**

❶ **防** 鲁国地名,今山东费县东北六十里的华城,紧靠齐国边境,是臧武仲受封的地方。据《左传·襄公二十三年》记载,公元前550年,臧武仲因帮助季氏废长立少得罪了孟孙氏,逃到邻国邾[zhū]国。不久,他又回到他的故邑防城,向鲁国国君请求为臧氏立他的子孙,让他们任鲁国大夫,并袭受封地。言辞谦逊恳切,但言外之意却是如不这样,就将据邑以叛(发动叛乱)。得到允许后,他逃亡到齐国。

❷ **要** 要挟,胁迫。

**【读后】**

前面,孔子还在说做一个"成人"要有臧武仲之智,看来,臧武仲是把聪明用错了地方。有人提出,臧武仲到底是以放弃防邑为条件,还是凭借自己的封地防邑为要挟?其实,无论是哪种情况,都属于要挟。明明是据邑要挟,却要表现得言辞恳切,态度极好。对这种人,尤其又是足够聪明的人,要提高警惕。

## 14.15

子曰:"晋文公谲[jué]而不正❶,齐桓公正而不谲❷。"

**【译文】**

孔子说:"晋文公行事诡诈而不正直,齐桓公行事正直而不诡诈。"

**【释读】**

❶ **晋文公** 即重耳,春秋时有作为的政治家,晋献公之子。因献公宠骊姬,立幼子为嗣,致他受迫害,流亡国外十九年。后由秦国送回晋国,即位,为文公。他整顿内政,加强军队,使国力强盛。又平定周朝内乱,迎接周襄王复位,以"尊王"相号召。伐卫致楚。"城濮之战"诱敌深入,大败楚军,创造了后发制人的成功战例。在"践土会盟"中成为春秋霸主之一。
**谲而不正** 耍阴谋。谲,欺诈,玩弄权术,耍弄阴谋手段。正,正派。

❷ **桓公** 春秋五霸之首,姓姜,名小白,姜尚(太公)后人,齐襄王之弟。襄公被杀后,他从莒回国,取得政权,任用管仲为相,进行改革,富国强兵。以"尊王攘夷"相号召,帮助燕国打败北戎,营救邢、卫二国,制止戎狄入侵,又联合中原诸侯进攻蔡、楚,与楚会盟于召陵(今河南郾城东北)。平定东周王室内乱,多次与诸侯结盟,互不使用武力,使天下太平了四十年。

**【读后】**

钱穆《论语新解》说:"谲正之比,盖兼两人用兵与行事言。用兵犹可谲,行事终不可谲。"《韩非子·难一》:"战阵之间,不厌诈伪。"不厌,不排斥,不以为非。用兵作战,不排斥运用诡变、欺诈策略或手段克敌制胜。宋襄公仁义之师不击半渡之兵的故事,值得我们深思。而做人行事,却要堂堂正正,不可玩诡诈计谋,"打左灯向右转"。

**14.16** 子路曰:"桓公杀公子纠,召[shào]忽死之,管仲不死❶。"曰:"未仁乎?"子曰:"桓公九合诸侯,不以兵车,管仲之力也❷。如其仁,如其仁❸。"

## 【译文】

子路说:"齐桓公杀死公子纠,他的家臣和师傅召忽为他殉节而死,而同样是身为家臣和师傅的管仲却没有死。"子路接着问:"管仲是个没有仁德的人吧?"孔子说:"齐桓公多次与诸侯会盟,而不用武力,这都是管仲个人的能量所致。管仲也和召忽一样,同样是仁德之人,同样是仁德之人。"

## 【释读】

❶ **公子纠** 齐桓公的哥哥。公子纠和齐桓公都是齐襄公的异母弟弟。襄公无道,政局混乱,他们兄弟二人怕受连累,于是,小白由鲍叔牙陪侍逃亡到莒国;公子纠由管仲、召忽陪侍逃亡到鲁国。召忽、管仲是公子纠的家臣和师傅。后,齐襄公被公孙无知杀死,公孙无知立为君。次年,雍廪又杀死公孙无知,齐国处于无君状态。在鲁庄公准备发兵护送公子纠回齐即位的时候,小白用计抢先回到齐国,立为君,是为齐桓公,并兴兵伐鲁,逼迫鲁国杀死公子纠。公子纠被杀后,陪侍的召忽自杀殉节,管仲却归服齐桓公,并由鲍叔牙推荐当了宰相。

❷ **九合诸侯** 多次与诸侯会盟。九合,据史料载,齐桓公与诸侯会盟有十一次。"九"在此当为虚数,表示多次。"合",诸侯会盟。
**不以兵车** 不用战车,即不用武力,不通过发动战争。

❸ **如其仁** 即"如召忽(其)之仁",管仲也如召忽一样,同样是仁德之仁。其,指代召忽。大多注家依王引之《经传释词》:"如,犹乃也。"乃其仁,即这就是管仲的仁德。一解为"谁如其仁",加一"谁"字,意为谁有管仲这样的仁德呢。杨逢彬《论语新注新译》认为,"如其仁"应解为"合于仁"或"符合仁"。李炳南《论语讲要》:"子路为人,注重道义,他认为,桓公杀公子纠,召忽为之而死,可谓杀身成仁,管仲不为公子纠自杀,当不能与召忽相比,因问孔子说'未仁乎'。孔子答复,齐桓公为诸侯盟主,九合诸侯,不用武力,故称衣裳之会,天下由此而安,这都是得力于管仲。因此,'如其仁,如其仁',管仲亦如召忽之仁。"("衣裳之会"即国与国之间以礼交好之会,与"兵车之会"相对而言。)

【读后】

当道德成为一种标准模式进而强制推行，这种道德也就成为不道德了。"仁"作为最高的道德境界，更不是召忽之死那样的殉节之仁所能代表的。因此，孔子是对的，仁是一种大仁，是推动整个社会文明向前发展的动力，而不是一死了之的壮烈。

对于我们这个动不动就把道德推向极端的社会来说，这一章无疑是值得反复体会的。

本章可与下一章互参。

## 14.17

子贡曰："管仲非仁者与？桓公杀公子纠，不能死，又相［xiàng］之❶。"子曰："管仲相桓公，霸诸侯，一匡天下，民到于今受其赐❷。微管仲，吾其被［pī］发左衽［rèn］矣❸。岂若匹夫匹妇之为谅也，自经于沟渎［dú］而莫之知也❹。"

【译文】

子贡说："管仲不是个有仁德的人吧？齐桓公杀死公子纠，他不为公子纠殉节而死，反而去辅佐齐桓公。"孔子说："管仲辅佐齐桓公，帮助齐国成为诸侯霸主，让乱世得以走向正道。老百姓到今天还享受着他所带来的恩惠。如果没有管仲，我们大概还披着头发，衣襟左开呢。难道要像普通的平庸之人那样死守小信小节，在小山沟里自杀身亡，而不为人所知吗？"

【释读】

❶ 相　辅佐。

❷ 霸诸侯　即"霸于诸侯"，称霸于诸侯，在诸侯中做霸王。"霸"作动词，称霸。

匡　匡正，意为让乱世得以走向正道。

赐　恩赐，好处。

❸ **微** 非，无，假如没有。只用于和既成事实相反的假设句之首。

**吾其被发左衽矣** 其，表推测，大概，恐怕。被，通"披"，被发即披发。衽，衣襟。左衽，从左边打开衣襟。古时汉族束发于顶，衣襟向右。"被发左衽"被认为是夷狄习俗。

❹ **岂若** 难道要像。

**匹夫匹妇** 指普通平庸之人。

**谅** 信实，遵守信用。如《季氏篇》16.4中的"友直，友谅，友多闻"。作动词时意为相信。后引申为原谅，体谅；想必，料想等。此处指拘泥于小的信义，小的节操。《卫灵公篇》15.37中，子曰："君子贞而不谅。"意思是君子追求真理，不拘小信小节。"谅"即为"小信"。

**自经于沟渎** 自经，自缢、自杀。沟渎，小山沟。

**莫之知** 即"莫知之"，没有谁知道他。

【读后】

本章可与上一章并读。

管仲当初和召忽一起跟随齐国公子纠，而公子纠与同父异母的弟弟公子小白抢夺国君的位置。公子小白抢先一步继位，成为后来的齐桓公，公子纠因失败而被杀，跟随他的召忽就跟着自杀了，以表忠君。管仲没有像召忽一样自杀，还做了齐桓公的国相。

子路和子贡的疑问就由此而来。他们认为，管仲没有尽君臣之义，他的行为是不仁的。

孔子却认为，管仲所为正是体现了仁。因为管仲帮助齐桓公成为霸主。由于管仲的努力，促成齐桓公用外交手段多次主持诸侯会盟，建立了春秋初期长达数十年的和平秩序，让老百姓安居乐业，免遭战争之苦，使中原免受周边少数民族的侵扰，中原文化得以保存和发展。孔子说，如果没有管仲，我们大概还披着头发，衣襟左开呢。这样大的功德，能不算仁吗？哪能主子一死就不顾一切地殉死呢？为守小节小信而死是小人的行径，不是君子的作为。在孔子看来，忠君，其实质是忠于国家，忠于秩序，忠于礼制。

《管子·大匡》记载，管仲曾说，值得我为之牺牲的是社稷，社稷破败，宗庙毁坏，祭祀断绝，我会为此而死。如果不是这三项，那我还会活着。我活着对齐国有利，我死了对齐国不利。

这气魄，何等的豪迈！

## 14.18 公叔文子之臣大夫僎［zhuàn］与文子同升诸公❶。子闻之，曰："可以为'文'矣❷。"

**【译文】**

公叔文子的家臣大夫僎在公叔文子的引荐下，与公叔文子一同提升为国家的大臣。孔子听说这件事，说："以'文'作为公叔文子的谥号，非常恰当。"

**【释读】**

❶ **臣** 家臣。

**大夫僎** 刘宝楠《论语正义》曰："家臣之中，爵秩不同，尊者为大夫，次亦为士。故此别之云'大夫僎'，明僎为家臣中之为大夫者也。"（家臣之中，爵位等级不同，爵位高的叫大夫，次一级的也叫作士。所以此处以"大夫僎"来区别，明确僎是家臣中大夫一级的。）僎，人名，有版本注为［xún］或［xùn］。

**同升诸公** 推荐他和自己一起成为公朝的大臣。同升，一同提升为。诸，"之于"合音。公，即公朝。

❷ **可以为"文"矣** 以"文"为公叔文子的谥号，非常恰当了。据《礼记·檀弓》载，公叔文子实谥为"贞惠文子"。郑玄说："不言'贞惠'者，'文'足以兼之。"（不说"贞惠"，是因为一个"文"字足以涵盖公叔文子的品行了。）

**【读后】**

朱熹《论语集注》引洪兴祖曰："家臣之贱而引之使与己并，有三善焉：知人，一也；忘己，二也；事君，三也。"家臣地位低下却推荐他，让他与自己平起平坐，这表现了三种美德：能慧眼识人，这是一；无我，即能放下自己的身段，这是二；能尽忠于君王——以国家为重，这是三。朱熹这段引言，概括了本章主旨。

## 14.19

子言卫灵公之无道也❶，康子曰："夫如是，奚而不丧❷？"孔子曰："仲叔圉［yǔ］治宾客，祝鮀治宗庙，王孙贾治军旅。夫如是，奚其丧❸？"

**【译文】**

孔子在谈到卫灵公的昏庸荒唐之事的时候，季康子说："既然是这样，为什么没有丢掉君位呢？"孔子说："卫灵公身边有仲叔圉负责外交事务，祝鮀掌管宗庙祭祀，王孙贾统领军队，像这样，那为什么会丢掉君位呢？"

**【释读】**

❶ **卫灵公** 卫国第二十八代国君，姬姓，卫献公之孙，在位四十二年，公元前534—前493年在位。
   **无道** 指昏庸而不行德政。

❷ **夫如是** 夫，句首语助词，表示要发表议论，称作发语词。如是，像所说的那样。
   **奚而不丧** 奚，为什么。而，连词，加强反诘语气。丧，丢失其君位。一说丧指丧国，从前说。朱熹《论语集注》："丧，失位也。"

❸ **其** 句中语气词，起加强语气作用。

**【读后】**

在我们的认知里，卫灵公的标签就是"好色"。在《子罕篇》9.18、《卫灵公篇》15.13中，孔子曾两次感叹"吾未见好德如好色者也"。但是，卫灵公也有其过人之处，这就是，善于用人。可以肯定的是，卫灵公如果仅仅是好色之徒，恐怕也很难在位四十二年之久，而孔子也看到了这一点。

从本章我们可以看出，评价人，不能一棍子打死，一错就全盘否定，而要全面评价。用人之长，补己之短，这是卫灵公的本事，也是今人需要学习的。今天的人，在评价一个人时，往往只从道德层面去衡量，用道德绑架一切。《孔子家语》里的一句话，值得我们深思。孔子曰："臣语其朝廷行事，不论其私家之际也。"是说工作是工作，家事归家事，不混为一谈。钱穆在《论语新解》本章论述中也注意到了这一点，他说："此章见孔子论人不以所短弃所长。"

## 14.20　子曰："其言之不怍［zuò］❶，则为之也难❷。"

【译文】

孔子说："一个人如果大言不惭，那么实行起来就很困难。"

【释读】

❶ **其**　指示代词，在此为泛指某一个人。
**言之不怍**　大言不惭，说大话、空话，怍，惭愧。

❷ **则为之也难**　则，那么，连词，表承接。为之，实践它，兑现它。之，指说出的大话。也，句中语助词，舒缓语气。《逸周书·官人篇》："扬言者寡信。"（说话高调的人，缺少诚信。）老子《道德经》六十三章："夫轻诺必寡信，多易必多难，是以圣人犹难之，故终无难矣。"（轻易许诺的一定会失信，把事情都看得太容易必定会遭遇更大的困难。因此圣人总把事情看得艰难，所以最后反而没有困难。）

【读后】

大话空话说起来容易，但要兑现，却很困难。唯有脚踏实地，真实地面对自己，面对自己的实际能力，才有可能兑现诺言。

一诺千金。许诺须谨慎，因为诺言的分量很重。

陈成子弑简公❶。孔子沐浴而朝❷，告于哀公曰："陈恒弑其君，请讨之❸。"公曰："告夫三子❹！"

14.21

孔子曰："以吾从大夫之后，不敢不告也❺。君曰'告夫三子'者！"
之三子告，不可❻。孔子曰："以吾从大夫之后，不敢不告也。"

**译文**

陈恒杀了齐简公。孔子沐浴斋戒后去朝见鲁哀公，向鲁哀公报告说："陈恒杀了他的君主，请出兵讨伐他。"鲁哀公说："去报告给三位大夫吧！"

孔子退出后说："因为我曾经也是大夫，所以不敢不向君主报告此事，君主却说'去报告给三位大夫吧'！"

孔子又去向三位大夫报告，三位大夫不支持孔子的主张。孔子说："因为我也曾经是大夫，所以不敢不去报告此事啊！"

**释读**

❶ **陈成子**　齐国大夫陈恒，又名田成子，事齐简公，他以大斗借粮、小斗收粮的方法，获得百姓拥护，政治上逐渐获得优势。公元前481年（鲁哀公十四年）杀死齐简公，当上了齐国国相。到他的第四世孙田和，把齐康王放逐到一个海岛上，齐国就整个归了田家。公元前386年，周安王正式封田和为齐侯，就是田太公。此后，齐国虽然还叫齐国，便已不是以前的姜姓齐国，而是田氏齐国了，史称"田齐"。到了他的孙子，便自立为王，这就是齐威王。
**弑**　臣杀君，子杀父叫弑。
**简公**　齐简公，姓姜，名壬，齐国国君。公元前481年（简公四年），陈恒杀简公，立平公，从此陈氏专权于齐。

❷ **沐浴而朝**　沐浴斋戒后去朝见。朱熹《论语集注》："是时孔子致仕居鲁，沐浴斋戒以告君，重其事而不敢忽也。臣弑其君，人伦之大变，天理所不容，人人得而诛之，况邻国乎？故夫子虽已告老，而犹请哀公讨之。"（那个时候，孔子已辞官住在鲁国。沐浴斋戒之后再去禀告君主，是认真慎重对待此事，而不敢稍有怠慢疏忽。下臣杀死君主，这是颠覆了基本的君臣伦理规则，天理难容，每个人都可以去消灭他，何况这种事还发生在邻国？所以

孔夫子即使已经告老辞官，却还是去请求鲁哀公出兵讨伐陈桓。）

❸ **请讨之** 请出兵讨伐他。

❹ **三子** 即鲁国季孙、仲孙、孟孙三家权臣。当时，鲁国三家专权，实际操控鲁国政局，鲁哀公不敢做主，所以叫孔子去告诉三位大夫。

❺ **从大夫之后** 跟在大夫们的后面，忝［tiǎn］列大夫之中。这是说自己也曾做过大夫的谦辞。

❻ **之三子告** 到三位大夫那里去报告此事。但三位大夫不同意出兵，不支持孔子的主张。之，去，往，到……去。

【读后】

从这一章里，我们仿佛看到一位年逾古稀的老人，直到生命即将结束，还在为恢复周礼，复兴周朝盛世奔走呼号。这一幕感人至深，却又透着一股悲凉。

时代不需要孔子，孔子却不放弃时代，直到生命的终结。孔子弟子曾子在《泰伯篇》里的一番话，正道出了孔子悲怆而豪迈的精神："士不可以不弘毅，任重而道远。仁以为己任，不亦重乎？死而后已，不亦远乎？"

## 14.22 子路问事君。子曰："勿欺也，而犯之❶。"

【译文】

子路问怎样事奉君主。孔子说："不要对君王有所欺瞒，但可以直言劝谏。"

【释读】

❶ **勿欺也，而犯之** 勿欺，不要欺瞒。犯，犯颜，指直言劝谏。

宪问篇第十四　531

【读后】

《礼记·檀弓上》："事君有犯而无隐。"（事奉国君，对国君的过失要直言劝谏，而不可包庇隐瞒。）

孔子告诉子路，事奉国君不要有所欺瞒，而当直言劝谏。问题是，自古以来，并不是每个人都喜欢听真话。

人性的弱点是，嘴上都说虚心接受大家批评，实际上都不喜欢别人批评冒犯，甚至痛恨带来坏消息的人。司马迁《史记·秦始皇本纪》记载，秦二世当政之时，谁告诉他坏消息，他就杀谁。到了最后，当赵高派人来杀他的时候，他才知道天下都发生了什么事。他问身边一直没离开他的最忠心的宦官："你怎么不早告诉我啊？天下已乱成这样。"宦官说："我就是因为不告诉您真相，所以才一直活到今天。假如我告诉您真相，那我早就被您杀了，哪儿还活得到现在？"这就是秦二世，他能逼得最忠于他的人都欺骗他。

如果在位之人不喜欢听真话，不接受真相，那说真话的人的命运就可想而知。人性都是趋利避害的。能勇于直言的人，毕竟太稀缺，因而也太珍贵。

子曰："君子上达，小人下达❶。"  14.23

【译文】

孔子说："君子不断充实完善自己，小人却堕落沉沦、追逐利益。"

【释读】

❶ **君子上达，小人下达**　上达，充实完善自己，日日成长向上。下达，堕落沉沦，追逐利益。

【读后】

朱熹《论语集注》："君子循天理，故日进乎高明；小人徇人欲，故日究乎污下。"（君子遵循天理，所以每天向上提升自己，进入一个新的认知境界；小人沉湎于人欲，所以每天追求庸俗低下的生活。）

一句简单的话，却是千古真理，到今天依然适用。我们应该每天都问问自己：我是在上达，还是在下达？我是要成为上达之人，还是成为下达之人？时时告诉自己，我们除了眼前，还有诗和远方。人之为人，需要一股向上的精神力量去支撑，否则，便是沉沦。

## 14.24　子曰："古之学者为己，今之学者为人。"

**【译文】**

孔子说："古代的读书人读书学习是为了提升、完善自我；现在的读书人读书学习是为了装点自己，炫耀于人。"

**【读后】**

《荀子·劝学》："君子之学也，入乎耳，箸乎心，布乎四体，形乎动静。端而言，蠕而动，一可以为法则。小人之学也，入乎耳，出乎口。口耳之间则四寸耳，曷足以美七尺之躯哉！古之学者为己，今之学者为人。君子之学也，以美其身；小人之学也，以为禽犊。"（君子读书学习，听在耳里，牢记在心，充盈在身体仪态之中，表现在举手投足之间。一言一行，都能够成为别人的楷模。小人读书学习，从耳朵进，从嘴里出，口耳之间不过才四寸之短的距离，怎么能够涵养自己的七尺之躯呢！古代的人读书学习是为了修养自身，现在的人读书学习是为了向人炫耀卖弄。）

杨树达《论语疏证》载，《北堂书钞》引《新序》曰："齐王问墨子曰：'古之学者为己，今之学者为人，何如？'对曰：'古之学者，得一善言，以附其身；今之学者，得一善言，务以悦人。'"（齐王问墨子说："古代的读书人读书学习是为了修养自身，现代的读书人读书学习是为了装饰自己，向人炫耀。这句话怎么样？"墨子回答说："古时候的读书人，听到一句有用的话，就将它用于指导自身的实践；现在的读书人，听到一句有用的话，就想方设法拿来取悦于人。"）

以上两段话便是对本章最好的注解。

现代人的悲哀就在于，我们的学习、生活，都太多地注入了"别人"，事事处处都为"别人"而活——在别人面前炫耀自己，为别人而存在。

看看我们的社交媒体，有几条内容不是在"为别人"？

## 14.25

蘧［qú］伯玉使人于孔子❶。孔子与之坐而问焉❷，曰："夫子何为❸？"对曰："夫子欲寡其过而未能也❹。"

使者出。子曰："使乎❺！使乎！"

**【译文】**

蘧伯玉派人去拜访孔子。孔子同使者一道坐下，问道："老先生现在在做什么呢？"使者回答说："老先生在努力想减少自己的过错，却还没能完全做到。"

使者告辞之后，孔子感叹道："真是一个好使者啊！真是一个好使者啊！"

**【释读】**

❶ **蘧伯玉** 名瑗［yuàn］，卫国大夫，谥号为成。孔子到卫国时，曾住在他家。蘧伯玉是有名的有道德修养的人，古人对其颇多赞誉。

❷ **与之坐** 此有二解：一为给使者座位。与，给予。之，使者。坐，同"座"，座位。二为同使者一道坐下。坐，与之坐。介词，今采第二说。

❸ **夫子** 此处指蘧伯玉。
**何为** 为何，在做什么。

❹ **欲寡其过** 想要减少自己的过错。寡，使……减少。
**未能** 还没有做到。

❺ **使乎** 真是一位好使者啊！

【读后】

又记起鲁迅那句话来:"我的确时时解剖别人,然而更多的是更无情面地解剖我自己。"

蘧伯玉"行年五十而知四十九年非"已是在相当无情地解剖着自己,而本章"欲寡其过而未能也",更是对自己下狠手。要时刻解剖自己,哪怕是血淋淋的。而蘧伯玉之所以能"行年六十而六十化",是因为他能"与日俱新,随年变化"。这就是蘧伯玉,一个时时解剖自己,让自己与时俱进,不断自我更新的智者。

## 14.26
子曰:"不在其位,不谋其政。"❶
曾子曰:"君子思不出其位❷。"

【译文】

孔子说:"不在那个职位上,不去过问那个职位的事。"
曾子说:"君子考虑事情不超出他的职位的范围和天时地利的条件。"

【释读】

❶ **不在其位,不谋其政** 此句重出。已见《泰伯篇》8.14。

❷ **君子思不出其位** 思,谓考虑事情。出,不合,不出即合、合于。位,有二义:一为职限、本位、本分;二为时位,时机环境。《易经·艮·象辞》:"兼山,艮。君子以思不出其位。"(两山叠峙,这便是艮卦的意象。君子因此度虑谋事不超越职位和时机。)

【读后】

本章重出孔子所言,而曾子的话,可以看作是对老师所言的补充或解读。结合《易经》象辞来理解本章,似乎更准确全面。首先,一个人不能越位,越位便有僭越职权之嫌，会造成混乱。而更重要的是，在我们的谋略中，要时时把握时机，不能在条件尚不成熟、时机尚未到来的时候匆忙行动。孔子说，欲速则不达。想快，其实也是一种越位。

14.27 子曰："君子耻其言而过其行❶。"

【译文】

孔子说："君子以他所说的话超过他所做的事为耻。"

【释读】

❶ 本章的诵读停顿应为：子曰/君子/耻/其言而过其行。而不能读作：子曰/君子/耻其言/而/过其行。

耻　以……为耻。在本章中，"君子"以什么为耻呢？"其言而过其行"，即他所说出的话超过他所做的事。也就是言多行少，甚至是光说不练。

而　连词。大多注家认为同"之"。皇侃《论语义疏》直接写作"君子耻其言之过其行也"。不从。

【读后】

《里仁篇》4.22：子曰："古者言之不出，耻躬之不逮也。"《礼记·杂记下》也说："有其言，无其行，君子耻之。"本章的现实意义是不言而喻的。今天的社会，吹牛都不打草稿的人太多，胡说八道做虚假广告宣传的人太多，作秀卖弄的人太多。言不顾行，行不顾言，已是司空见惯。

14.28 子曰："君子道者三，我无能焉❶：仁者不忧，知者不惑，勇者不惧。"子贡曰："夫子自道也❷。"

536　细读论语·下册

**译文**

孔子说:"作为一个君子,应该具备的德行有三方面,我都还没能够做到:仁德之人不忧虑,智慧之人不迷惑,勇敢之人不畏惧。"子贡说:"这是老师他自己在说自己啊。"

**释读**

❶ **君子道者三** 君子之道有三。道,所应具备的德行,应该达到的境界。三,三个方面。
　**无能** 未能做到。

❷ **夫子** 对老师的尊称,指孔子。
　**自道** 自己说自己。

**读后**

一个君子,需要具备的基本品德素养是多方面的。而仁、智、勇是诸多品德素养中最重要的。仁厚慈爱,便不会斤斤计较,患得患失,何来忧虑?处事智慧多才,面对形形色色的世界,能去伪存真,准确判断,不乱心性,不迷失方向,不迷失自我。遇到挫折,遭遇危难,能直面而不躲避退缩,勇敢接受苦难与挑战。你可以打败我,但不能战胜我;你可以摧毁我的躯体,却不能摧毁我的意志。铮铮铁骨,顶天立地,无惧无畏。

## 14.29 子贡方人❶。子曰:"赐也贤乎哉❷?夫我则不暇❸。"

**译文**

子贡喜欢去讥评别人。孔子说:"你子贡就足够好了吗?我可没那个闲工夫去对别人品头论足,说三道四。"

【释读】

❶ 方　讥评他人。

❷ 赐　端木赐，即子贡。
   贤　有才能，有本事。

❸ 夫　句首发语词，以引发议论。
   不暇　没有时间，没有那闲工夫。

【读后】

《公冶长篇》5.21载，子曰："宁武子，邦有道，则知；邦无道，则愚。其知可及也，其愚不可及也。"所以我们说，有一种聪明，叫愚笨。

子贡在孔子弟子中，无疑是聪明之人。他能言善辩，机敏过人，也常常不按常规行事，做生意精明能干，绝对的成功人士。正因为此，子贡也喜欢批评人，议论人，评价人。孔子继承了老子思想，要求学生修养自己，不对别人有过多的批评，尤其是涉及个人私德问题时。孔子说自己没那闲工夫，实则是批评子贡浪费时间精力在品评别人上面，而忽略了修炼、提升自己。"古之学者为己，今之学者为人"也隐含着这个道理。

子曰："不患人之不己知，患其不能也❶。"　　14.30

【译文】

　　孔子说："不担心别人不了解自己，要担心的是自己没有才能。"

【释读】

❶ 其　指示代词，他的，自己。

### 读后

皇侃《论语义疏》:"言不患人之不知我之有才能也,正患无才能以与人知耳。"(是说不担心别人不了解自己的才能,恰恰是担心没有才能让人去了解。)

怕不被人知,是缺乏自信。缺乏自信,是因为修养还不足以支撑这种自信。与其拼命去证明自己的存在和价值,不如隐身修炼,沉淀自己。

产品需要广告,但人不是产品。产品一旦生产出来,就被格式化,难以更改;但一个人,永远没有格式化的时候。只要你愿意,你总会不断积淀,修正,更新。

王大毛《超解论语》关于本章有一句精彩的论述:"别说你没有话语权,真正的问题是:如果话筒现在递给你,你说什么?"

## 14.31　子曰:"不逆诈,不亿不信,抑亦先觉者,是贤乎!❶"

### 译文

孔子说:"不预先揣度别人是在欺诈,不凭空臆测别人不诚信,却也能及时发现别人的欺诈和不诚信,这样的人是真正的贤能之人啊!"

### 释读

图14.31-1

❶ **逆**　甲骨文"逆"(图14.31-1),从止,从倒写人形,或从彳。倒写的人表示来者,从止向前行,表示迎接,字象一人迎接外来之人。本义为迎接。许慎《说文》:"逆,迎也。"此处指预先、预料,如"逆料"之意。

**亿**　通"臆",臆测,猜测。

**不信**　不信实,不诚实。

钱穆《论语新解》:"逆,事未到而迎之。人未必以诈待我,我先逆以为其诈,是为逆诈。亿者,事未见而悬揣之。人未必对我不信,我先防其或不信,是为亿不信。"意思是,逆就是事情还没来就预先去揣度。人未必以欺诈对待我,我先揣度对方有欺诈的可能,这就是逆诈。亿,就是事情还没

宪问篇第十四　539

出现就凭空猜测。人未必对我不诚信，我先提防别人的不诚信，这就是亿不信。《大戴礼记·曾子立事》："君子不先人以恶，不疑人以不信。"（君子不预先推测别人有恶意，不预先怀疑别人不诚信待我。）

**抑亦先觉者**　抑，表转折，却，但。先觉，事先发觉，及时发觉。

**是贤乎**　这样的人是真正的贤能之人啊。

**[读后]**

小时候，长辈总是时不时地提醒我们，害人之心不可有，防人之心不可无。我们从小就明白，做人要厚道善良，不去做有损于别人的事；同时，人不可信，需要时时提防。"害人之心不可有"这句话好理解，也相对容易做到。但是"防人之心不可无"却总是让我们迷惑。因为总觉得人心险恶，防不胜防。而且，长辈并没有告诉我们该如何防人。一方面我们努力做一个好人，做一个让人信任的人，同时，我们又用这句话来提醒自己，人都靠不住，要提防别人，谨防上当受骗。但时不时还是会上当受骗。就在这种纠结之中，我们慢慢长大，变老，又继续把这句话告诉我们的孩子。也许，他们也会迷惑，也会带着迷惑成长，到老。再一代一代传下去。

读完这一章，我们终于明白，其实孔子也不明白该如何防人。他只是告诉你，不要以小人之心度人，不要以怀疑的心态与人相处。如果你能及时发现别人的欺诈和不诚信，那你就是个贤人了。

## 14.32

微生亩❶谓孔子曰："丘何为是栖［xī］栖者与❷？无乃为佞乎❸？"孔子曰："非敢为佞也，疾固也❹。"

**[译文]**

微生亩对孔子说："孔丘你为什么总是这样忙忙碌碌，四处奔波不定呢？莫非是想卖弄自己的口才吗？"孔子说："不敢卖弄口才啊，我是痛恨世风日下，冥顽不化啊。"

**【释读】**

❶ **微生亩** 姓微生，名亩，鲁国人，传说是一位年长的隐士。一作"尾生亩"，又有说即微生高。朱熹《论语集注》："亩名呼夫子而辞甚倨，盖有齿德而隐者。"（微生亩直呼孔夫子大名而言语傲慢，这大概是一位年长而德高望重的隐士。）

❷ **何为** 为何，为什么。
**是** 这，这样，如此。
**栖栖** 忙碌不安的样子。
　　唐玄宗《经邹鲁祭孔子而叹之》："夫子何为者，栖栖一代中。"
　　班固《答宾戏》："栖栖遑遑，孔席不暖，墨突不黔。"（孔子、墨子四处奔波，每到一处，座席还没坐暖，烟突还没熏黑——饭还未煮熟，又匆匆离去了。今形容人奔波忙碌。）

❸ **无乃……乎** 意为"莫不是"，"莫非……吧"。
**为佞** 显示、卖弄自己的口才。

❹ **疾固** 疾，厌恶，痛恨。固，顽固，固执，此处指顽固不从之人。

**【读后】**

康有为《论语注》："数十年羁旅之苦，万世当思此大圣至仁之苦心也。"（几十年日夜奔波，车马劳顿，风尘仆仆，后世之人应深记这位大圣人这一片深厚的仁爱之心啊。"

试想，如果没有孔子栖栖遑遑，四处奔波，中国人的灵魂，又该是怎样的一种情形？然而，正如尼采说的，你飞得越高，你在那些不会飞的人眼中就越渺小。面对冷遇，孔子则一直坚持"人不知而不愠，不亦君子乎"。

**14.33**　　子曰："骥［jì］不称其力，称其德也❶。"

宪问篇第十四　541

**【译文】**

孔子说:"千里马,不是称赞它的力量,而是称赞它的品德。"

**【释读】**

❶ 骥  千里马。《荀子·修身》:"夫骥一日而千里 。"(骥一天可以跑千里之远。)

称  称颂,赞美。

德  品德,美德,此处指千里马吃苦耐劳、驯服善良的品性。程树德《论语集释》引郑玄曰:"德者,调良之谓也。"调良即驯服而善良。

**【读后】**

这里涉及人才的衡量标准。衡量人才的标准,一定是德才兼备。但是,德与才哪一个在前哪一个在后?在孔子看来,马儿之所以能称之为骥,首先是因为它的品德,然后才看它能日行千里的"力"。衡量人才也是如此。首先要考察他的德,之后才是考核他的才。无德之人,不足以大用,因为,无德之人,才越多,破坏力越强。

## 14.34

或曰:"以德报怨,何如❶?"子曰:"何以报德?以直报怨,以德报德❷。"

**【译文】**

有人说:"用仁德去对待怨恨,怎么样?"孔子说:"如果你用仁德去对待怨恨,那你用什么去对待仁德呢?用公平正直去对待怨恨,用仁德去报答仁德。"

【释读】

❶ **以德报怨**　德，恩惠，仁德。报，回报，对待。怨，怨恨，仇恨。

❷ **以直报怨，以德报德**　用公平正直来回应怨恨，用仁德去回应仁德。直，公平正直。

【读后】

老子《道德经》七十九章："和大怨，必有余怨；报怨以德，安可以为善？"（用调和的办法去处理深厚的怨恨，一定不能根除怨恨；用仁德去对待怨恨，怎么能够认为是最佳的方式呢？）

我们一直把"以德报怨"当成美德。读了这一章，我们才发现，原来"以德报怨"是个假道德。爱你的敌人，当别人打你的右脸，你把左脸也送过去。这些思想，曾经是那么深入人心。孔子说，你把德都拿去报答怨恨去了，那用什么去报答德呢？所以，我们的原则是，以直报怨，以德报德。公平正直，并不容易做到，但又必须做到，否则，道德体系就会错乱。

**14.35**　子曰："莫我知也夫❶！"子贡曰："何为其莫知子也❷？"子曰："不怨天，不尤人，下学而上达❸。知我者其天乎❹！"

【译文】

孔子说："没有人了解我啊！"子贡说："为什么会没有人了解老师您呢？"孔子说："我上不怨恨上天，下不责怪别人，努力学习修身，提升自我能力，最终达到生命的至高境界。了解我的，恐怕只有上天了吧！"

【释读】

❶ **莫我知**　即"莫知我"，没有谁了解我。
**也夫**　语气词连用，表感叹。

宪问篇第十四　543

❷ **何为其莫知子也** 何为，为何，为什么。其，语气助词。莫知子，没有人了解您。子，您，对孔子的尊称。

❸ **怨** 怨恨。
**尤** 责备，责怪。
**下学而上达** 皇侃《论语义疏》："下学，学人事；上达，达天命。我既学人事，人事有否[pǐ]有泰，故不尤人。上达天命，天命有穷有通，故我不怨天也。"（下学，是指学人事；上达，指通达天命。我已经努力学人事，而人事有坏有好，所以不去责怪别人。向上通达天命，而天命有逆境顺境，所以我不怨恨上天。）清代学人李石贞有一副对联：彼何人，予何人，都是穿衣吃饭；穷亦命，达亦命，不如闭门读书。上联讲懂人事，下联道知天命。不怨恨上天，不责怪别人，努力修身，提升自我能力，最终达到生命的至高境界。在这里，"天"实为一种生命的至高境界，一种自然的规律，是人与自然所达到的高度契合，一种"相看两不厌，只有敬亭山"的天人合一的境界。

❹ **其** 表推测，大概。

**【读后】**

《论语》开宗明义第一章，就概括了人生的三种状态或曰三个阶段，其中便有"人不知而不愠，不亦君子乎"。这是为什么？

随着我们对《论语》的逐步了解，我们慢慢领悟到，孔子其实是在告诉我们，当通过不懈努力，你的学识修养达到一个高度之后，你注定会是孤独的。这时候，你别指望有多少人懂你，也不必去责怪别人不了解你。曲高和寡，高处不胜寒。但在这种状态下，寂寞不是凄凉，而是一种美丽。

孔子说："五十而知天命。"晚年的孔子逐渐明白了，天命是存在的，是可知的。而当你明白了天命，也就不会怨天尤人了。所以，"人不知而不愠""不患人之不己知"。钱穆说，一部《论语》，都在说下学。能下学，自然能够上达。无怨无尤，也是下学，不过这已经具有上达之征了。

由学而始，由下而上，渐入佳境，止于"知天命"。这，便是我们的人生之路。

## 14.36

公伯寮［liáo］愬子路于季孙❶。子服景伯以告❷，曰："夫子固有惑志于公伯寮❸，吾力犹能肆诸市朝［cháo］❹。"

子曰："道之将行也与［yú］，命也❺；道之将废也与，命也❻。公伯寮其如命何❼！"

**【译文】**

公伯寮在季孙面前说子路的坏话。子服景伯把这事告诉孔子，说："季孙老先生已经被公伯寮的谗言迷惑，因此对子路产生了疑心，以我现在的能力，还能够杀掉公伯寮，让他陈尸街头。"

孔子说："我的思想主张如果能够得以推行，那这是命中注定的事；我的思想主张如果不能施行，这也是命中注定。公伯寮能把命中注定的事怎么样呢？"

**【释读】**

❶ **公伯寮** 姓公伯，名寮，字子周，或说为孔子弟子，《史记》作公伯缭。
**愬** 同"诉"，此处指进谗言，说坏话，诽谤。
**季孙** 鲁国"三桓"之首季孙氏，鲁桓公后代。

❷ **子服景伯以告** 即"子服景伯以（之）告（孔子）"。子服景伯，姓子服，名何，字伯，"景"为谥号，鲁国大夫。以告，以之告孔子，把这件事告诉了孔子。

❸ **夫子固有惑志于公伯寮** 夫子，此处指季孙氏。固有，已经产生。惑志，心志迷惑，疑心，对子路产生怀疑。于公伯寮，受公伯寮的谗言影响。一说，此句应断句为"夫子固有惑志，于公伯寮……"，即"季孙老人家固然有些糊涂想法，但对于公伯寮……"。

❹ **吾力** 以我现在的能力。
**肆诸市朝** 肆，陈列，特指陈尸示众。"市""朝"往往连用，在本章偏指"市"。古时候杀死罪犯，陈其尸以示众，大夫陈于廷，士陈于市集。《周

礼·秋官司寇·掌戮》："凡杀人者踣［bó］诸市，肆之三日。"（凡是杀人犯，在市集上处死后，陈尸三天。）

❺ **道之将行** "之"无实义，只起语法作用，将"道将行"变成主谓词组的全句主语。"道之将废"用法相同。
**也与** 语气词连用，加强语气。

❻ **废** 荒废，废弃，不能推行。

❼ **公伯寮其如命何** 公伯寮又能把命怎么样呢？言下之意，公伯寮无论怎么做，对天命都毫发无伤。道之行与废，公伯寮都没有能力去改变。

**[读后]**

强大且自信的内心，坚定不移的意志，蔑视一切卑鄙小人，孔子不屑于与这样的小人争斗。同时，极端的道德就是不道德，孔子反对用极端的手段来实现正义，维护道德，因为一切极端手段必然隐含着对另一种价值的破坏。

子曰："贤者辟［bì］世，其次辟地，其次辟色，其次辟言❶。"  **14.37**
子曰："作者七人矣❷。"

**[译文]**

孔子说："贤明的人避开浑浊的世界，其次则是远离乱邦，再次是回避难看的脸色，最后是远离恶言。"

孔子又说："这样做的人有七个了。"

**[释读]**

❶ **辟** "避"的古字，回避，逃避，离开。
**世** 世道，天下，社会。

地　特指乱地，乱世。
色　难看的脸色，恶劣的态度。
言　朱熹称之为"违言"，恶言恶语，是非之地。

❷ 作者　像这样做的人。

[读后]

皇侃《论语义疏》："若天地闭塞，则贤人便隐，高蹈尘外，枕石漱流。"（如是在天下大乱的时代，贤明之人就归隐不现，远离尘世，隐居山野之中。）

在《公冶长篇》5.7、5.22中，孔子似乎就表达出归隐之意。但从整个《论语》来看，孔子又是一个深深的入世者。这种矛盾，其实正是孔子内心的真实写照。孔子一直希望恢复理想中的周礼，让乱世回归井然有序的面貌。但现实是，当时的当政者，似乎对此并不感兴趣，对孔子只是敬而远之，并不采纳他的思想主张。一面是强烈的使命感，一面是残酷的现实，孔子心里产生退隐的念头实属正常，我们不必为圣人讳。

## 14.38

子路宿于石门❶。晨门❷曰："奚自❸？"子路曰："自孔氏❹。"曰："是知其不可而为之者与❺？"

[译文]

子路在城门外过夜，第二天早上，负责开城门的人问子路："你从哪儿来？"子路说："从孔门来。"守门人说："就是明知他自己所做的不可能成功却依然坚持做下去的那个人吗？"

[释读]

❶ 石门　鲁国都城外门。刘宝楠《论语正义》引郑注云："石门，鲁城外门也。"

❷ **晨门** 早上开城门的人。邢昺《论语注疏》："晨门，掌晨昏开闭门者。"

❸ **奚自** 即"自奚"，倒装句，从哪儿来？来自哪儿？

❹ **自孔氏** 从孔家（孔门）来。

❺ **是** 这是，这就是。

**读后**

皇侃《论语义疏》："言孔子知世不可教化，而强周流东西，是知其不可而为之。"意思是，孔子明知世道不可教化，却坚韧不拔，周游列国，传道救世。这就是知其不可而为之。这段话，可谓一语中的。

"知其不可而为之"，苍凉而悲壮，无奈而执着。明知不可却还一意孤行地为之，显示出一种伟大的、勇往直前的、孤绝悲壮的人格与精神。这是一种古典的、悲剧式的崇高，一种舍我其谁的义无反顾的壮烈。

孔子的一生，无疑是悲壮的，却又是如此的波澜壮阔，浩气长存。也许这就是布道者的宿命。

**14.39**

子击磬［qìng］于卫，有荷蒉［kuì］而过孔氏之门者❶，曰："有心哉，击磬乎❷！"既而❸曰："鄙哉，硁硁乎❹！莫己知也，斯己而已矣❺。深则厉，浅则揭［qì］❻。"

子曰："果哉！末之难［nàn］❼矣。"

**译文**

孔子在卫国，有一次他正击磬，有一个挑着草筐的人从孔子门前经过，这个人说："这磬声很有深意啊！"过了一会儿，这人又说："这硁硁的磬声，透出一股偏狭固执啊！没有谁了解你，那就坚守住自己吧。《诗经》说，水深就干脆和衣过河，水浅就提起衣摆过河。"

孔子说："说得如此直白肯定啊！我无法辩驳他的话了。"

【释读】

图14.39-1

① **磬** 古代石制或玉制的打击乐器，像曲尺状，悬于架上，用槌敲击而鸣。甲骨文"磬"（图14.39-1）像手持槌击磬之形。本义为磬。许慎《说文》："磬，乐石也。"

**蒉** 草编的筐。荷蒉，挑着草筐。

② **有心** 有深意。

③ **既而** 过了一会儿，不久。

④ **鄙哉，硁硁乎** 即"硁硁乎，鄙哉"。鄙，粗鄙，浅陋，偏执。硁硁，敲击磬的声音。石声硁硁，比喻浅陋固执。《子路篇》13.20载："言必信，行必果，硁硁然小人哉！"

⑤ **莫己知** 即"莫知己"，没有谁了解自己。

**斯己而已矣** 此句"己"字，杨伯峻《论语译注》（中华书局1958年版）原文写为"已"，即此句为"斯已而已矣"。康有为《论语注》、杨树达《论语疏证》、杜道生《论语新注新译》、唐翼明《论语诠解》原文同此，即为"斯已而已矣"。需要指出的是，中华书局分别于2015年出版的《论语译注》（大字本）、2018年出版的《论语译注》（简体精装本）两个版本中，原文此字均为"己"，但释文内容与1958版相比却没有任何改变。另外，朱熹《四书章句集注》（中华书局2011年版），原文此字为"己"，而李申译著朱熹《四书章句集注今译（上、下）》（中华书局2020年版），原文此字却为"已"。（朱熹《论语集注》标注读音，"莫己之己，音纪，余音以。"意思是，莫己的己读音为纪，其余的读"以"音。按标注的读音来看，朱熹认为，这一句原文应为"莫己知也，斯已而已矣"。）

原文此句为"斯已而已矣"的版本中，杨伯峻本对此句的释读为：这就罢休好了；杜道生本对此句的释读为：（没人知道）那自己就算了；唐翼明本对此句的释读为：两个"已"都是终止、结束的意思，全句意为：这样完了就完了，换句话说，没办法就算了，该怎样就怎样吧。

而原文此句为"斯己而已矣"的版本中，程树德《论语集释·音读》引《群经平议》："荷蒉者之意，以为人既莫己知，则但当为己，不必更为

宪问篇第十四　549

人，故曰'莫己知也，斯己而已矣'。"（那位挑草筐的人的意思，是认为既然别人不了解你，那就理当做好自己，不一定非得再去替人着想，所以说"莫己知也，斯己而已矣"。）清代黄式三《论语后案》："硁硁乎莫己知，斯己而已者，此鄙哉之事，言磬声硁硁然，无知己之人，惟坚信于己而已也。"（硁硁乎莫己知，斯己而已，这是粗鄙浅陋之事，指磬声硁硁，是在表达没有谁了解自己，只有坚守住自己罢了。）黄式三认为，朱熹《集注》把"斯己"作"斯已"，是隶书传写之误。虽然这一说法并无确实的依据，有凭空揣度之嫌，也姑且作一家之言吧。钱穆《论语新解》："'斯己'之'己'读如纪。荷蒉之意，人既莫己知，则守己即可，不必再有意于为人。"钱说基本为黄式三观点，即认为此句应为"斯己而已矣"。但断言"斯己"的"己"读作"纪"音却并未提出新的依据。朱振家《论语全解》："斯己而已矣：就守住自身罢了。己，守己。"杨逢彬《论语新注新译》释"斯己而已矣"："就坚守住自己好了。"

结合原文上下文，综合古今注家观点，我们认为，"莫己知也，斯己而已矣"的落脚点不是"没有人理解你"，而是当没有人理解你的时候，你自己该怎么做。不是随波逐流，同流合污，而是守住自己，坚守自己的思想主张、人生理想，不是没有人理解你"这就罢休好了""完了就完了"。因此，原文此句以"斯己而已矣"更为妥当。即此句释读为：没有谁了解你，那就做好你自己吧（坚守住自己吧）。

❻ **深则厉，浅则揭**　此句出自《诗经·邶风·匏有苦叶》：匏［páo］有苦叶，济有深涉。深则厉，浅则揭。意思是，葫芦瓜的叶枯了，葫芦也可以摘下来做腰舟用了。水深就干脆穿着衣服直接蹚水过河，水浅就提起衣摆涉水而过。余冠英《诗经选》此章翻译为：葫芦带叶叶儿黄，济水深处也能蹚。水深连着衣裳过，水浅提起长衣裳。朱熹《论语集注》："以衣涉水曰厉，摄衣涉水曰揭。此两句，《卫风·匏有苦叶》之诗也。讥孔子人不知己而不止，不能适浅深之宜。"（穿着衣服过河叫厉，提起衣裳过河叫揭。这两句诗出自《卫风·匏有苦叶》诗。用在这里，是讥讽孔子当别人不了解他时，他却不肯罢休，不能根据世道的变化而随机应变。）

❼ **果哉**　说得多直白肯定啊。
**末之难矣**　即"末难之矣"。末，无，没有。之，代荷蒉者。难，驳难，推翻他的观点。

【读后】

荷蒉者引用《诗经》中的诗句，以涉水为喻告诉孔子，如果世道黑暗，病入膏肓而不可救药，不妨索性随它去吧，干脆就让自己湿透全身，随波逐流。如果世道有救，那就保持节操，推行自己的思想主张，拯救乱世于水火。其实，荷蒉者的意思是，眼前的世道已不可救药，不要执迷不悟，不必硁硁然固执己见，还是与世同沉浮，冷眼观天下吧。

挑筐的人并非真就是个农夫，他是隐居的高人。为何孔子听了挑筐人的话之后，只能说"末之难矣"。孔子承认，他无法辩驳。

其实，孔子又何须辩驳？他胸怀济世的理想，又岂是轻易可以放弃的。

## 14.40

子张曰："《书》❶云：'高宗谅阴，三年不言❷。'何谓也？"子曰："何必高宗，古之人皆然❸。君薨[hōng]，百官总己以听于冢[zhǒng]宰三年❹。"

【译文】

子张说："《尚书》上说：'殷高宗住在谅阴守孝，三年不问政事。'说的是什么意思呢？"孔子说："不仅仅是高宗，古代的人都是如此。君王去世，文武百官都各自处理自己的职事，三年之内服从冢宰的命令。"

【释读】

❶ 《书》　指《尚书》。《尚书·无逸》记载有本章所言之事。

❷ 高宗　殷高宗武丁，殷商王朝第十一世贤王，史称殷中兴之王。
   谅阴　天子居丧时所住的房子，类似窝棚，又叫凶庐；此处用作动词，住在凶庐里服丧。
   三年不言　指三年不问政事，并非三年不说话。

❸ 何必　不仅，不仅仅是。

宪问篇第十四　551

**皆然**　都是如此，都是这样。

❹ **薨**　古代诸侯死亡叫薨。自周代始，人死有尊卑之分。《礼记·曲礼下》："天子死曰崩，诸侯曰薨，大夫曰卒，士曰不禄，庶人曰死。"
**总己**　朱熹《论语集注》："总己，谓总摄己职。"（履行自己的职责）。
**冢宰**　商代官名，相当于后世的宰相。

【读后】

国不可一日无君，而高宗竟三年不言，所以子张有点疑惑不解。孔子告诉子张，君王虽三年不言，但百官各尽其职，而由冢宰统筹主管百官，并非无政府状态或不作为。

在紧接着的下一章，孔子说："上好礼，则民易使也。"上下文联系起来读，意思就清晰了。作为"仁"的根本的孝悌之道，执政者必须首先做到。统治者推行孝悌之道，可以使社会变得秩序井然，更容易管理。

子曰："上好礼，则民易使也❶。"　　　　　　　　　　14.41

【译文】

孔子说："在上位的人如果遵守礼制，老百姓便容易听从管理了。"

【释读】

❶ **上**　居上位者。
**好**　喜好，崇尚，遵循。
**使**　役使，使唤。

【读后】

曾经，有人认为孔子实际上是在维护统治阶级的利益，为统治者说话。其实，这是误读了孔子。从本章我们依然可以看出，孔子把目光聚焦在上层，在统治者，不是在竭力维护统治者，而是在时时提醒他们，告诫他们，要起好带头作用，做好表率。正如《颜渊篇》12.19中孔子说的："君子之德风，小人之德草。草上之风，必偃。"

## 14.42

子路问君子。子曰："修己以敬①。"

曰："如斯而已乎②？"曰："修己以安人③。"

曰："如斯而已乎？"曰："修己以安百姓④。修己以安百姓，尧舜其犹病诸⑤？"

[译文]

子路询问怎么样才算是一个君子。孔子说："努力修养自己，以使自己保持恭谨严肃的态度。"

子路说："像这样就可以了吗？"孔子说："努力修养自己，使身边的人安乐。"

子路又问："像这样就可以了吗？"孔子说："努力修养自己，使天下百姓安乐。努力修养自己，使天下百姓安乐，就连尧舜这样的圣人恐怕也难以做到吧。"

[释读]

① **修己以敬**　修己，修养自己。以，连词，"以"的后面部分是目的，此处"修己"的目的是"敬"。后文"修己以安人""修己以安百姓"之"以"同此。敬，恭敬，严肃认真。此处指以"修己"来让自己保持恭谨严肃的态度。钱穆《论语新解》："修己以敬，即修己以礼也。礼在外，敬在内心。"（没有敬畏便没有底线，没有恭谨便没有专注。）

② **如斯**　如此，像这样。
**而已乎**　就可以了吗？

❸ **安人** 使身边的人安乐。

❹ **安百姓** 使天下百姓安乐。

❺ **尧舜其犹病诸** 其，表推测语气，大概，恐怕。病，艰难，不易。诸，"之乎"合音。

**[读后]**

本章"修己"的三个目标，由近及远，由小到大，由个人到天下。这便是儒家的修身、齐家、治国、平天下的主张。第一个"修己"，是"敬"，也即"执事敬"，是始终保持一种恭谨严肃的做人做事的态度。第二个"修己"，是"安人"，使别人安乐，即"己欲立而立人，己欲达而达人"。第三个"修己"，是"安百姓"，即"博施于民而能济众"，是能够为人民带来幸福，让天下百姓都过上幸福生活。而这一点，孔子叹道，是连尧舜都难以做到的事啊。

孔子说，要做一个合格的君子，你就盯着这三个层次的目标努力吧：持敬、安人、安百姓。

**14.43** 原壤夷俟❶。子曰："幼而不孙弟，长[zhǎng]而无述焉，老而不死，是为贼❷。"以杖叩其胫[jìng]❸。

**[译文]**

原壤蹲坐着等待孔子到来。孔子说："你小时候不知孝悌，长大了无所作为，到老了还迟迟不死，你这样简直就是一个害人精。"说完，用手杖敲打原壤的小腿。

**[释读]**

❶ **原壤** 鲁国人，孔子老朋友。《礼记·檀弓下》："孔子之故人曰原壤，其母死，夫子助之沐椁。原壤登木曰：'久矣予之不托于音也。'歌曰：'狸

首之斑然，执女手之卷然。'夫子为弗闻也者而过之。从者曰：'子未可以已乎？'夫子曰：'丘闻之：亲者毋失其为亲也，故者毋失其为故也。'"（孔子的老朋友叫原壤，原壤的母亲去世，孔子去帮忙料事丧事。原壤一边敲击棺木一边说："我不用歌声来寄托感情已经很久啦。"于是唱道："棺木的木纹那么美，像野猫头上的花斑般多彩，握着你的手啊，你的手多么的细腻柔软。"孔子装着没有听见一样走过去。孔子的随从说："老师您为什么不可以和他绝交呢？"孔子说："我听说：亲人虽有过失，但不能抛弃亲人；老友虽有过失，但不能抛弃老友。"）

**夷** 蹲踞。众多版本均释"夷"为"箕踞"，即张开双腿（两腿像八字一样张开）坐着。恐不确。徐中舒《甲骨文字典》："卜辞夷字作尸形。《说文》篆文作夷者乃后起字。"（殷商卜辞中，夷写作尸形，《说文》中写作夷是后起的字。也即是说，"夷"为后起字，后起之"夷"，原本即是"尸"字。）而在"尸"部，徐中舒《甲骨文字典》说："（尸）与'人'字形相近，以其下肢较弯曲而为二者之别。尸象屈膝蹲踞之形（图14.43-1：尸、夷）。蹲踞与箕踞不同，《说文》：'居，蹲也。'段注：'……凡今人蹲踞字古只作居……足底着地，而下臀从其膝曰蹲……原壤夷俟，谓蹲踞而待不出迎也。若箕踞则臀着席而伸其脚于前。'夷人多为蹲居，与中原之跪坐启处不同，故称之为尸人。（图14.43-2：人）（详见徐中舒《甲骨文字典》"夷""尸"字条。）

图14.43-1

图14.43-2

徐中舒说，尸与人字的字形相近，尸字下部表示人的下肢部分较为弯曲，这便是"尸"和"人"两字的区别。尸字像人弯着膝盖蹲坐的样子。蹲坐与箕坐不同。《说文》："居，就是蹲坐。段玉裁《说文》注："……凡是现在的人蹲踞，在古时只写作居……脚底着地，而臀部随着膝盖弯曲而垂下叫蹲……原壤夷俟，是说原壤蹲坐等待孔子，而不起身出迎。如果是箕坐，便是臀部着席，脚伸向前面。"夷人大多是蹲踞，和中原人的跪坐不同，所以称夷人为尸人。朱熹《论语集注》："夷，蹲踞也。俟，待也。言见孔子来而蹲踞以待之也。"（夷，蹲坐着。俟，等待。是说他见孔子来了，蹲坐着等待孔子。）钱穆《论语新解》："古人两膝着地而坐于足，与跪相似。但跪者直身，臀不著踝［huái］。若足底着地，臀后垂，竖膝在前，则曰踞。亦曰蹲。古时东方夷俗坐如此，故谓之夷。俟，待义，谓踞蹲以待，不出迎，亦不正坐。"据此，钱穆将此句释为：原攘蹲着两脚不坐不起。此观点与朱熹、徐中舒观点同。

按以上所述，"夷"解为"蹲踞"似更恰当，即原壤蹲坐着不起身迎接

宪问篇第十四　555

孔子。而不是屁股着地，两脚叉开前伸的"箕踞"。

**俟** 等待。

❷ **孙弟** 即逊悌，孝敬尊长。

**无述** 无可称道之处，即无所作为。

**贼** 贼害。杨伯峻《论语译注》、杨逢彬《论语新注新译》释为"害人精"。

❸ **叩** 敲。

**胫** 小腿。

### 读后

始终觉得孔子并不是在真骂原壤。原壤是他的老朋友，他不拘礼制，放浪形骸，跟孔子太熟，所以不会刻意在乎礼节。这不难理解，连他的老母亲去世，他都可以不管不顾，放声高歌，何况是面对老朋友孔子呢。孔子并不生气。从《礼记·檀弓下》的记载就可以看出。

那么，孔子为什么要这样骂自己的老友呢？想必是在指桑骂槐吧。世道太乱，礼崩乐坏，却无力回天，也就借着老友，发发牢骚罢了。

**14.44** 阙［què］党童子将命❶。或问之曰："益者与［yú］❷？"子曰："吾见其居于位也，见其与先生并行也❸。非求益者也，欲速成者也❹。"

### 译文

阙党有一个小孩给孔子带信。有人问孔子："这孩子是个求上进的人吗？"孔子说："我看见这孩子随意坐在成人的席位上，还与年长者并肩而行。这不是一个求上进的人，而是一个急于求成的人。"

[ 释读 ]

① **阙党**　即阙里，在今山东曲阜市内，孔子的家乡。《荀子·儒效》："（仲尼）居于阙党。"

　**童子**　古代男子未到20岁都称童子。

　**将命**　给孔子带信来。将，带，送。命，甲骨文"命"字上为口的变体，下为跪坐之人，像口对人发布命令之形。《说文》："命，使也。从口从令。"甲骨文"命"与"令"同为一字（图14.44-1）。此处指口信，信息。

图14.44-1

② **益**　此处指长进，上进。

③ **居于位**　小孩坐在成人的席位上。

　《礼记·檀弓上》："童子隅坐而执烛。"郑玄注："隅坐，不与成人并。""隅坐"指坐于旁位，不与成人并坐。小孩与大人一起坐在席位上，是不知礼。

　**先生**　此处指长辈，年长者。

　**并行**　并肩而行。《礼记·曲礼上》："五年以长，则肩随之。"（比自己年长5岁的人，可以与他差不多并肩而行，但稍稍居后。）而童子年龄与长辈相差甚远，依礼，不能与其并行。

④ **非求益者**　不是个求上进的人。

　**欲速成者**　是个想急于求成的人。

[ 读后 ]

这又是对本篇第四十二章的补充，依然是反面教材，只是这一次以一个小孩为例。前一章举原壤为例，本章举阙里童子为例，一老一少，都在言"修己以敬"。在德，在礼。程树德《论语集释》引黄榦［gàn］《论语注义问答通释》说："礼之于人大矣，老者无礼，则足以为人害；少者无礼，则足以自害。"（礼义对于人来说是很重要的事了，老年人无礼，就会祸害别人；年轻人无礼，就会祸害自己。）礼从何来？"修己"。不努力修己，便无以为敬。而无敬，一切皆为无根之木，无源之水。有人认为本篇最后两章实属多余，结束于第四十二章即可。而我认为恰恰相反，后两章是对第四十二章的最好的补充。

宪问篇第十四　557

子張問行子曰言忠信行篤敬雖蠻貊之邦行矣言不忠信行不篤敬雖州里行乎哉立則見其參於前也在輿則見其倚於衡也夫然後行子張書諸紳子曰直哉史魚邦有道如矢邦無道如矢君子哉

# 卫灵公篇第十五

**15.1** 卫灵公问陈［zhèn］于孔子❶。孔子对曰："俎［zǔ］豆之事，则尝闻之矣❷；军旅之事，未之学也❸。"明日遂行❹。

### 【译文】

卫灵公向孔子请教用兵布阵方面的事。孔子说："礼仪祭祀方面的事，我尚且听到过一些；用兵打仗方面的事，我还没有学习过。"第二天，孔子便离开了卫国。

### 【释读】

❶ **问陈** 询问作战布阵的事。陈，同"阵"，军队作战布阵。

❷ **俎豆** 俎、豆均为祭祀用的礼器，在本文中借指礼仪祭祀之事。甲骨文"俎"（图15.1-1），从肉，从且。古代置肉于俎上以祭祀先祖，故称先祖为且，后起字为祖。"且"像盛肉之俎，本为断木，用作切肉的砧板。后世又叫"梡［kuǎn］俎"，即案板，像断木侧视之形，其全形为立体之木。甲骨文为契刻之便，将椭圆形断面简化。其后，俎由切肉之器逐渐演变为祭神时装肉的礼器。甲骨文"豆"（图15.1-2）为独体字象形，古时盛食品的器具，后用作礼器。许慎《说文》："豆，古食肉器也。"

图15.1-1

图15.1-2

❸ **军旅** 军队作战布阵等军事行动。
**未之学** 即"未学之"，没有学习过。

❹ **明日遂行** 明日，第二天。遂行，就走了，便离开了。

### 【读后】

卫灵公好色而无德行，所以，孔子对卫灵公没什么好感。不过卫灵公也并不是一无是处，他善于用人，身边有几个得力的人才辅佐他，所以，卫灵公能在位四十二年之久。这在《宪问篇》14.19中我们曾讨论过。

孔子主张礼治，反对使用武力。在本章中，卫灵公却问他排兵布阵的事。卫灵公要么是无知，不了解孔子，要么就是故意拿这种话题来气孔子，试图撵走孔子。孔子似乎一点面子也不给卫灵公，直接回答说，他只懂一点祭祀方面的事，不懂排兵布阵。这中间又发生了什么，《论语》中没讲，倒是《史记》提供了一点线索。据《史记》记载，第二天，孔子和卫灵公在一起聊天时，卫灵公只顾去看天上的飞雁，而不看孔子。孔子自然是懂了，便离开了卫国。用王大毛《超解论语》里的话说，就是："'明日遂行'没说是否不辞而别，应该不会这么突兀，但传递的信息很明确：老子不干了。"

这一章其实是告诉我们，孔子在卫国推行他的思想主张受挫，受挫的原因是"道不同"。所以，在本篇15.40中孔子说："道不同，不相为谋。"感觉就是专门说给卫灵公听的。

## 15.2

在陈绝粮，从者病，莫能兴❶。子路愠见❷曰："君子亦有穷乎❸？"子曰："君子固穷，小人穷斯滥矣❹。"

**译文**

孔子师徒在陈国断绝了粮食，跟随孔子的弟子纷纷病倒，起不了床。子路一脸的不高兴，来见孔子，说："君子也有穷困潦倒的时候吗？"孔子说："君子固然有穷困潦倒的时候，但与小人不同，小人穷困潦倒时就会放纵自己，胡作非为。"

**释读**

❶ **陈** 陈国，妫[guī]姓，在今河南淮阳及安徽亳州一带。公元前489年，孔子师徒由陈国前往蔡地途中绝粮七日。
  **绝粮** 断绝了粮食。
  **从者病** 从者，跟随孔子的弟子们。病，古代汉语中，重病为病，重伤为病，极度困乏也可称之为病。此指因饥饿而病倒。
  **莫能兴** 莫，副词，表否定，不。兴，起，起身。

❷ **愠见** 愠，含怒，面带怨气。见，来见孔子。一说读为[xiàn]，出现在孔

子面前。

❸ **穷** 走投无路，生活困顿。

❹ **固穷** 固然有穷困潦倒之时。一说，"固"为坚守，安守。
**斯** 连词，则，就。
**滥** 本指河水漫溢，引申为没有操守，胡作非为。钱穆《论语新解》："滥，如水放溢，四处横流，漫无轨道。小人滥则无守。君子虽穷，能不失其守。"

**【读后】**

子路勇猛、直率，但也理想主义，所以更脆弱。子路面带愠色的一句问话，让孔子感到子路面对艰难困苦时，出现了信仰危机。孔子此时必须给他一点忠告。孔子的意思是，道德行为会给人带来什么好处？唯一的好处就是使人道德。君子因为具有高尚的道德情操，纵使走投无路，也能面对苦难，坚守自己；而小人在遭遇艰难困苦时，往往因为没有道德约束，所以无所不为，无恶不作。孔子告诉子路，眼前的苦难，正是区分君子小人的试金石。面对苦难，我们要坚定信仰，保持节操。

关于"在陈绝粮"，可参阅司马迁《史记·孔子世家》的相关记载及杨照《史记的读法》对这一段史实的精彩解读。

**15.3** 子曰："赐也，女［rǔ］以予为多学而识［zhì］之者与［yú］❶？"对曰："然。非与［yú］？"曰："非也，予一以贯之❷。"

**【译文】**

孔子说："子贡啊，你认为我是博学而又能一一牢记下来的人吗？"子贡回答说："是的。难道不是这样吗？"孔子说："不是的。我是有一个基本的思想观念把所学到的贯穿起来。"

【释读】

❶ **赐** 端木赐,子贡。
   **女** 即"汝",你。
   **多学而识** 学识渊博,而又一一记住。多学,学识渊博。识,记。

❷ **一以贯之** 即"以一贯之"。一个基本的思想贯穿起来。

【读后】

我们结合上一章来读本章,其要旨便清晰明了。

坚定自己的理想信念,坚信自己的思想主张,坚守自己的道德情操,矢志不渝。这才是孔子的"一以贯之"。

## 15.4 子曰:"由!知德者鲜矣❶。"

【译文】

孔子说:"仲由!这个世上真正懂得道德的人太少了啊。"

【释读】

❶ **知德者** 真正懂得道德的人。
   **鲜** 少。鲜为人知。

【读后】

这是孔子的感慨之言。但为什么是对子路说的呢?因为子路在本篇15.2中曾抱怨"君子亦有穷乎",孔子告诉他君子固穷,但有信仰,有底线;而小人因为没有信仰,没有底线,所以无所不为,无恶不作。然后,孔子感慨了一句"由啊!这个世上真正懂得道德的人太少了啊"。

这句话对21世纪的我们来说依然有警醒作用。

**15.5** 子曰:"无为而治者,其舜也与[yú]❶?夫何为哉❷?恭己正南面而已矣❸。"

**【译文】**

孔子说:"能够不用操劳奔波就使天下太平的人,大概只有舜了吧。他做了些什么呢?虽高居于君位而能修养自身,谦恭庄重罢了。"

**【释读】**

❶ **无为而治者** 无为,不用做什么,不用劳苦奔波。治,此处为形容词,意为天下太平。
**其舜也与** 其,表推测的语气词,大概。也与,句末语气词连用,意为"大概……吧"。

❷ **夫何为哉** 夫,指代舜。何为,即为何,做什么。

❸ **正南面** 人君之位坐北向南,正南面即指正坐于君位之上,居于君位。

**【读后】**

《吕氏春秋·先己篇》载,汤问伊尹说:"要治理天下,该怎么办?"伊尹回答说:"一心只想治理天下,天下不可能治理好;如果说天下可以治理好的话,那首先要治理自身。"伊尹说,大凡做事的根本,一定要首先治理自身,爱惜自己的身体……过去,先代圣王成就了自身,天下自然成就;端正了自身,天下自然太平安定。所以,改善回声的,不是致力于回声,而在于改善产生回声的声音;改善影子的,不致力于影子,而在于改善产生影子的形体;治理天下的,不致力于天下,而在于修养自身。

在本章中,表面看,是在谈"无为而治",实际上,孔子谈的是"恭己"。

《公冶长篇》5.16载子谓子产有君子之道四焉：其行己也恭，其事上也敬，其养民也惠，其使民也义。其行己也恭，即行为举止谦恭庄重。连同《宪问篇》14.42中的"修己以敬"，三章所表达的思想一脉相承。

孔子所说的"无为而治"，与老子的"无为而治"不同。西汉统治者奉行老子的"无为而治"，在国家建立初期，不扰民，清静安定，潜心发展农业生产，医治战争创伤，恢复国力，这便是老子"无为而治"的精髓所在。而儒家的"无为而治"有两个基本点：一是君王重视修养自身，做出榜样，为政以德。二是选贤任能，用心选好臣下。正如《大戴礼记·主言》："昔者舜左禹而右皋陶，不下席而天下治。"（过去，舜有禹和皋陶辅佐，因此不需要亲力亲为便天下大治。）《新序·杂事四》："故王者劳于求人，佚于得贤。舜举众贤在位，垂衣裳，恭己无为而天下治。"意思是说，君主在寻求贤能之人时颇为劳苦，但是得到人才之后就轻松安逸了。舜任用了很多贤能的人，使其各得其位，自己长衣下垂，恭谨律己无为，而天下太平安宁。

因此，孔子所说的"无为而治"，并非什么都不干，而是以"恭己"为前提，"修己以敬""修己以安人""修己以安百姓"。

## 15.6

子张问行❶。子曰："言忠信，行笃敬，虽蛮貊［mò］之邦，行矣❷。言不忠信，行不笃敬，虽州里，行乎哉❸？立则见其参［sān］于前也❹，在舆［yú］则见其倚［yǐ］于衡也，夫然后行❺。"子张书诸绅❻。

### 译文

子张问怎么做才能让自己立身处事处处行得通而不受困扰。孔子说："言语信实可靠，行为忠厚稳重，即使在野蛮的国家，也能行得通。言语不信实，行为不忠厚稳重，即使是在本乡本土，能行得通吗？站着的时候，这两句话仿佛就在眼前，乘车的时候，这两句话仿佛就贴在眼前的横木上，能如此，便可以畅行无阻了。"子张把这段话写在了衣带上。

[ 释读 ]

❶ **问行** 请教怎样做才能让自己立身行事处处行得通而不受困扰。

❷ **言忠信** 言语信实可靠，不妄言，不虚伪。
**行笃敬** 行，行为。笃，忠厚，厚道。敬，恭谨严肃，行为忠厚稳重。虽，即使。
**蛮貊之邦** 此处泛指尚未进化的蛮荒之地。蛮，古指南方少数民族，貊，古指北方少数民族。

❸ **州里** 本为古代户籍编制单位，五家为邻，五邻为里，二千五百家为一州。此处泛指本乡本土。

❹ **立** 站立。
**其** 指代"言忠信，行笃敬"这句话。
**参于前** 两句话加我一起共为三，即两句话和我共存。在此则直解为：这两句话仿佛就在眼前。参，即"三"，与其他二物配合为三。《庄子·在宥［yòu］》："吾与日月参光，吾与天地为常。"（我与日、月并列为三种光芒，与天地共存。）王念孙《读书杂志·管子第一》订正"佐于四时"说："'参于日月'，与日月而三也。'伍于四时'，与四时而五也。"（参于日月，是说我与日月并列为三；伍于四时，是说我与春夏秋冬四时并列为五，也就是与日月同辉，与时光共存。）

❺ **舆** 本指车厢，后泛指车。
**倚** 本义为靠着，此处解为"贴"，即贴在车的横木上。一说为"刻"在横木上。
**夫** 这样。代前两句。
**然后行** 便可以畅行无阻了。

❻ **诸** "之于"合音。
**绅** 系在腰间下垂的宽大衣带。

**[读后]**

在孔子看来，忠、信是一个人行走天下的重要原则，只有说话忠信，行事笃敬，才能让自己立身处事处处行得通而不受困扰。而且，更为重要的是，这个原则须时刻牢记在心，不可须臾间断。

本章有趣的是最后一句话："子张书诸绅。"这句话很有画面感，我们仿佛看到子张撩起宽大的衣带，恭恭敬敬地记下老师所讲的话，一脸虔诚恭敬的样子。那时候的衣带莫非就是随身记事本？《论语》中的内容，莫非就是这样被记录下来的？

**15.7** 子曰："直哉史鱼❶！邦有道，如矢；邦无道，如矢❷。君子哉蘧伯玉❸！邦有道，则仕；邦无道，则可卷而怀之❹。"

**[译文]**

孔子说："史鱼真是刚直不阿啊！国家政治清明，他像射出的箭矢一样刚直前行；国家政治黑暗，他也像射出的箭矢一样刚直前行。蘧伯玉真是个君子啊！国家政治清明，就出来做官；国家政治黑暗，便收起锋芒和才华，辞官隐居。"

**[释读]**

❶ **直哉史鱼** 即"史鱼直哉"，强调"直"而将谓语提前至主语前。史鱼，即卫国大夫史鳅[qiū]，以刚直不屈著称。《韩诗外传》卷七记载，史鱼病重将死，他对儿子说："我多次向君王介绍蘧伯玉的贤能，蘧伯玉却始终未得到提拔重用，而弥子瑕没有贤才却不能被罢免。身为人臣，不能推举贤能之人，杜绝无能之人，死后不该在大堂上办丧事，把我的棺材放到侧屋就可以了。"卫国国君来吊唁时见其棺材放在侧屋，便询问是什么原因。史鱼的儿子把他父亲说的话告诉了君王。君王面色悲戚，立即下旨重用蘧伯玉，并罢免了弥子瑕。将史鱼的棺材移回正堂，办完丧礼，卫君才离去。

❷ **矢** 今从钱穆《论语新解》："如矢，言其直。矢行直前，无纡回。"

❸ **君子哉蘧伯玉** 即"蘧伯玉君子哉"。

❹ **仕** 做官，从政。
**卷而怀之** 卷之而怀之，不仕而隐。卷，"捲"的古字，收起。怀，收藏，指收起锋芒、才华，隐藏思想主张。

[读后]

史鱼刚直不阿，永远像射出去的箭矢，不会拐弯，更不会回头。而蘧伯玉则不同，知进退，懂权变。国家政治清明，就出来任职做官，发挥自己的才能；国家政治黑暗，则卷而怀之，收敛光芒，隐藏才智，规避风险，保存实力。孔子称蘧伯玉为"君子"，可见孔子更欣赏的是蘧伯玉。

刚直并非不好，但不懂权变的刚直容易折损，往往伤了自己，而于事无补。但是，我们这个社会，其实不缺蘧伯玉这样的人，缺的是史鱼这样刚直不阿，正义直言，百折不回的人，缺的是史鱼这样"生以身谏，死以尸谏"的浩然气节。我们将权变发挥得淋漓尽致，却少了骨气，勇气，浩然之气。

我更爱史鱼，无论有道无道，如矢直行。

**15.8** 子曰："可与言而不与之言，失人❶；不可与言而与之言，失言❷。知者不失人，亦不失言。"

[译文]

　　孔子说："能够跟他推心置腹地交谈却不去和他交谈，这就叫失去朋友；不应该和他交谈却去和他交谈，这就叫说错话。有智慧的人既不会失去交心的朋友，也不会轻易说错话。"

[释读]

❶ **可与言** 可与（之）言，可以和他交谈。
   **失人** 错失一个可以交谈的朋友。

❷ **失言** 说了不该说的话，说错话。

[读后]

　　《管子·形势》："毋与不可，毋强不能，毋告不知。与不可，强不能，告不知，谓之劳而无功。"管子说，不要参与不靠谱的事，不要强人所难，不要跟外行探讨专业的事。如果去参与不靠谱的事，强人所难，跟外行去探讨专业的事，就会劳而无功。在这里，管子所强调的几件事中，"毋告不知"便是要告诫我们，说话不要不看清对象信口开河。

　　识人才能不失言，不失言也才能更好地识人。说话是一种艺术，而懂得闭嘴也是一种艺术。刘向《说苑·杂言》载仲尼曰："非其地而树之，不生也；非其人而语之，弗听也。得其人，如聚沙而雨之；非其人，如聚聋而鼓之。"孔子说："在不是这棵树生长的地方去栽种这棵树，树就无法生长；不是那个该交谈的人而去和他交谈，他不会听你说的话。遇到对的人，就像把沙子堆积起来，给它淋雨；不是那个对的人，就如把聋人聚起来，给他敲鼓奏乐。"

　　常言道，酒逢知己千杯少，话不投机半句多。遇对人，说对话，这太重要了。

## 15.9　子曰："志士仁人❶，无求生以害仁❷，有杀身以成仁❸。"

[译文]

　　孔子说："志士仁人，没有为保全性命而损害仁德的，只有献出生命去成就仁德的。"

【释读】

❶ **志士** 有志之士，胸怀大志之人。
**仁人** 仁德、仁义之人。

❷ **求生** 贪生怕死，苟且偷生。
**害** 损害，伤害。

❸ **杀身** 勇于自我牺牲，为仁义"当死而死，则心安而德全矣"（朱熹语）。
**成** 成全。

【读后】

孔子这段话说得荡气回肠，"杀身成仁"也成为千古名言。历代英雄豪杰、仁人志士将其视为为正义慷慨赴死的神圣归途。

《孟子·告子上》也有类似的表述："生，亦我所欲也；义，亦我所欲也。二者不可得兼，舍生而取义者也。"（生命是我所喜爱的，大义也是我所喜爱的，如果两者不能兼得，那就舍生取义。）孟子的"舍生取义"，与孔子的"杀身成仁"一脉相承。

## 15.10

**子贡问为仁❶。子曰："工欲善其事，必先利其器❷。居是邦也，事其大夫之贤者，友其士之仁者❸。"**

【译文】

子贡询问怎样实践仁德。孔子说："一个工匠要把活干好，一定要先磨快他自己的工具。居住在一个国家，要服务好这个国家中有贤德的大夫，与这个国家士人中有仁德的人结交朋友。"

[ 释读 ]

❶ **为仁** 前面章节，只见"问仁"，即请教怎样才能成为仁德之人，或什么是仁。在本章，为仁，也即行仁，怎么样实践仁德。

　　朱熹《论语集注》引程子曰："子贡问为仁，非问仁也，故孔子告之以为仁之资而已。"（子贡请教为仁，而不是请教什么是仁或怎么样才算是仁德之人，所以孔子是在告诉子贡为仁的前提条件是什么而已。）

❷ **工** 工匠，古代四民之一。
**善其事** 把他的工作做好。
**利其器** 磨快他所使用的工具。利，使……锋利。器，工具。

❸ **居是邦** 住在一个国家。居，居住。
**事其大夫之贤者** 事，动词，侍奉，辅佐。其，指代这个国家，下同。大夫之贤者，大夫中的贤德之人。
**友其士之仁者** 友，动词，交往，结交朋友。士之仁者，士人中的仁德之人。"士"在此处与"大夫"并言，指有一定社会地位的人，即"天子、诸侯、大夫、士"中的"士"。

[ 读后 ]

"工欲善其事，必先利其器"，已成为家喻户晓的成语，和"磨刀不误砍柴工"有异曲同工之妙。

在本章中，孔子告诉子贡，要实践仁德，就要像工匠干活先把工具磨快一样，要敬奉贤者，结交仁人。跟对人，交对友，这就是你要磨的刀。而这，是实践仁德的前提。

**15.11**　颜渊问为邦❶。子曰："行夏之时❷，乘殷之辂［lù］❸，服周之冕❹，乐［yuè］则《韶》《舞》❺。放郑声，远佞人。郑声淫，佞人殆❻。"

### 译文

颜渊问怎样治理国家。孔子说:"实行夏朝的历法,乘坐殷朝时那样的木车,戴周朝时那样的礼帽,音乐听《韶》《舞》。禁绝郑国的音乐,远离花言巧语的小人。郑国音乐放纵,花言巧语的人危险。"

### 释读

❶ **为邦** 治国之方。为,治理,管理。

❷ **行夏之时** 实行夏朝的历法。行,实行,采用。时,此处指历法。古代历法分夏正、殷正、周正。夏正即现今的农历,又称阴历。它以建寅之月(旧历正月)为每年的正月;殷正是商朝的历法,以建丑之月(旧历十二月)为每年的正月;周正是周朝的历法,以建子之月(旧历十一月)为每年的正月,并以冬至日为元月。夏历春、夏、秋、冬合乎自然现象,便于农业生产,至今仍在使用。孔子主张用夏历,正是基于民生。汉武帝以后,历代都遵孔子之说,采用夏历。

❸ **辂** 也作"路",天子所乘的车。程树德《论语集释》引《释名·释车》:"天子所乘四路。路亦车也,谓之路者,言行于道路也。"(天子所乘的车为四路。路也就是车,之所以称作路,是因为车行于道路。)朱熹《论语集注》:"商辂,木辂也。辂,大车之名。古者以木为车而已,至商而有辂之名,盖始异其制也。周人饰以金玉,则过侈而易败,不若商辂之朴素浑坚而等威已辨,为质而得其中也。"(商辂,就是木辂。辂,是大车的称谓。古代只是用木头造车,到了商代才有辂的名称,这大概是因为改变了它的形制。周朝用金玉作为车的装饰,太过奢侈,而且还容易损坏,不如商辂既朴素坚固,还能辨得出等级,显示出威严,制作质朴而合乎大道。)《左传·桓公二年》:"清庙茅屋,大路越席,大羹不致,粢[zī]食不凿,昭其俭也。"(太庙以茅草盖顶,大车用蒲席作垫,肉汁不放调料,主食不用精米,这都是彰显节俭之德。)

❹ **服周之冕** 服,此处指戴。冕,礼帽。周代礼帽较前代华美,孔子主张礼服须华美,戴周朝时的礼帽。

❺ **乐则《韶》《舞》** 乐，音乐。《韶》，舜时音乐。《舞》，即《武》，周武王时的音乐。

❻ **放郑声** 放，舍弃，禁绝。郑声，郑国的音乐。
**远佞人** 远，远离，疏远。佞人，此指以花言巧语献媚的人。
**淫** 放纵，泛滥无节制。
**殆** 危险。

### 〖读后〗

执政，治理国家，永远是一个重大的课题。因为，它关乎一个国家的命运，关乎天下百姓的命运。在本章，孔子专门谈到了音乐教化这个有趣的话题。

关于音乐教化，《礼记·乐记》说："凡音者，生人心者也。情动于中，故形于声，声成文，谓之音。是故治世之音安以乐，其政和；乱世之音怨以怒，其政乖；亡国之音哀以思，其民困。声音之道与政通矣。宫为君，商为臣，角为民，徵为事，羽为物。五者不乱，则无怗懘［zhān chì］之音矣。宫乱则荒，其君骄；商乱则陂［bì］，其官坏；角乱则忧，其民怨；徵乱则哀，其事勤；羽乱则危，其财匮。五者皆乱，迭相陵，谓之慢。如此则国之灭亡无日矣。郑、卫之音，乱世之音也，比于慢矣。"

意思是说，声音，是从人的内心产生的。内心触动，有感而发，便转化成声音，把声音按一定规律组织起来成曲调旋律，便形成音乐。所以，太平盛世的音乐，安详快乐，政治也祥和；混乱之世的音乐充满怨恨和愤怒，政治动荡，危机四伏；国破家亡的音乐悲戚忧伤，百姓民不聊生。音乐的道理与政治是相通的。宫代表国君，商代表大臣，角代表百姓，徵代表役事，羽代表财物。五音不混乱，就不会有不和谐的杂乱音乐。宫音混乱就散漫，象征君主骄纵；商音混乱就颓废，象征官场腐败；角音混乱就忧愁，象征民怨沸腾；徵音混乱音调就哀伤，象征劳役繁重；羽音混乱就危急，象征财富匮乏。五音全乱，相互干扰抵消，这就叫慢音。这样下去，国家离灭亡也就没有几天了。郑国、卫国的音乐，是混乱之世的音乐，和慢音差不多了。

慢音，即靡靡之音，曲调缓慢，意志消沉。

《礼记·乐记》中子夏回答魏文侯时也曾说："郑音好滥淫志。"指郑国之音使人沉迷于声色而无节制，消磨人的意志，使其沉沦。在这一章中，孔子注意到了音乐对人的影响，对治国的重要性。这或许是最早关于音乐与治国之关系的论述。

子曰："人无远虑，必有近忧❶。" 15.12

**【译文】**

孔子说："一个人如果没有长远的谋划，就必定会有眼前的忧患。"

**【释读】**

❶ 虑　谋虑，谋划。

**【读后】**

这句近乎大白话的孔子语录，已成为中国人脱口而出的成语。

而在现实生活中，我们却总能听到"到时候再说"或者"走一步看一步"这样的话。

这两句话有一个依据，这就是，车到山前必有路，船到桥头自然直。

很多人似乎没有耐心去谋划未来，只顾着做眼前事，求眼前利，一切以对当下有无用处为原则。

《周易·既济》象曰："水在火上，既济。君子以思患而豫防之。"（《象传》说：水在火上，这便是"既济"卦的意象。君子应当思虑忧患而预先防备。）思患预防即居安思危之义。客观事物都遵循着物极必反、盛极而衰的规律，所以在一切成功安定之后，就面临着如何尽量守住成功的任务。《周易·系辞下》："是故君子安而不忘危，存而不忘亡，治而不忘乱，是以身安而国家可保也。"（所以君子安而思危，存而忧亡，治而虑乱，就能够使自身安全，而国家得以保全平安。）朱熹《论语集注》引苏氏曰："故虑不在千里之外，则患在几席之下矣。"（苏轼说："所以思虑若不在千里之外，灾祸就会出现在眼皮底下。"）

子曰："已矣夫！吾未见好德如好色者也❶。" 15.13

### 译文

孔子说:"罢了罢了!我没见过喜好仁德像喜好美色一样的人呢。"

### 释读

❶ 本章重出。已见《子罕篇》9.18。

**已矣夫** 罢了罢了。已,完结,结束。矣夫,语气助词连用。

朱熹《论语集注》:"已矣乎,叹其终不得而见之也。"(已矣乎,是感叹好德之人最终也是见不到了。)

### 读后

康有为在《论语注》中说:"色之感目,有电相吸摄。故好之最甚……故人情之好,未有好色之甚者,虽有好德者,终不如之也。"(美色吸引人的眼睛,就如有电吸引一样,所以人们对它最感兴趣……因此人的性情喜好中,没有超过爱好美色的,即使有好德之人,最终也没有好色之人多。)

一句重复的话,却多了一声感叹——已矣夫!这是多长多深的一声叹息啊。

## 15.14 子曰:"臧文仲其窃位者与❶?知柳下惠之贤,而不与立也❷。"

### 译文

孔子说:"臧文仲大概是一个尸位素餐的人吧!明明知道柳下惠的才能,却不推举他,不和他同朝共事。"

### 释读

❶ **窃位** 窃据高位,指占据高位而不作为,不尽职尽责,即成语"尸位素餐"之义。

❷ **不与立** 即不与之立，不和他共事，不推举他。明知柳下惠的才能，却不推举他，不与他同朝共事。一说，"不与立"即"不与位"，不给他官位。不从。朱熹《论语集注》："与立，谓与之并列于朝。"（与立，是说和他并列在朝廷上，即共事。）

**【读后】**

朱熹《论语集注》引范氏（祖禹）曰："臧文仲为政于鲁，若不知贤，是不明也；知而不举，是蔽贤也。不明之罪小，蔽贤之罪大。故孔子以为不仁，又以为窃位。"（范祖禹说："臧文仲在鲁国从政，如果不能发现贤能的人，这是缺少识人的本事；知道谁是贤能的人却不举荐他，这是故意埋没人才。缺少识人的本事是小罪，故意埋没人才就是大罪了。所以孔子认为他缺少仁德，而且尸位素餐。"）

举贤，一要有识人的眼光，二要有举贤的胸怀。嫉贤妒能，打压比自己能力强者，大有人在。面对比自己好的人，不是努力改变自己，完善自己，而是想尽千方百计把对方拉下来。为此，甚至不惜采用卑鄙的手段。

我们常说是金子总会发光，但我们要有举贤的文化与胸怀。所以，孔子在《宪问篇》14.18中赞扬公叔文子的举贤行为。

子曰："躬自厚而薄责于人，则远怨矣❶。" 15.15

**【译文】**

孔子说："多责备自己，少责备别人，就会远离怨恨了。"

**【释读】**

❶ **躬自厚** 即"躬自厚责"，"责"字因下文"薄责"之"责"而省。躬自，和《诗经·卫风·氓》的"静言思之，躬自悼矣"（静静地想一想，独自去悲伤。）的"躬自"同义，都是指自己，自身。

576 细读论语·下册

### 读后

严于律己，不断反省、检讨自己的过失，不仅能让自己远离怨恨，更可以让自己远离错误。一个只盯着别人的过失的人是可怕的人，而一个道德高尚的人责人必先律己。

## 15.16 子曰："不曰'如之何❶，如之何'者，吾末如之何也已矣❷。"

### 译文

孔子说："不时常说'怎么办，怎么办'的人，我也不知道该拿这种人怎么办了啊。"

### 释读

❶ **如之何** 等于询问怎么办。《论语》中的"如之何"，多为向人请教该怎么办，或询问怎么样。如《为政篇》2.20中"使民敬、忠以劝，如之何"；《八佾篇》3.19中"君使臣，臣事君，如之何"；《先进篇》11.14中"仍旧贯，如之何？"；《颜渊篇》12.9中"年饥，用不足，如之何"。

❷ **末** 意为无，没，不。
**也已矣** 语助词连用，表感叹之深。

### 读后

"如之何，如之何"，是用心考虑问题但不能解决，向人恳切求教的问话。不曰"如之何，如之何"者，就是不开口向人请教的人。董仲舒《春秋繁露·执贽》引本文后说："故匿病者不得良医，羞问者圣人去之。"意思是，隐藏病情的人得不到好医生，不好意思开口求教的人，圣人会远离他。司马迁《史记·项羽本纪》记载，刘邦每遇大事，总是很紧张，嘴里不停地说："为之奈何？"（该怎么办？）但正是这个看似慌张无主见的人，取得了最后的胜利。而项羽刚愎自用，无所畏惧，动辄大怒，最终却落得个自刎乌江的下场。

凡·高在人们的印象中就是个不停画画的人，然而他说："一个画家真正画画的时间并不多，更多的时间他都是在'怎么办'的状态下度过的。"

对什么都说"没问题，没问题"的人，经常是大有问题而不可靠的人。对这种人，圣人也拿他没办法。

## 15.17

子曰："群居终日❶，言不及义，好行小慧❷，难矣哉❸！"

【译文】

孔子说："一群人整天聚在一起，说着不靠谱的话，还喜欢耍小聪明，这样的人难有所成啊！"

【释读】

❶ 居　聚，聚集。

❷ 小慧　小聪明。

❸ 难矣哉　在此处指难有所成，难成大器。邢昺《论语注疏》引郑玄曰："难矣哉，言终无成。"（难矣哉，是说终究一无所成。）

【读后】

这好像是在说现在的某些聚会。一群人聚在一起，个个一本正经，却说着自己都不相信的话。行为虚伪夸张，亢奋而神经质。或茶，或咖啡，或红酒，高雅得可以。待曲终人散，各自回家。周而复始，乐此不疲。

## 15.18

子曰："君子义以为质❶，礼以行之❷，孙以出之❸，信以成之❹。君子哉！"

【译文】

孔子说:"君子做事,把义作为根本所在,按照礼制去实行,谦逊恭谨地表达,诚实守信地去完成。这才是真君子啊!"

【释读】

❶ **义以为质** 即"以义为质"。义,宜,合理,合法,合度。质,本质,根本。

❷ **礼以行之** 即"以礼行之",按照礼制去实行。

❸ **孙以出之** 即"以孙出之",用谦虚恭顺的态度去表达。孙,同"逊",谦虚恭顺。出之,把它表达出来。

❹ **信以成之** 即"以信成之",用信实可靠的品格去成就它。信,信实可靠。成,此处作动词,成就,完成。

【读后】

义是根基与道德底线,礼是规矩制度,逊是谦逊谦恭的态度,信是做人做事的原则。一个人,能做到义、礼、逊、信,不想做君子都难。

15.19 子曰:"君子病无能焉,不病人之不己知也❶。"

【译文】

孔子说:"君子担忧的是自己没有立身处世的本领,而不担忧别人不了解自己。"

【释读】

① **病** 害怕，担忧。

**无能** 没有才能，没有立身处世的本领，即无"所以立"。

程树德《论语集释》引《论语稽》："古今人材大有大用，小有小用，苟其有用，则皆有能，故君子唯以无能为病。至于天下之大，何患无知己者哉？"（从古至今人才大有大的用处，小有小的用处，假如他有用，那么就都是有能，所以君子只以无能为忧虑之事。天下之大，哪里还怕没有了解自己的人呢？）

【读后】

你若盛开，清风自来。孔子说，别担心没人认识你，练好内功才是正道。钱穆说："学以成德，亦必各有其能。贵德贱能，非孔门之教。人之知于己，亦知其能耳。"意思是通过学习，成就仁德，也定会增长属于你自己的才能。重德轻能，不是孔门的教育理念。别人了解自己，也包括了解你的才能。

依然是在说学习的重要性，依然在强调君子的品格是德才兼备。

子曰："君子疾没世而名不称焉①。" 15.20

【译文】

孔子说："君子最害怕的是死后名声不能流传于世。"

【释读】

① **疾** 在此与上章的"病"略同，担忧，害怕。

**没** 后世也写为"殁"，死亡。

**名** 名声。

**不称** 不被称道、称述。

【读后】

在中国人的文化传统中，有"功成名就"之说。南宋文天祥说："人生自古谁无死，留取丹心照汗青。"辛弃疾《破阵子·为陈同甫赋壮词以寄之》："了却君王天下事，赢得生前身后名。"

现代人似乎对"生前身后名"比较淡然了，而更热衷于"天下熙熙皆为利来，天下攘攘皆为利往。"有点失落。但我们依然有理由坚信，时代会越来越好，生活会越来越美，正能量总是时代的主旋律。

## 15.21　子曰："君子求诸己，小人求诸人。"

【译文】

孔子说："君子向内要求自己，小人向外要求别人。"

【读后】

《孟子·公孙丑上》："仁者如射，射者正己而后发。发而不中，不怨胜己者，反求诸己而已矣。"（有仁德的人就好比射手射箭，射箭是要先端正自己的姿势然后发射。发射而没有射中，不埋怨胜过自己的人，反过来找自己身上的原因就可以了。）刘向《说苑·谈丛》："不修其身，求之于人，是谓失伦。"（不加强自身修养，却去要求别人，这就叫失去应有的规矩秩序。）邢昺《论语注疏》："君子责己，小人责人。"（君子凡事严格要求自己，反省自己，小人凡事要求别人，指责别人。）

有人把这句话解为"君子逢事唯求自己，而小人逢事唯求他人"，这是误读。本篇15.15中，孔子说多责备自己，少责备别人，就会远离怨恨。两章可以并读。君子总是不断磨砺自己，完善自己，完成自我独立人格的建设；而小人总是苛责别人，以此来显示自己的存在和自我的价值。

一个向左，一个向右，两种截然不同的人格，成就两种不同的人生价值。

子曰:"君子矜而不争,群而不党①。"   15.22

【译文】

孔子说:"君子矜持庄重而不争强好胜,合群而不拉帮结派。"

【释读】

❶ **矜而不争**　矜持庄重而不与人争强好胜。矜,庄重,持重,引申为自负,自夸。争,争执,争强好胜。

**群而不党**　可以成群结队,不可结党营私。群,合群,融入集体。党,拉帮结派,结党营私。

【读后】

《荀子·尧问》:"君子力如牛,不与牛争力;走如马,不与马争走;知如士,不与士争知。"(君子的力量可以大如牛,但不会去跟牛比力气;君子跑起来速度像马儿一样快,但不会去跟马比速度;君子的智慧与读书人差不多,但不会去跟读书人比谁更聪明。)

余秋雨《中国文化课》将本章的"矜"解为"派头""腔调"。"君子再有派头,也不争执。"换句话说就是:"即使与世无争,也要有派头。"这算是《论语》解读的海派版吧。

矜是矜持庄重。不争,并非放弃努力。不争只是不去沽名钓誉。君子不断修养自己,完善自己,努力提升自我道德,不屑于蝇营狗苟,所以,也不会去培植自己的党羽,结党营私。

堂堂正正做人,不争名夺利,不拉帮结派,这就是君子的风度与腔调。(图15.22-1:矜而不争,群而不党)

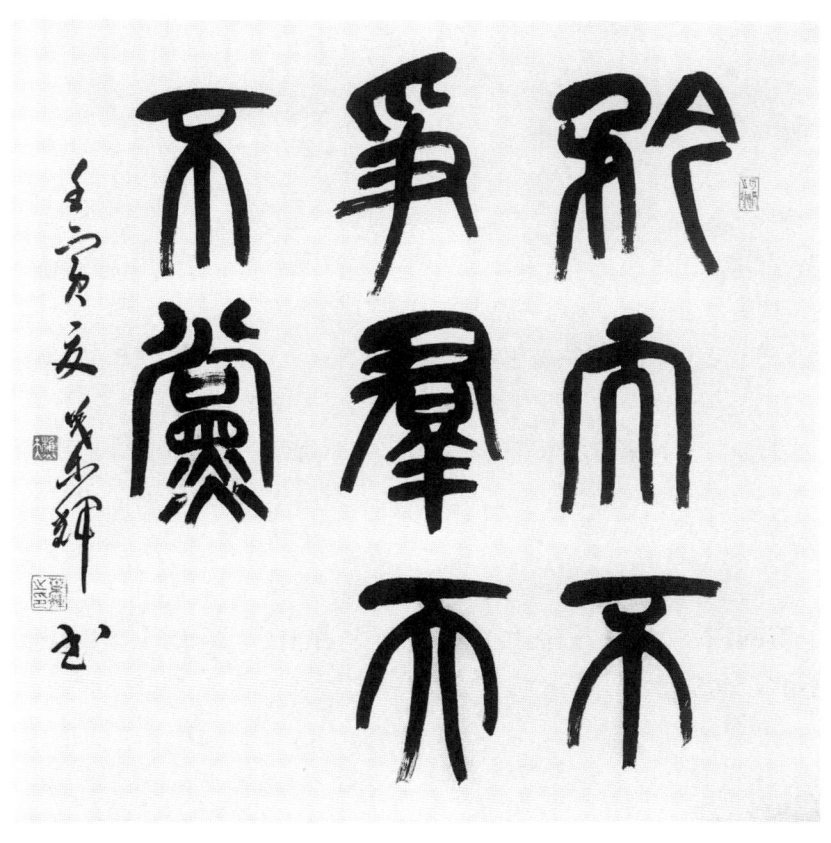

图15.22-1

## 15.23　子曰："君子不以言举人，不以人废言❶。"

【译文】

孔子说："君子不会根据一个人所说的话就举用他，也不会因为一个人的身份地位低贱或人品有瑕疵就不接受他所说的话。"

【释读】

❶ 以　根据，依凭。
　 举　推举，提拔，举用。

**废** 废弃，不采纳。

### 读后

《诗经·大雅·板》："先民有言，询于刍荛[ráo]。"（先民，古人。询，问，征求意见。刍，草。荛，柴，打柴，打柴的人。刍荛代指割草砍柴者，即樵夫。樵夫身份低贱，尚且与之谋事，而不弃其言。）

"询于刍荛"在古时候似乎还能做到，在今天却很难很难。常言说，人微言轻。别说是身份低微的人没有话语权，就连过去风光无限的人，在没落之后，说话也大抵不管用，哪怕是正确的话。孔子本章所言，值得我们像子张那样"书诸绅"。

**15.24** 子贡问曰："有一言而可以终身行之者乎❶？"子曰："其恕乎❷！己所不欲，勿施于人。"

### 译文

子贡问孔子："有没有一个字可以用来终身奉行的？"孔子说："这大概就是'恕'吧！自己不想要的，不要强加给别人。"

### 释读

❶ **一言** 一个字。
**可以终身行之者乎** 可以（之）终身行之者乎，可以拿来终身奉行的字吗。

❷ **其** 表推测，大概，也许。

### 读后

《雍也篇》6.30载，子贡曰："如有博施于民而能济众，何如？可谓仁乎？"子曰："何事于仁！必也圣乎！尧舜其犹病诸！夫仁者，己欲立而立人，己欲达而达人。能近取譬，可谓仁之方也已。"

一般认为，这是从积极方面说的，但这却是很难达到的，至少，并非当下就能做到，因为就连尧舜都感到为难。所以，"能近取譬，可谓仁之方也已"。从自己做起，从身边的事做起，才是最终到达仁的最高境界的最佳途径、方法。也正因如此，从消极方面讲，最容易做到的，最具操作性的，只有"己所不欲，勿施于人"——这就是"恕"，终身可以奉行的一个字。

## 15.25

子曰："吾之于人也，谁毁谁誉[1]？如有所誉者，其有所试矣[2]。斯民也，三代之所以直道而行也[3]。"

### 译文

孔子说："我对于别人，否定过谁？肯定过谁？假如我对某人有过肯定，那大概也是经得起时间检验的。就是这样经得起时间检验的人，正是夏、商、周三代能沿着正道前行的依靠所在。"

### 释读

[1] **吾之于人也** 之，助词，取消句子独立。于人，对于别人。
**谁毁谁誉** 即"毁谁誉谁"。诋毁过谁？赞誉过谁？毁，诋毁，批评，否定。誉，赞誉，称赞，肯定。

[2] **所誉者** 所赞美、肯定过的人。
**其** 表推测，大概。
**试** 验证，考验，检验。

[3] **斯民也** 这些人，指经过考验的人。
**三代** 夏、商、周三代。
**之** 所以，……的原因，……缘故。
**直道而行** 沿着正道前行所依靠的人。

**【读后】**

本章释读分歧较大，而对其主旨的诠释，也往往语焉不详。我更愿意理解为，孔子是在呼唤时代的精英、中坚力量，社会的正义力量。正如鲁迅在《中国人失掉自信力了吗》中说："我们从古以来，就有埋头苦干的人，有拼命硬干的人，有为民请命的人，有舍身求法的人，……虽是等于为帝王将相作家谱的所谓'正史'，也往往掩不住他们的光耀，这就是中国的脊梁。"

**15.26** 子曰："吾犹及史之阙［quē］文也❶，有马者借人乘之❷。今亡［wū］矣夫❸！"

**【译文】**

孔子说："我尚且见到过史书中空缺存疑的地方，自己有马不能驯服调教，便借给别人骑使马驯服的。现在已经看不到这样的人和事了。"

**【释读】**

❶ **犹** 尚且，还。
**及** 此处指见到，遇到。
**史之阙文** 史书中有空缺的地方。阙，同"缺"。

❷ **有马者** 有马的人，此处指有马却不能驯服调教的人。
**借人乘之** 借给别人骑使马受调教驯服。

❸ **亡** 音、义同"无"。
**矣夫** 语助词连用。

杨伯峻《论语译注》本章注释："'史之阙文'和'有马借人乘之'，其间有什么联系，很难理解。包咸的《论语章句》和皇侃的《义疏》都把它们看成两件不相关的事，并将本章标点为："吾犹及史之阙文。有马者借人乘之，今亡矣夫！"释为："我还能够看到史书存疑的地方。有马的人（自己不会训练）先给别人使用，这种精神，今天也没有了吧！"

那么，包咸、皇侃的观点究竟如何呢？皇侃《论语义疏》引包氏（咸）曰："古之良史于书字有疑，则阙文以待知者也。"（古时候优秀的史官遇到书中有不确定或不认识的字，就会空缺在那里，等待认识这个字的人去弥补。）又："有马者不能调良，则借人使乘习之。孔子自谓及见其人如此，至今无有矣。言此者，以俗多穿凿也。"（有马不能够调教，就先借给别人去骑并加以调教。孔子认为自己曾见到这样的人，而当下已经没有这种人了。释读本章的人，往往因为见识短浅而大多穿凿附会。）皇侃《论语义疏》："孔子此叹世浇流迅速，时异一时也。史者，掌书之官也。古史为书，若于字有不识者，则悬而阙之，以俟知者，不敢擅造为者也。孔子自云己及见昔史有此时阙文也。"又："孔子又曰，亦见此时之马难调，御者不能调，则借人乘服之也。亡，无也。当孔子末年时，史不识字，辄擅而不阙；有马不调，则耻云其不能，必自乘之，以致倾覆，故云'今亡也矣夫。'"（孔子这是感叹世道虚浮不实的风气正快速蔓延，世风变幻，今非昔比，昨是而今非。史，就是负责写史的官吏。古时负责写史的人，如果有不认识的字，就会空缺在那里，以等待认识的人来弥补上，不敢自作主张，擅自生造。孔子说他自己曾见过过去有史官空缺文字的事。孔子又感叹，还见那时有人自己有马，却不能调驯，就借与别人帮着调驯。亡，就是无的意思。孔子晚年的时候，史官不认识的字，就擅自补上；马儿难以驯服，却羞于表明自己不能驯服，一定要自己去调教，最终导致人仰马翻的后果。所以感叹说，现在已没有以前那种阙文借马的人和事了。）

杨伯峻认为包咸和皇侃也认为"阙文"与"借马"是两件不相关联的事，所以难以理解孔子把它们放到一起来说。但是，看似两件毫不相关的事，反映的却是同一种世风——浇流迅速。浇流，浮薄之风流布。浇流迅速指这种虚浮不实的风气正快速蔓延。如此，这两件事也就自然关联起来了。

### 读后

关于这个话题，我想起大学时古典文学老师熊秉垚 [yáo] 讲的一件事。她说，她进大学上第一堂课时，老师拿着花名册点名。但奇怪的是，老师点完名，老师却没有点到她。于是，她举手说："老师，还有我。"老师问："你叫什么名字？""熊秉垚。"老师听她报出自己的名字，说了一句："这就对了嘛。"

熊老师说，她当时也没反应过来"这就对了嘛"是什么意思。后来，当她发现很多人不认识"垚"字，或直接把她的名字念成"熊秉土"时，她才恍然大悟，那一次，老师把她漏掉，是因为不认识她名字里的"垚"字，而故意不点的。用这种方式，老师避免了闹笑话，还知道了这个字是怎么读的。这就是"阙文存疑"啊。

孔子说："知之为知之，不知为不知，是知也。"不认识的字就坦然承认，以免闹笑话；不会骑马，就借给别人去调教，以免摔跟头。

子曰："巧言乱德❶。小不忍，则乱大谋❷。" 15.27

【译文】

孔子说："花言巧语会败坏道德。小事情不能忍耐克制，就会打乱大的谋划。"

【释读】

❶ **巧言乱德** 花言巧语，颠倒是非，往往败坏道德。巧言，花言巧语。乱，败坏。

❷ **忍** 忍耐，克制。
**乱大谋** 打乱大的计划、计谋。
杨树达《论语疏证》按："不忍有三义：不忍忿，一也；慈仁不忍，不能以义割恩，二也；吝财不忍弃，三也。"（不忍有三个含义：不能忍住怨恨，这是一；仁慈心软，不能在道义面前毅然割舍恩情，这是二；吝惜财物，不舍得放弃，这是三。）朱熹《论语集注》："小不忍，如妇人之仁、匹夫之勇皆是。"（比如妇人之仁、匹夫之勇这一类都属于小不忍的范畴。）

【读后】

花言巧语，迷惑人心，颠倒是非，往往败坏道德。

不能忍住怨恨；不能在道义面前毅然割舍情感；吝惜财物，不舍得放弃；妇人之仁，匹夫之勇……这些，都会乱了方向，坏了大局。勾践卧薪尝胆，韩信受胯下之辱，是以暂时的忍换得青山在，以退一步换得海阔天空。这是大智，而非怯懦。

## 15.28　子曰："众恶[wù]之，必察焉❶；众好[hào]之，必察焉❷。"

**【译文】**

孔子说："众人都厌恶他，一定要仔细考察；众人都喜欢他，一定要仔细考察。"

**【释读】**

❶ **恶**　厌恶，憎恶。
　**察**　考察，审察。

❷ **好**　喜爱，喜欢。

**【读后】**

可参阅13.24。

孔子对一边倒的评价非常警惕。在13.24章，孔子告诉子贡，一边倒的好评或一边倒的恶评都是不合理的，其原则应该是，好人喜欢他，坏人讨厌他。

在本章，孔子再一次告诫我们，被所有人厌恶或被所有人喜爱都是不正常情况，须仔细考察，而不是草率听从"群众意见"。

群众的眼睛是雪亮的？未必全然如此。用孔子的话回应则是："必察焉"。

## 15.29　子曰："人能弘道，非道弘人❶。"

【译文】

孔子说:"人能够弘扬真理,而真理不能弘扬人。"

【释读】

❶ 弘　弘扬,发扬光大。
　 道　真理,思想主张。

【读后】

《中庸》说:"苟不至德,至道不凝焉。"这句话是说,一个人如果没有崇高的德行,大道也不会在他身上凝聚。这也就是"人能弘道,非道弘人"。如果道能弘人,那么人人都成为君子了。

被称为清末怪杰的辜鸿铭在《辜鸿铭讲论语》一书中翻译本章为,孔子说:"人可以将其信仰或其信奉的原则发扬光大,而不是信仰或者所信奉的原则让人变得伟大。"这就是说,人的因素是第一位的。道就在那里,你不去探索,不去追求,不去弘扬,道还是道,你还是你。正如我们不能坐等中华民族的文化自行复兴,要行动起来,去为中华民族的文化复兴,尽一份自己的努力。

子曰:"过而不改,是谓过矣❶。"

15.30

【译文】

孔子说:"犯了过错却不改正,这才叫真正的过错。"

【释读】

❶ 过　第一个"过"为动词,犯错。第二个"过"为名词,过错。
　 是　这,这是。

【读后】

《左传·宣公二年》有一句意思相近的话："人谁无过？过而能改，善莫大焉。"后来，这句话又演变为："人非圣贤，孰能无过？过而能改，善莫大焉。"这里强调的是"过而能改"，而孔子强调的是"过而不改"。

世界上没有十全十美的人，也没有从不犯错的人。孔子说，犯错不可怕，可怕的是犯了错却坚决不改。在现实生活中，面对所犯的错误，不少人本能的反应是找借口推脱责任，或者直接把错误推到别人身上，甚至嫁祸于人。

从某种意义上讲，考察一个人的人品，除了直接去观察判断，看他对待错误的态度，也不失为一个好方法。

## 15.31　子曰："吾尝终日不食，终夜不寝，以思，无益，不如学也❶。"

【译文】

孔子说："我曾经整天不吃饭，整夜不睡觉地去思考，却没有益处，还不如去学习。"

【释读】

❶ **尝**　曾经，时间副词作状语。
**终日不食，终夜不寝**　整天不吃饭，整夜不睡觉。
**以思**　以，连词，表示方式或目的。
**无益**　没有益处，没有收获。

【读后】

《韩诗外传》卷六载，子曰："不学而好思，虽知不广矣。"（孔子说："不学习而只是喜欢整天去思考，即使有点聪明也不会有广博的知识学问。"）

只埋头读书而不善于思考，那是读死书、死读书的书呆子。只思考而不踏实读书，那是胡思乱想，最终可能让人成为百无一用的幻想家。

子曰:"君子谋道不谋食[1]。耕也,馁[něi]在其中矣[2];学也,禄在其中矣[3]。君子忧道不忧贫[4]。"

**15.32**

**【译文】**

孔子说:"君子谋求真理而不谋求衣食之足。辛勤耕耘,也有受冻挨饿的时候;努力学习,一心求道,也能得到俸禄。君子只担忧对真理的寻求,而不担忧物质的贫乏。"

**【释读】**

[1] **谋道不谋食** 谋,谋虑,谋求。道,大道,真理。食,衣食,这里指衣食的饱足。

[2] **耕** 辛勤耕耘。
**馁** 饥饿。

[3] **学** 埋头学习,一心求道。
**禄** 俸禄。

[4] **忧道** 担忧的是真理、大道的寻求。
**不忧贫** 不担忧穷困、物质的贫乏。

**【读后】**

孔子说:"朝闻道,夕死可矣。"吃饭事小,谋道事大。假如能得道,即使付出生命亦在所不惜。

"君子谋道不谋食""君子忧道不忧贫",透出一股布道者的炽烈、牺牲精神。孔子说,这个世界上若还有比面包更重要的事物,那将是——道。

## 15.33

子曰:"知[zhì]及之,仁不能守之;虽得之,必失之❶。知[zhì]及之,仁能守之,不庄以莅[lì]之,则民不敬❷。知[zhì]及之,仁能守之,庄以莅之,动之不以礼,未善也❸。"

**【译文】**

孔子说:"一个人靠他的聪明才智得到权位,如果德不配位,不能用仁德去守护它,即使得到它了,也必定会再失去它。一个人靠他的聪明才智得到权位,他的仁德也足以守护这个权位,但如果不以恭谨严肃的态度去对待它,老百姓也不会拥戴它。一个人靠他的聪明才智得到权位,他的仁德也足以守护这个权位,并且也能恭谨严肃地对待这个权位,但如果不能按照礼制去行使职权,也是不完美的。"

**【释读】**

❶ **知及之** 知,"智"的古字,智慧,聪明才智。及,到达,达到,得到。之,因下文有"则民不敬"一句,可反推为官位、政权、国家。

**仁不能守之** 所具有的仁德不足以守住这个权位。这就是德不配位。

**虽** 即使。

❷ **不庄以莅之** 即"不以庄莅之"。庄,恭谨严肃。莅,莅临,在此可解为对待,处理,治理。

**敬** 敬畏,敬重。

❸ **动之不以礼** 即"不以礼动之"。"动之"的"之"与前十个"之"略有不同,可释为职权、权力等。"动之"即为履行职权、行使权力。

**【读后】**

孔子一直讲礼的重要性。在一个以仁为顶层设计的道德体系中,礼几乎是一个最基本的品德。"人而无礼,不知其可。"

礼是规矩,是秩序,是约定俗成的道德约束力。如果超越礼制,你的整个道德体系就将崩塌。比如酒后驾车。我们看到，有不少声名显赫的人，因为酒驾锒铛入狱，从此一蹶不振。他们在自己的行为中，"动之不以礼"，突破了礼的底线，突破了行为规范的底线，导致一切土崩瓦解。

子曰："君子不可小知而可大受也，小人不可大受而可小知也[1]。" **15.34**

**【译文】**

孔子说："君子不能够从他所做的小事情上去考察他的德才，但能够委以重任；小人不能够委以重任，但可以通过小事情去考察他的德才。"

**【释读】**

[1] **小知** 即"以小知之"，通过小事情、小细节去了解、考察。

**大受** 即"以大受之"，委以重任。受，即"授"，授予，委派。"受"（图15.34-1）的甲骨文从二手，中间部分，徐中舒《甲骨文字典》释为承盘，祭享时用盛器物，上下手形表示二人以手奉承盘相受，意为承受，领受。许慎《说文》："受，相付也。"（受，即相授受。）从甲骨文字形来看，受的本意有二：一为授，给予；二为受，接受，承受，承担。

图15.34-1

**【读后】**

朱熹《论语集注》："此言观人之法。知，我知之也。受，彼所受也。盖君子于细事未必可观，而材德足以任重；小人虽器量浅狭，而未必无一长可取。"（这句话是说观察、了解人的方法。知，是我了解、观察他。受，是他所承担、承受。这大概便是说，君子在小事情上不一定能做得很好，但他所具有的才德足以担当重任；小人虽然格局狭隘，才识浅陋，却未必没有一点可取之处。）

《淮南子·主术训》："是故有大略者，不可责以捷巧；有小智者，不可任以大功。人有其才，物有其形，有任一而太重，或任百而尚轻。是故审毫厘之计者，必遗天下之大数；不失小物之选者，或于大事之举。譬犹狸之不可使搏牛，虎之不可使搏鼠也。"这段话的意思是，有雄才大略的人，不能够要求他去做精巧琐碎的事情；有小聪明的人，不能够委以重任。每个人有自己独特的才能，万物各有各的不同，有人承担一件事就觉得太重，有人承担一百件事还觉得太轻。因此，只注重眼前利益的人，必定会失去天下的大利益；在小事上精于算计的人，有可能在大事上糊涂迷惑。这就像不能让小山猫去跟牛搏斗，不能让老虎去跟老鼠搏斗一样。

我们常说，细节决定命运。这并不错。但是，如果把这两句话用到识人、用人上，就未必完全适用了。如果管理者用一件小事考察一个君子，却把一项重大使命赋予一个小人，那问题就大了。《淮南子·主术训》这段话，值得我们认真领会。

## 15.35

子曰："民之于仁也，甚于水火❶。水火，吾见蹈[dǎo]而死者矣，未见蹈仁而死者也❷。"

**[译文]**

孔子说："老百姓对于仁德的需求，要远超过对水火的需求。水火，我见过葬身其中的，却没见过践行仁德而死的。"

**[释读]**

❶ **民之于仁也，甚于水火** 老百姓对于仁德的需求，超过了对水与火的需求。水火，此处指人们赖以生存的东西。《孟子·尽心上》："民非水火不生活，昏暮叩人之门户求水火，无弗与者，至足矣。圣人治天下，使有菽粟如水火。菽粟如水火，而民焉有不仁者乎？"（老百姓没有水、火就不能生存，但如果有人入夜去敲门向人请求给予水、火，没有人会不给的，原因是水火极其充足。圣人治理天下，要让百姓的粮食如水火一样充足。粮食如水火一样充足了，老百姓哪里还会不仁德呢？）言下之意，水与火是人们赖以生存的东西，如此重要的东西，却可以轻易给予别人，是因为太丰足。所以，圣人要治理天下国家，重要的就是让百姓衣食丰足，衣食丰足了，便能把仁德施于他人。即"仓廪实而知礼节"。孟子的话，对理解本章内容是一个极好的补充。

❷ **蹈** 踩，踏上，奔赴。也有遵循、履行之义。许慎《说文》："蹈，践也。"（蹈，就是踩踏的意思。）

**〖读后〗**

在《雍也篇》6.29，孔子说："中庸之为德也，其至矣乎！民鲜久矣。"感叹人们已经远离中庸之大德很久了。在《子罕篇》9.18及本篇15.13，孔子感叹道："吾未见好德如好色者也。"可见孔子对社会普遍失德的忧虑。

在本章，孔子再次呼唤人们努力追求仁德，别只一味去追求物质生活。人为财死，鸟为食亡，而追求仁德，不会要你的命。

子曰："当[dāng]仁，不让于师❶。" 15.36

**〖译文〗**

孔子说："当面对践行仁德的时刻，即使是面对老师也不能谦让。"

**〖释读〗**

❶ **当** 面对，遇到，对着。《乐府诗集·木兰诗》："唧唧复唧唧，木兰当户织。"当仁，面对仁德，面对仁义需挺身而出的时刻，或者说，仁义当前，义无反顾之时。

**不让于师** 让，谦让。师，师长，老师。于师，介宾词组作补语，对老师，对师长。翻译时前移作状语。不让于师，即便是面对老师，也不能谦让。

**〖读后〗**

亚里士多德说："吾爱吾师，吾更爱真理。"《荀子·子道》："从道不从君，从义不从父，人之大行也。"（遵从大道而不是遵从君主，遵从道义而不是遵从父亲，这是一个人的大德之举。）

从道不从君，从义不从父，从仁不从师，这是儒家思想的闪光之处。在孔心目中，仁高于一切。"仁以为己任"（《泰伯篇》8.7），"志士仁人，无求生以害仁，有杀身以成仁"（本篇15.9）。这种大气磅礴、为仁舍生忘死的精神，实乃历代仁人志士的最高精神追求。这就是信仰。

## 15.37 子曰："君子贞而不谅❶。"

**【译文】**

孔子说："君子坚守正义而不必拘守小信。"（君子信守大义而不必拘守小信。）

**【释读】**

❶ **贞** 正，固守正道，恪守节操。贾谊《新书·道术》："言行抱一谓之贞。"（言行一致就叫作贞。）

**谅** 信，守信用，固执。此处指小信。朱熹《论语集注》："贞，正而固也。谅，则不择是非而必于信。"（贞，就是坚守正道，坚定不移。谅，就是不分辨是非曲直而一味信守诺言。）"谅"在此处指信守不合于义的诺言和承诺，即小信，也即朱熹所说的"不择是非而必于信"。

《孔子家语·困誓》《史记·孔子世家》都记载了这样一件事：孔子要到卫国去，路经蒲这个地方，正好遇上卫国大夫公叔氏借蒲地背叛卫国，不让孔子一行通过。孔子的弟子公良儒（一作孺）准备跟蒲人以死相拼，蒲人害怕了，就对孔子说："假如你们不去卫国，我就放了你们。"孔子跟他们订下盟约，从蒲地的东门离开。出来之后，孔子带着弟子直奔卫国。随行的子贡问老师："订好的盟约也可以违背吗？"孔子说："被威逼强迫签下的盟约，是不合道义的，就连神都不会听，可以不用遵守。"

**【读后】**

贞，意思是正，而且，是坚守这个"正"不动摇。这就是朱熹所说的"正而固也"。我们所讲的贞洁、坚贞，便是这个意思。谅，就是信，但只是小信，也就是朱熹所说的"不择是非而必于信"的"信",是"硁硁然小人哉"(《子路篇》13.20)那种"信",也是"匹夫匹妇之为谅也"(《宪问篇》14.17)的"谅"和"信"。孔子告诉我们,一个君子必须以坚守节操与大义为重,而不必纠结于不合大义的小信。这不是鼓动我们不讲诚信,相反,孔子要我们坚守大节大义,信守诺言,但是不能为小信而损大义大信。

子曰:"事君,敬其事而后其食①。" 15.38

[译文]

孔子说:"侍奉君王,恭谨严肃地做事,把领受俸禄放在后面(把拿俸禄的事、获取报酬放在后面)。"

[释读]

❶ **事君** 事,侍奉,服侍。侍奉君主。
**敬其事** 敬,恭谨严肃。恭谨严肃地做好自己的事情,恭谨严肃地做好自己的本职工作。
**后其食** 后,放在后面,动词。食,食物,此指俸禄。《礼记·儒行》:"先劳而后禄。"(先劳作而后受禄。)皇侃《论语义疏》引孔安国曰:"先尽力,然后食禄也。"(先尽己所能去做事,之后再领受俸禄。)

[读后]

孔子一贯主张"敬事",提倡统治者要"敬事而信"(《学而篇》1.5)、"修己以敬"(《宪问篇》14.42),臣下事奉君王要"事上也敬"(《公冶长篇》5.16),教导弟子要"执事敬"(《子路篇》13.19)、"事思敬"(《季氏篇》16.10)。敬,恭谨严肃,虔诚尽心,敬业,敬职。后其食,即把获取回报放在工作之后。

## 15.39 子曰:"有教无类❶。"

**【译文】**

孔子说:"对每个人都施行教育,没有区别。"(冷成金《〈论语〉的精神》译文——孔子说:"教育学生不分类别。")

**【释读】**

❶ **有教无类** 类,类别,区别贵贱、等级、贫富、智愚、善恶、族类、区域等不同。对所有的人都可以有所教育,对所有的人都可以施行教育,没有歧视,一视同仁。《荀子·法行》载南郭惠子问于子贡曰:"夫子之门何其杂也?"子贡曰:"君子正身以俟,欲来者不拒,欲去者不止。且夫良医之门多病人,檃栝[yǐn kuò]之侧多枉木,是以杂也。"(南郭惠子问子贡说:"孔夫子门下弟子为何这么混杂,什么样的人都有?"子贡回答说:"君子努力端正品行,修养自身而等待求学的人,想来的不拒绝,想离开的不阻止。何况一个好医生的门前定会有不少病人,一个矫形的工具旁定会有不少的弯木头,所以自然就混杂了。")

**【读后】**

在现代人的眼中,"有教无类"是极为普通的一句话。人人都可以享受教育,人人都有接受教育的权利,这似乎是天经地义的事。然而在两千五百年前的孔子时代,这句话却是惊世骇俗的教育思想观念,可以说是开天辟地的教育大变革。在孔子时代之前,"学在官府",只有贵族子弟才有受教育的权利,而普通百姓没受教育的权利。孔子提出"有教无类",不分种族,普及教育,反映了文化下移的现实,打破了以出身划分阶级的社会等级制度,奠定了中国传统教育的基本思想。孔子开办私学,主张并施行"有教无类"的教育理念,是推动中华民族整体文明的伟大创举。

据鲍鹏山《孔子传》所述,在孔子所处的春秋后期,全国总人口有差不多一千万,而孔子弟子有三千人之众,也就是大约每三千三百三十三个人中就有一个孔子的学生。假如每一个学生直接或间接影响十个人,那么,在全国范围内,每三百个人中就有一个受到孔子的影响。

这就是孔子和他的"有教无类"教育理念的重大意义所在。

子曰:"道不同,不相为谋❶。" 15.40

**【译文】**

孔子说:"思想主张不同,不共谋大事。"

**【释读】**

❶ **道** 路,所走的路,思想主张等。潘重规《论语今注》释为"目的",略嫌偏狭。

**不相为谋** 谋,谋划,商议,谋事,谋划大计。

司马迁《史记·伯夷列传》:"子曰:'道不同不相为谋',亦各从其志也。"(孔子说:"道不同不相为谋。"这也就是说各自按照自己的目标志向去行事罢了。)宋玉《楚辞·九辨》:"圆凿而方枘([ruì],榫头)兮,吾固知其龃龉([jǔ yǔ],上下牙齿对不齐,比喻意见不合,互相抵触。)而难入。"(圆凿方枘,圆榫眼、方榫头,不相投合,比喻格格不入。)

**【读后】**

有人把这一章翻译成:"主张不同,所以不相互商量。"李泽厚《论语今读》把本章译为,孔子说:"所走的路不同,就不必相互商量谋划。"表面上看是对,其实未必是儒家思想的本意。儒家不谋求思想的高度统一,而是尊重独立的生命个体,求同存异。在《为政篇》2.16,孔子说:"攻乎异端,斯害也已。"这态度,够鲜明。

司马迁在《史记·伯夷列传》中的这句话,最为贴近本章旨意:"子曰:'道不同不相为谋',亦各从其志也。"(孔子说:"道不同不相为谋。"这也就是说各自按照自己的目标志向去行事罢了。)一方面,我们要坚守自己的思想,走自己的路。没有坚守,便没有未来。另一方面,我们要尊重独立的生命个体，尊重不同的思想存在，尊重不同于自己的思想主张。"我不同意你的观点，但我誓死捍卫你说话的权利。"

## 15.41　子曰："辞达而已矣❶。"

**【译文】**

孔子说："言辞足以传达思想就够了。"（言辞足以把意思表达清楚就够了。）

**【释读】**

❶ **辞**　言辞，文辞。《仪礼·聘礼》："辞无常，孙［xùn］而说［yuè］。辞多则史，少则不达。辞苟足以达，义之至也。"（言辞没有一定之规，谦恭和悦即可。言辞太多就会虚浮无实，言辞太少就会词不达意。言辞假如能恰到好处地表达思想，这便是最好的言辞。）朱熹《论语集注》："辞，取达意而止，不以富丽为工。"（言辞，恰当表达意思即可，不把追求华丽作为努力的目标。）潘重规《论语今注》："辞，言辞，文辞。用口说的是言辞，用笔写的是文辞，二者皆达意为主，不宜过于文饰。《仪礼·聘礼篇》曰：'辞多则史，少则不达。辞苟足以达，义之至也。'可为此文注脚。"

**【读后】**

朱熹《论语集注》："辞，取达意而止，不以富丽为工。"意思是，言辞，恰当表达意思即可，不把追求华丽作为最终目标。朱熹这段话，释读非常到位。面对当下社会，孔子这句话言简意赅，耐人寻味。

## 15.42　师冕见，及阶，子曰："阶也。"及席，子曰："席也❶。"皆坐，子告之曰："某在斯❷，某在斯。"
　　师冕出。子张问曰："与师言之道与［yú］❸？"子曰："然；固相师之道也❹。"

### 【译文】

乐师冕来拜访孔子，走到台阶时，孔子对乐师说："到台阶了。"走到座席时，孔子对乐师说："到座席了。"等大家都入座后，孔子告诉乐师说："某某在这里，某某在这里。"

乐师冕告辞出去之后，子张问孔子："这就是跟乐师说话的方式吗？"孔子说："是的。这本就是帮助乐师的方式。"

### 【释读】

❶ 师　乐师。冕，乐师的名字。上古乐师通常都是盲人。
　见　拜见，拜访。
　阶　堂阶，台阶，及阶指师冕走到堂阶。
　席　座位，座席。

❷ 某在斯　某某人在这里，指给乐师一一介绍在座的人。

❸ 与　前一"与"为"跟""同"，后一"与"，同"欤"，句末语气词，表疑问语气。
　道　此处指"方式"。

❹ 然　表肯定，是的，正是，是这样。
　固　本来，原来。
　相　辅佐，帮助。
　这本来就是帮助乐师的方式。为何本来就是？因为"道瞽亦然"。《礼记·少仪》："其未有烛，而后至者，则以在者告。道（[dǎo]，通'导'）瞽亦然。"（聚会时天色已晚但还没有点燃火烛，此时又有后来的人，主人就会把已经就座的人介绍给后来的人。引导盲人也是这样。）

【读后】

钱穆《论语新解》:"《论语》章旨无类可从者多收之篇末,如此章及'邦君之妻'章(即指下一篇《季氏篇》最后一章——引者注)之属皆是。"钱穆认为,《论语》中,篇章主旨无从归类的,多半都收在一篇的末尾,比如本章和下一篇"邦君之妻"章都属于这种情况。

真如钱穆所言,本章属于"无从归类"的篇章吗?

还记得本篇15.6的内容吧?可爱的子张同学向孔子询问怎么做才能让自己立身处事处处行得通而不受困扰。孔子说:"言语信实可靠,行为忠厚稳重,即使在野蛮的国家,也能行得通。言语不信实,行为不忠厚稳重,即使是在本乡本土,能行得通吗?站着的时候,这两句话仿佛就在眼前,乘车的时候,这两句话仿佛就贴在眼前的横木上,能如此,便可以畅行无阻了。"子张把这段话写在了自己的衣带上。

本篇是围绕立身处世和为政主体展开,具体谈论了做人、处事、为政等等。其实,整部《论语》都在讨论这一系列的问题,最终要解决一个问题——"仁"。

怎么去实现这最高的道德境界呢?孔子说,从自己做起,从身边的事情做起。这是"一以贯之"的思想脉络。回到本章,简单平实的述事,却让人久久不能平静。"阶也""席也""某在斯,某在斯",孔子用他的言行再一次告诉学生也告诉世人,仁,其实就在举手投足之间。

柙龜玉毀於櫝中是誰之過與冉有
夫顓臾固而近於費今不取後世必為
孫憂孔子曰求君子疾夫舍曰欲之而
之辭丘也聞有國有家者不患寡而
不均不患貧而患不安蓋均無貧和

# 季氏篇第十六

## 16.1

　　季氏将伐颛臾[zhuān yú]❶。冉有、季路见于孔子曰："季氏将有事于颛臾❷。"

　　孔子曰："求！无乃尔是过与[yú]❸？夫颛臾，昔者先王以为东蒙主，且在邦域之中矣，是社稷之臣也。何以伐为❹？"

　　冉有曰："夫子欲之，吾二臣者皆不欲也❺。"

　　孔子曰："求！周任❻有言曰：'陈力就列，不能者止❼。'危而不持，颠而不扶，则将焉用彼相矣❽？且尔言过矣❾，虎兕[sì]出于柙[xiá]，龟玉毁于椟[dú]中，是谁之过与[yú]❿？"

　　冉有曰："今夫颛臾，固而近于费⓫。今不取，后世必为子孙忧⓬。"

　　孔子曰："求！君子疾夫舍曰欲之而必为之辞⓭。丘也闻有国有家者，不患寡而患不均，不患贫而患不安⓮。盖均无贫，和无寡，安无倾⓯。夫如是，故远人不服，则修文德以来之⓰。既来之，则安之⓱。今由与求也，相夫子，远人不服，而不能来也⓲；邦分崩离析，而不能守也⓳；而谋动干戈于邦内⓴。吾恐季孙之忧，不在颛臾，而在萧墙之内也㉑。"

### 译文

　　季氏准备攻打颛臾。冉有、子路两人去见孔子，说："季氏准备对颛臾采取军事行动。"

　　孔子说："冉求！这恐怕要责备你吧。颛臾，过去先王让他们主持东蒙的祭祀，而且整个东蒙在鲁国的管辖之内，这就是一个国家的重臣呢。为什么还去攻打他们呢？"

　　冉有说："他老人家想这么干，我们两个做臣子的都不愿意这么做啊。"

　　孔子说："冉求！古代史官周任曾说过这样的话：'能够施展才能，就去任官就职，如果做不到，就辞官引退。'好比盲人遇到危险而不去扶持，跌倒了不去搀扶，那么，还用那个助手做什么呢？况且，你所说的话错了，老虎犀牛从笼子里逃出去，龟甲美玉在匣子里被毁坏，这是谁的过错呢？"

　　冉有说："如今的颛臾，城墙坚固，又距离费城很近。现在不占领它，今后必定成为子孙们的祸患。"

　　孔子说："冉求！君子憎恨那种嘴上不说想要却又定要给自己的行为找一个借口的人。我听说过，国君、卿大夫，不担心多与少，担心的是不公平；不担心贫与富，只担心不能安居。这大概便是因为社会公平便无贫富贵贱之别，社会和谐便无利益多少之争，社会稳定便无动荡灭亡之忧。能做到这样，却依然不能让远方之人投奔归顺，那就要努力构建仁义礼乐、道德教化等社会文明去折服他们，使他们能心悦诚服地前来投靠你。他们归服之后，就要让他们安定下来。如今，冉求、子路你们辅佐季康子，远方的人不来归服，却不能让他们主动投奔你；国家四分五裂，却不能守护，反而打算在国境之内发动战争。我担心季康子的忧患不来自颛臾，却是来自自身啊。"

### 释读

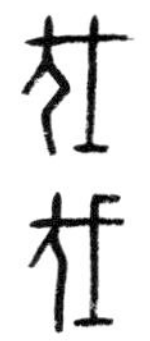

图16.1-1

❶ **季氏** 此指季康子。康子，季孙氏，名肥，鲁大夫，鲁哀公时为正卿，曾多次向孔子请教执政问题。

**颛臾** 鲁国的附属国，传说是太皞［hào］氏的后裔，今山东费县西北八十里有颛臾村。一说在今山东平邑县城东。

**伐** 讨伐，征伐，此处指攻打。伐，甲骨文从人，从戈，会意，以戈击人，本意是杀伐。许慎《说文》："伐，击也。"（图16.1-1）

❷ **有事** 承前指有军事行动。《左传》："国之大事，在祀与戎。"古人视祭祀、军事行动为大事。

❸ **无乃……与（欤）** 固定格式。由复合虚词"无乃"和语气词"与（欤）"前后呼应构成。意义跟"无乃……乎"基本相同，可译为"恐怕是……吧"等。

**尔是过** 过，作动词，责备，归罪，批评。"是"帮助把宾语"尔"放在动词前边，以达到强调的目的，如唯你是问、唯利是图。"尔是过"也即"过尔"，责备你。

❹ **昔者** 从前，过去。

**先王** 过去的君王，已经去世的君主。

**以为东蒙主** 即"以（之）为东蒙主"。东蒙，蒙山，在今山东临沂市境内，因在鲁国东面，故称东蒙。主，主持，主持祭祀，"东蒙主"即主持东蒙的祭祀。

**且在邦域之中矣** 且，而且。邦域之中，国境之内，管辖之内。"邦域"指国家（鲁国）。

**是社稷之臣**　是，这是，这就是。社稷，国家。这就是一国之臣。

**何以……为**　固定格式。由介宾词组"何以"和语气词"为"前后搭配构成，用于反诘。可译作"为什么要……呢""干吗要……呢""哪里用得着……呢"等。在"何以"与"为"之间有动词或动词性短语、名词或名词性短语两种形式。

❺ **夫子**　此指季康子。
**吾二臣者**　我们两个做臣子的。

❻ **周任**　古代一位史官，有良史之称。

❼ **陈力就列**　陈力，即施展才能。就，进入。列，位。就列，也即就位，担任职位，承担职责。
**止**　辞职，辞去职务。

❽ **危而不持**　危，倾侧不稳。持，扶持，帮助。
**颠而不扶**　颠，仆倒，跌倒。扶，扶持，搀扶。
**相**　搀扶盲人的人，辅佐。

❾ **且**　况且，何况。况且你说的话错了。

❿ **兕**　犀牛。
**柙**　关野兽的笼子。
**龟玉**　龟甲和美玉。龟甲用于占卜，美玉用于装饰。
**椟**　木制匣子，盒子。

⓫ **夫**　句中语气词，起舒缓语气作用，不译出。
**固**　坚固。
**费**　旧读[bì]，地名，季氏的采邑。

⓬ **忧**　祸患。

⓭ **疾夫舍曰欲之而必为之辞**　疾，憎恨，讨厌。舍曰，犹言"不说"。舍曰欲

之，即嘴上不说，心里却想着。为之辞，找一个借口，给自己的行为制造一个借口（理由）。此句中"夫"，一说同前句"夫"，语气词，起舒缓语气作用。但细读全句，主语"君子"，谓语"疾"，"夫"应为指示代词中的远指代词，即"那""那种"，与"舍曰欲之而必为之辞"构成双宾语句式。宋范仲淹《岳阳楼记》"予观夫巴陵胜状"中的"夫"即与此同。

⑭ **丘** 孔子自称。
**有国有家者** 《颜渊篇》12.2"在邦无怨，在家无怨"以及12.20"在邦必闻，在家必闻""在邦必达，在家必达"，"邦"指诸侯国，"家"指卿大夫家，即卿大夫封地。"有国有家者"即指拥有国家或封地、领地的人，也就是国君、卿大夫，统治者。
**不患寡而患不均，不患贫而患不安** 历代注家在释读中，大多认为句中"寡""贫"二字抄写颠倒，应为"不患贫而患不均，不患寡而患不安"。实际上，在本章中，"寡"可解为"多少"，"贫"可解为"贫富"。多少可指人口，也可指土地、权力等资源；贫富可指财富，也可指身份地位。资源不均就会出现为抢夺资源而战，财富不均就会出现贫富差异，贵贱之分，造成社会动荡。

⑮ **盖** 表推测语气，大概。
**均无贫** 社会公平便无贫富贵贱之别。
**和无寡** 社会和谐便无利益多少之争。
**安无倾** 社会稳定便无动荡灭亡之忧。

⑯ **夫如是** 夫，句首语气词。如是，能做到这样。
**故远人不服** 故，此处作副词，仍旧，依然。远人不服，远方的人不归顺，归服。
**修文德以来之** 修，修饰，修整，修治，修养身心，修养品德。在此做"修治"解，努力建立之意。文德，文教礼仪，仁义礼乐道德教化，总之为文明之风。来之，使之来，使动用法。

⑰ **既来之，则安之** 这句话已成为耳熟能详的习惯语。在本章里的意思是，让他们归服之后，就要让他们安定下来。安之，使之安，使动用法。

季氏篇第十六　609

⑱ **今由与求也** 如今，子路和冉求你们二人。

**相夫子** 辅佐季康子。

**远人不服，而不能来也** 来，使之来，让他们归服，归顺。远方的人不来归服，却不能让他们主动投奔你，归顺你。

⑲ **邦** 国家。

**分崩离析** 已成为一个常用成语，形容四分五裂，支离破碎，难以收拾。

⑳ **谋** 试图，打算，策划。

**干戈** 泛指兵器，引申为战争。

**于邦内** 在国境之内。

㉑ **萧墙** 宫殿当门的小墙，相当于门外屏风。古代臣子进见国君，至屏而肃然起敬，故称"肃墙"。"肃""萧"古字通。今成语"祸起萧墙"即典出于此。指祸乱发生在内部，比喻身边的人带来灾祸。这里"萧墙之内"借指宫内。当时鲁国国君鲁哀公名义上在君位，实际上政权被季康子把持，这样发展下去，迟早会有大祸临头的一天，所以孔子含蓄地说出此言。

**【读后】**

季氏集团把持鲁国政权，架空鲁君已经很久，不仅如此，他们还在不停地扩大势力范围，这在孔子看来，又是不可忍之事。更有甚者，他的两个学生还在季康子手下任职，却对此似乎无能为力，这更让孔子恼火。

孔子的观点很明确：1.攻打颛臾是不对的；2.冉有、子路不能力阻季氏攻打颛臾，这是失职，既然无法尽职，那就别在那个位子上，辞官隐退吧；3.治理国家的目标是"均无贫，和无寡，安无倾"，如果这样都还不能让远方的人投奔归顺你，那就要努力构建仁义礼乐道德教化等社会文明去折服他们，使他们能心悦诚服，前来投靠你，而不是靠武力去征服别人；4.季康子之忧，并非来自颛臾，而是来自他自己。

本章有两点最值得我们认真思考。一是孔子引用的史官周任的话："陈力就列，不能者止。"这句话是说给冉有、子路听的，但对今天的在位者应同样是有用的。二是孔子提出用文明去征服人心，而不是用武力征服人心。

## 16.2

孔子曰:"天下有道,则礼乐征伐自天子出❶;天下无道,则礼乐征伐自诸侯出❷。自诸侯出,盖十世希不失矣❸;自大夫出,五世希不失矣;陪臣执国命,三世希不失矣❹。天下有道,则政不在大夫。天下有道,则庶人不议❺。"

【译文】

孔子说:"天下太平,政治清明,制礼作乐、出兵征伐便由天子决定;天下昏乱,政治黑暗,制礼作乐、出兵征伐便由诸侯决定。如果制礼作乐、出兵征伐由诸侯决定的话,大约顶多传到十代,便很少有能延续下去的;如果制礼作乐、出兵征伐由大夫决定的话,大约顶多传到五代,便很少有能够延续下去的;如果由家臣把持国家政权,则少有到了三代却不失去政权的。天下太平,政治清明,国家政权就不会被大夫所掌控、操纵。天下太平,政治清明,黎民百姓就不会非议朝政,怨声四起。"

【释读】

❶ **天下有道** 有道,太平安定,政治清明。天下太平,政治清明。
**则** 那么,就。

❷ **天下无道** 天下昏乱,政治黑暗。

❸ **自诸侯出** 制礼作乐、出兵征伐由诸侯决定。
**盖十世希不失** 盖,大概,大约。十世,十代。希,同"稀",少,少有。不失,不丢掉政权,不失去政权。

❹ **陪臣执国命** 陪臣,大夫的家臣。执,把持,掌握。国命,国家政权。

❺ **政不在大夫** 国家政治不会取决于大夫,国家政权不被大夫所掌控、操纵。
**庶人不议** 庶人,指百姓,普通民众。不议,不会议论纷纷,不会怨声四起。

《礼记·中庸》:"非天子,不议礼,不制度,不考文……虽有其位,苟无其德，不敢作礼乐焉；虽有其德，苟无其位，亦不敢作礼乐焉。"
（不是天子，不得论议国家礼制的好坏，不可制定法度规则，不能考订典籍文章……即使居天子之位，如果不具备天子所应有的德行，也不能擅自制礼作乐；即使具备天子之德，而不居天子之位，也不能擅自创立礼乐制度。）

**【读后】**

到春秋后期，周天子已逐步失去了控制天下诸侯的能力，各诸侯国各行其是，相互攻伐。而各路诸侯也往往大权旁落，如鲁哀公的国君大权就落到了季氏这样的大夫手中。把持大权的大夫也不能自己作主，家臣势力渐渐扩大，逐步控制了大夫，如季氏的大权就一度被家臣阳货所控制。

天子管不了诸侯，诸侯慢慢地又被大夫们控制，而大夫又被家臣控制，这是政治权力秩序极度混乱的表现，其结果便是天下大乱，国破家亡。朱熹《论语集注》说："逆理愈甚，则其失之愈速。"意思是，违背天理的程度越深，灭亡得越快速。这就是孔子所说的十世、五世、三世之别。

"天下有道，则政不在大夫。天下有道，则庶民不议。"这两句话值得玩味。按正常的政治秩序，君王的权力不应落入大夫之手，就如季氏专权这样的现象，便定不是"天下有道"。

## 16.3

孔子曰："禄之去公室五世矣❶，政逮［dài］于大夫四世矣❷，故夫三桓之子孙微矣❸。"

**【译文】**

孔子说："鲁国国君失去封官赐爵的权力已经五代了，国家政权落到大夫手中已经四代了（现在又是家臣掌控国家政权的局面），所以，三桓的后代也在渐渐走向衰落了。"

【释读】

❶ **禄**　爵禄，权位，代表政权。
**公室**　此指鲁君世系。
　　皇侃《论语义疏》："公，君也。禄去君室，谓制爵禄出于大夫，不复关君也。制爵禄不关君，于时已五世也，故云'去公室五世'也。"（公，即国君。爵禄离开国君，就是说爵禄赏罚（封官赐爵）之权由大夫掌控，跟国君不再有关。爵禄赏赐之权不再跟国君有关，到眼下已经五代了，所以说"去公室五世"。）

❷ **政**　政权。
**逮**　及，在此指落入。
**四世**　指季文子、武子、平子、桓子四代。上文"五世"，是从鲁君算起；此处"四世"，是从季氏算起。

❸ **故夫**　用在句首，表示承上文而作出论定。可译为"所以""因此"等。
**三桓**　即鲁国"三卿"，孟孙氏、叔孙氏、季孙氏。

【读后】

本章可与上一章并读。

鲁君大权旁落，到孔子说这话时，其间经历了宣公、成公、襄公、昭公、定公五代，而从季氏最初把持鲁国朝政到此时，其间经历了文子、武子、平子、桓子四代。三桓逐渐掌控鲁国的大权，渐渐地又被陪臣篡权，于是，三桓的后代也渐渐衰落了。孔子眼见国家日渐衰落，感叹历史变迁无常，却又无力扶大厦之将倾，无可奈何的沮丧之情溢于言表。

**16.4**　孔子曰："益者三友，损者三友。友直，友谅，友多闻，益矣❶。友便[pián]辟[pì]，友善柔，友便[pián]佞，损矣❷。"

季氏篇第十六　613

**【译文】**

孔子说:"有益的朋友有三类,有害的朋友有三类。和正直的人交友,和诚信的人交友,和见闻广博的人交友,这是有益的。和趋炎附势、谄媚逢迎的人交友,和善于伪装却不讲诚信的人交友,和能说会道却无真才实学的人交友,这是有害的。"

**【释读】**

❶ **友直** 友,用如动词,与……交友。直,正直,正直的人。
**谅** 在此为形容词,诚信,诚实,诚信的人。《宪问篇》14.17章"岂若匹夫匹妇之为谅也,自经于沟渎而莫之知也"中的"谅"指小信,与本章"谅"有别。
**友多闻** 与见闻广博、见多识广的人交友。
**益矣** 这是有益的。

❷ **便辟** 便,有口才。辟,或作"僻",偏颇,不实在。便僻,在权势面前挺不直腰杆,谄媚逢迎。此处指谄媚逢迎之人。友便辟即和趋炎附势、谄媚逢迎的人交友。
**善柔** 擅长取悦于人而无诚信,善于伪装却无诚信,当面恭维背后诽谤人,也就是当面一套背后一套。友善柔即和当面一套背后一套的人交友。
**便佞** 能说会道却无真才实学。

**【读后】**

交友如何,对人一生事业的成败,生活的穷通,确实至关重要。俗语说"多一个朋友多条路",诚然。但不同的朋友是不同的路:益友是正道,损友是邪路。走在正道上,"以友辅仁",我们会步步上升,无论是道德抑或事业。走在邪路上,我们会节节败退,甚至堕落。可不慎哉?

**16.5** 孔子曰:"益者三乐[lè],损者三乐❶。乐节礼乐[yuè]❷,乐道人之善❸,乐多贤友❹,益矣。乐骄乐,乐佚[yì]游,乐宴乐,损矣⁵。"

| 译文 |

孔子说:"有益的快乐有三种,有害的快乐有三种。把自己的言行举止符合礼乐制度作为快乐,把称道赞赏别人的优点作为快乐,把有很多德才兼优的朋友作为快乐,这是有益的。把骄奢放纵之乐作为快乐,把游手好闲而无节度当作快乐,把纵情宴饮之欢当作快乐,这是有害的。"

| 释读 |

❶ 乐　快乐。

❷ 乐节礼乐　第一个"乐"读作[lè],意动用法,以……为乐。后一"乐"读作[yuè],"礼乐"指礼乐制度。节,节制,控制,调整,约束。以用礼乐制度来约束自己为快乐,也就是,把自己的言行举止符合礼乐制度(道德行为规范)当成一件快乐的事。皇侃《论语义疏》引何晏曰:"动静得于礼乐之节也。"(言谈举止都受到礼乐制度的约束。言谈举止符合礼乐制度的要求。)

❸ 乐道人之善　以道人之善为乐,把称道别人的优点当成快乐的事。

❹ 乐多贤友　以多贤友为乐,把有很多有才有德的朋友当作快乐之事。

❺ 骄乐　骄纵(骄奢)放肆之乐。
佚游　放荡闲游。佚,《王力古汉语字典》释为"放荡",并以本句为例。
宴乐　纵情于宴饮之欢。

| 读后 |

益者三乐,损者三乐。耐得住寂寞,经得起诱惑,守得住繁华,你才有赢的可能。

**16.6** 孔子曰："侍于君子有三愆［qiān］❶：言未及之而言谓之躁❷，言及之而不言谓之隐，未见颜色而言谓之瞽［gǔ］❸。"

**【译文】**

孔子说："陪侍在君子身边，容易犯三种过错：说话还没轮到他却急于说话，这就叫急躁；轮到他说话他却不说，这就叫隐瞒；不察言观色就贸然说话，这就叫眼瞎。"

**【释读】**

❶ **君子** 此处指有位者。侍于君子，陪侍在君子身边。
**愆** 过失，过错。

❷ **未及之** 还没轮到他说话。

❸ **颜色** 脸色，表情，情绪。

**【读后】**

不该说话的时候叽哩呱啦说个没完，轮到自己说话时却又三缄其口，不察言观色就贸然说话，这种人实在太多。说话要看场合，要关注对方的情绪变化，但有人就是全然不顾别人的感受，对方已经脸色难看了，也浑然不觉。这简直就是睁眼瞎。

说话要看场合，要看时机，要看对象，更要尊重别人的感受。

**16.7** 孔子曰："君子有三戒❶：少之时，血气未定，戒之在色❷；及其壮也，血气方刚，戒之在斗❸；及其老也，血气既衰，戒之在得❹。"

### 译文

孔子说："君子一生有三种事要警惕戒备：年轻时，身体尚未成熟，要戒忌贪恋女色；到了壮年，血气正旺，要戒忌争强好胜；到了老年，血气衰退，精力不济，要戒忌欲望过多而不知足。"

### 释读

❶ **君子** 此指有德有才之人。
**三戒** 戒，戒忌，戒备，警惕。三种值得警惕的事。

❷ **少之时** 少，年轻，古人称30岁以下为"少"。
**血气未定** 血气，元气，精气，精力。未定，尚未固定，尚未成熟。
**色** 美色，女色。

❸ **及** 到了。
**壮** 年过三十叫壮年。《礼记·曲礼》："三十曰壮。"
**血气方刚** 此语已成为中国人的常用成语。壮年之时，气血正旺，精力正处于旺盛阶段，要戒备喜胜好斗，争强好胜。

❹ **老** 泛指老年阶段，不必拘泥是五十、六十还是七十。
**得** 在此指欲望过多而不知足。《季氏篇》16.10："见得思义。"皇侃《论语义疏》引孔安国曰："得，贪得也。"（得，就是贪图利益，贪图享受。）甲骨文"得"，从彳，从贝，从又，会意字，象在路上拾得贝壳，以手持贝，会意行有所得。许慎《说文》："得，行有所得也。"（得，就是在路上拾到东西。）引申为在人生旅途中有所收获。（图16.7-1）

图16.7-1

### 读后

佛教有八戒：一戒杀生，二戒偷盗，三戒淫邪，四戒妄语，五戒饮酒，六戒着香华，七戒坐卧高广大床，八戒非时食。其实，漫漫人生旅途，险象环生，步步惊心，一着不慎，满盘皆输。要少走弯路，走正走好，需时时矫正方向，修正航道，又何止是三戒或者八戒。《子罕篇》9.4："子绝四：毋意，毋必，毋固，毋我。"不也是我们人生的座右铭么?

在本章,孔子把人生的三个重要节点提出来,并提出相应的三个忠告。他深知,人生苦短,生命脆弱,充满了种种不确定性,所以,在每一个生命的重要节点,我们要明白其最薄弱的点在哪儿,要警惕每一个最容易被击穿的薄弱点,而并不是说人生只有这三戒。

## 16.8

孔子曰:"君子有三畏❶:畏天命❷,畏大人❸,畏圣人之言。小人不知天命而不畏也,狎[xiá]大人,侮圣人之言❹。"

**【译文】**

孔子说:"君子有三种敬畏:敬畏天命,敬畏身居高位的人,敬畏圣人的话。小人不懂天命,所以不敬畏天命,不尊重高位之人,轻蔑圣人所说的话。"

**【释读】**

❶ **君子** 此处为泛指,既指有位者,也指有德有才者。
**畏** 本意为害怕,畏惧,在此为"敬畏"义。

❷ **天命** 详见《为政篇》2.4释读。钱穆《论语新解》:"天命在人事之外,非人事所能支配。而又不可知,故当心存敬畏。"

❸ **大人** 指身居高位者,身贵之人,德行高尚的人,大人物;或说,指王公贵族。

❹ **狎** 亲近而不庄重,指轻慢,不尊重。
**侮** 轻侮,蔑视,轻蔑,亵渎。

**【读后】**

还是那句话:没有信仰便没有敬畏,没有敬畏便没有底线。

一位君子，要懂得天命之不可违，常怀敬畏之心，努力修养自身，完善自我，更要努力触摸自己的命运边际，拓展自己的生命空间。既要战战兢兢，也要不断努力。因此，畏天命，并非让人匍匐于神明之前，而是时时警醒自己，能做什么，不能做什么，必须努力做什么；畏大人，不是阿谀奉承，奴颜婢膝，而是保持谦恭，知高下尊卑，这是一种仰望的精神境界，从而"见贤思齐"。一个君子，要懂得尊重位高权重的人，懂得敬重德高望尊的人。在我们的现实生活中，目空一切，妄自尊大的人，比比皆是，多了一分唯我独尊，少了一分谦卑恭敬。关于圣人之言，潘重规《论语今读》说："圣人研机知理（探究高深精微的大道，明察天地万物的规律——引者注），师表人伦，其言博大深远，平实精微，非常人智力所及，故对于圣人之言常存敬畏之心。"但是，今天这个社会，很多人宁可相信心灵鸡汤，宁愿关注花边新闻，也不读圣贤书，不听圣人言，认为圣人之言过时了，与时代不合。显然，这是对圣人之言的误解。

## 16.9

孔子曰："**生而知之者上也[1]；学而知之者次也；困而学之，又其次也[2]；困而不学，民斯为下矣[3]。**"

【译文】

孔子说："生来就知道的，这是最上一等的人；通过学习然后知道的，这是次一等的人；遇到困难或问题而去学习的，是再次一等的人；遇到困难或问题还不学习，这便是普通人处于最下层的原因了。"

【释读】

[1] **生而知之** 其知与生俱来，不用学而知，不用学而能。

[2] **困而学** 遇到问题而去学习。皇侃《论语义疏》引孔安国云："困，谓有所不通也。"（困，是说遇到解决不了、弄不明白的问题、难题。）

[3] **民斯为下矣** 这就是普通人处于最下层的原因了。民，此指普通人、普通百姓。

【读后】

在这里，孔子把人分成四等的依据，不是出身、血统的高低贵贱，而是学与不学。最上等的是生而知之，但孔子说："我非生而知之者，好古，敏而求之者也。"他首先把自己排除在"生而知之者"之外。连孔圣人都否定自己是生而知之者，那还有"生而知之"的人吗？答案是明确的。剩下的，就是学与不学了。

回顾整部《论语》，从开篇第一章到最后，无处不在强调"学"，因为只有学，才可以开启智慧之门。

### 16.10

孔子曰："君子有九思❶：视思明❷，听思聪❸，色思温❹，貌思恭❺，言思忠❻，事思敬❼，疑思问❽，忿思难[nàn]❾，见得思义❿。"

【译文】

孔子说："君子有九个方面需要用心思考：看，要考虑是否明白全面；听，要考虑是否清楚准确；脸色，要考虑是否温和；举止，要考虑是否谦恭；说话，要考虑是否信实可靠；做事，要考虑是否严肃认真；疑惑，要考虑是否虚心请教；生气，要考虑是否想到后果；面对利益，要考虑是否合于道义。"

【释读】

❶ **九思** 九个方面需要考虑、思考。

❷ **视思明** 视，看，观察。明，看得清楚，明白。

❸ **听思聪** 聪，本义为听力好，听觉灵敏，引申为听得清楚。常言道，听话听声，锣鼓听音，就是这个意思。

❹ **色思温** 色，脸色，表情。温，温和。

❺ **貌思恭** 貌，容貌举止。恭，谦恭。

❻ **言思忠** 言，说话。忠，信实，诚信。

❼ **事思敬** 事，办事，做事。敬，恭谨严肃。

❽ **疑思问** 疑，有疑问，疑难，疑惑。问，请教，询问。

❾ **忿思难** 忿，发怒，生气。难，音 [ nàn ]，灾难，祸患。

❿ **见得思义** 得，利益，包括钱财、名誉、地位等。义，合宜，符合道义。

**┃读后┃**

法国哲学家笛卡儿有句名言："我思故我在。"孔子说："君子有九思。"

不管两位哲人的命题立意是否一致，我们可以肯定的是，"思"很重要。孔子一口气列出了九个方面需要认真思考、严肃对待的事，警醒我们：做人做事，要认真思考，切不可草率。

## 16.11

孔子曰："见善如不及，见不善如探汤❶。吾见其人矣，吾闻其语矣。隐居以求其志，行义以达其道。吾闻其语矣，未见其人也。"

**┃译文┃**

孔子说："见到善人善举，好像追赶不上一样急切追求；见到恶人恶行，如同把手伸进沸水般避之唯恐不及。我见过这样的人，我听说过这样的话。避世归隐以求保全自己的理想、志向，依义而行以实现自己的思想主张。我听过这样的话，却没见过这样的人。"

**┃释读┃**

❶ **善** 好的、善良的品行，善人善举。
   **及** 本意为达到，赶上，追赶上。见善如不及，即见到善人善举，好像追赶

季氏篇第十六　621

不上一样急切追求，表示强烈的向善意愿。甲骨文"及"从又（手）触人，会意追及之意。许慎《说文》："及，逮也，从又从人。"（图16.11-1）

**不善**　恶人恶行，邪恶的品行。

**探汤**　把手伸进沸水。汤，沸水，与今之"汤"有别。

图16.11-1

### 读后

《大学》说："如恶[wù]恶[è]臭[xiù]，如好[hào]好[hǎo]色。"就像厌恶难闻的气味，就像喜欢美色。看见善言善举，就像看见美女，巴不得飞奔追去，还生怕追不上。看见恶人恶行，就像闻到难闻的气味，捂着鼻子躲开，还避之唯恐不及。孔子只含蓄地说："见善如不及，见不善如探汤。"而这样的人，孔子说，他见到过；这样的话，孔子说，他听到过。孔子身边，颜回、子路、子贡、闵子骞、曾参、冉求等等，估计都可以归入此列。比如子路，见善若惊，疾恶如仇，肆意江湖，更当是如此之人。

但是，还有一类人，避世归隐以求保全自己的理想志向，依义而行以实现自己的思想主张。"天下有道则见，无道则隐。""邦有道，则仕；邦无道，则可卷而怀之。"就是说，当遭遇乱世，或时机尚未成熟，不苟且于世，卷而怀之，隐身修炼，等待时机到来，再一展抱负。没有用武之地，我就是世界；有用武之地，世界就是我。

孔子说，他没见过这样的人，他也深知自己不是这样的人。他既不能"隐居以求其志"，也未等到"行义以达其道"、一展抱负的机会。他只是如一个虔诚的圣徒，勇往直前，矢志不渝，一路行走，一路布道。

## 16.12

齐景公有马千驷[sì]，死之日，民无德而称焉❶。伯夷叔齐饿于首阳之下，民到于今称之。（"诚不以富，亦只以异❷。"）其斯之谓与[yú]❸？

### 译文

齐景公拥有数千匹马，在死的时候，老百姓却因为他没有美德而不称颂他。伯夷、叔齐饿死于首阳山下，老百姓至今还在称颂他们。"诚不以富，亦只以异"（《诗经》说："不是因为你的贫或富，只是因为你品德高低不同。"），大概说的就是这个意思吧。

### 释读

❶ **齐景公** 春秋时期齐国国君，前面已有涉及。

**有马千驷** 驷，古代一辆兵车用四匹马拉，称为一驷，也即"一乘"。"千驷"即四千匹马，此为虚指，概言其多，非确数。一说，有马千驷，指有千乘之国。

**民无德而称焉** 无德，没有德泽，没有美德。称，称颂，称道。百姓因为他没有美德、德泽，并不称颂他。即，齐景公虽坐拥千驷之富，却没有让百姓受惠的美德，所以百姓并不称颂他。（类似的句型，《泰伯篇》8.1："三以天下让，民无得而称焉。"）

皇侃《论语义疏》："生时无德而多马，一死则身与名俱消，故民无所称誉也。"（在世时无德而多马，一死去便身与名一同消亡，所以，老百姓找不到可以称颂他的地方。）

❷ **诚不以富，亦只以异** 本句原在《颜渊篇》12.10句末（见《颜渊篇》本句释读），应归于本章。放到这个位置上，使得"其斯之谓与"有了着落。这一句在《诗经》中的原意是，你不是因为贫或富，而只是因为喜新厌旧。在本章中意为，不是因为你的贫富，只是因为你品德高低不同。

❸ **其斯之谓与** 说的就是这意思吧。其，大概。

### 读后

齐景公够阔气的。有马千驷，一驷为一辆四匹马拉的马车，千驷就是四千匹马。齐景公"生时无德而多马"（皇侃《论语义疏》），"地大于王畿，性又惟狗马是好"（刘宝楠《论语正义》语）。土地比周天子的辖区还大，无德而又喜欢玩狗玩马，像极今天的土豪，坐拥几十辆几百辆豪车，豪气冲天。不过，虽然如此豪气，死之后却没有人记得他，称颂他，"一死则身与名俱消"。

而伯夷、叔齐兄弟，不仅远没有齐景公的豪气，还不食周粟，饿死在首阳山下，而百姓却一直记得他们哥儿俩的美德与美名，称颂他们，怀念他们。这是气节留给人们的印记，是人格在人心上烙下的印记，是社会价值深深植入到了人们的灵魂，是正向的价值观一直在鼓舞着人心。

想一想，假如我们有一天死去，会有多少人为你的离去而黯然神伤？假如一个公司倒闭了，会有多少人因此而扼腕三叹息？

## 16.13

陈亢［gāng］问于伯鱼曰❶："子亦有异闻乎❷？"

对曰："未也。尝独立，鲤趋而过庭❸。曰：'学《诗》乎？'对曰：'未也。''不学《诗》，无以言❹。'鲤退而学《诗》。他日，又独立❺，鲤趋而过庭。曰：'学礼乎？'对曰：'未也。''不学礼，无以立❻。'鲤退而学礼。闻斯二者。"

陈亢退而喜曰："问一得三，闻《诗》，闻礼，又闻君子之远其子也❼。"

### 译文

陈亢问伯鱼说："您在老师那里听到过与众不同的教诲吗？"

伯鱼回答说："没有。有一天，他曾经独自站在庭院中，我快步经过庭院。他说：'学《诗》了吗？'我回答：'没有。'他说：'不学《诗》，就不会说话。'我退下后开始学《诗》。另有一天，他又是一个人站在庭院里。我快步经过庭院。他说：'学习礼制了吗？'我回答：'没有。'他说：'不学习礼制，就不能在社会上立足。'我退下后开始学习礼制。我就听到过这两个教诲。"

陈亢回去后高兴地说："我问了一件事，却有三个收获：听到了学《诗》的意义，听到了学礼的重要，还听到了一个君子对自己的儿子也不会有偏私。"

### 释读

❶ **陈亢**　姓陈，名亢，字子禽。首见于《学而篇》1.10。
**伯鱼**　孔子儿子，名鲤，字伯鱼，50岁先孔子而去。

❷ **异闻**　不同于其他人的见闻，与众不同的教诲、知识、教育。

　　朱熹《论语集注》："亢以私意窥圣人，疑必阴厚其子。"（陈亢以小心眼儿去窥探圣人，怀疑孔子定会暗自对自己的儿子传授不同于别人的东西。）

❸ **尝独立**　尝，曾经。独立，独自站立。
　　**趋而过庭**　趋，快步走。从尊长前经过，要快步而行。过庭，从庭中走过。

❹ **不学《诗》，无以言**　《诗》，特指《诗经》。不学习《诗经》，就不会说话。古时重《诗》，在社交场合，往往引《诗》言志，表达思想，所以孔子说，不学《诗》，便不能与人很好地沟通对话。

❺ **他日**　另一天，另有一天。
　　**又独立**　又是一个人独自站在庭院中。

❻ **不学礼，无以立**　不学习礼制，就不能在社会上立足。皇侃《论语义疏》："礼是恭俭庄敬，立身之本，人有礼则安，无礼则危，若不学礼，则无以自立身也。"（礼就是恭俭庄敬，是一个人的立身之本，遵守礼制就能平平安安，要是不遵守礼制，就会有祸患危险，如果不学礼，就难以自立于社会之中。）有人认为，礼教是人格教育，行为教育，习惯教育，着重培养道德品质与三观。

❼ **问一得三**　问一件事却有三个收获。
　　**闻《诗》，闻礼**　明白了学《诗》、学礼的重要性。
　　**远**　疏远，远离，动词，在此指不偏私。

**【读后】**

　　在《论语》中，陈亢一共出现了三次。最早是《学而篇》1.10：子禽问子贡，孔老夫子到一个国家，总要了解那个国家的政事，这是求别人告知的呢？还是别人主动告知的呢？子禽，便是这个陈亢。而在本章，陈亢直接问孔子的儿子，伯鱼你是不是得到了父亲的秘传呢？第三次是《子张篇》19.25，陈子禽（即陈亢）对子贡说："您是出于谦恭吧，仲尼难道比您更强吗？"有点不怀好意。
　　三次三问，总感觉此人就是一个典型的"以小人之心度君子之腹"的小人。

至少，是一个有点小肚鸡肠的人。所以，朱熹也忍不住说这陈亢是"以私意窥圣人"，以小人之心去揣度圣人。

中国人对"秘籍""秘传"之类似乎情有独钟。书法有秘籍，绘画有秘籍，武功有秘籍，修佛修道有秘籍，而深得秘传者，最后都成了绝世高人。菩提祖师在悟空头上敲了三下，于是悟空在三更时去找菩提学艺，最终学成七十二般变化；禅宗六祖惠能还在舂米房打杂的时候，有一天，五祖弘忍拿起禅杖在舂米的石碓［duì］上敲了三下，惠能当晚三更去找弘忍求教，最终，弘忍把禅宗六祖的衣钵传给了惠能，而惠能最终成为禅宗第六世祖。一天晚上，颜真卿向张旭请教书法的笔法要诀，张旭左右看了两眼，然后拂袖而去，颜真卿心领神会，跟到张旭的住处，于是得张旭真传《十二笔法意》……这些神话或传说或自述，给秘籍秘传平添了几分神秘的色彩，让人心向往之。莫非，陈亢也是看武侠小说看多了？

陈亢问得很直接："你的老爹有没有传给你不一样的东西呢？"伯鱼说："还真没有。"但又憨厚地回忆了一下，然后说："就有两次。一次是他老人家在庭里站着，我从他身边快步走过去，结果老爹逮住我问，学《诗经》了吗？我说，还没有。老爹说，不学《诗》，话都不会说。于是我赶紧去读《诗》。第二次，老爹又是独自站在庭院内，我本想赶紧走过去，结果又被老爹逮个正着，问我，学礼了吗？我说，还没。老爹说，不学礼，你就无法在这个社会上立足。于是，我赶紧下去学礼。就这样了。"陈亢一阵狂喜，说："我听到了学《诗》的意义，听到了学礼的重要性，还听到了圣人无秘籍，哪怕是对自己的儿子，也不会有偏私。这真是问一得三啊。"

陈亢无疑是有小人般的偷窥癖，但正是这毛病，也引出了孔子是怎么教自己儿子的。"君子远其子"，这是不是一种教学方法呢？当代的父母，能从中获得些什么样的感悟呢？

## 16.14

**邦君之妻，君称之曰夫人，夫人自称曰小童❶；邦人称之曰君夫人，称诸异邦曰寡小君❷；异邦人称之亦曰君夫人。**

【译文】

国君的妻子，国君称她为夫人，夫人自称为小童；国人称她为君夫人，对外国人则称她为寡小君；外国人称呼她也叫作君夫人。

【释读】

❶ **邦** 国。邦君即国君。
**小童** 一为幼儿，未成年，谦称；一为奴仆，奴婢，奴家，也是谦称。

❷ **邦人** 那个国家的人。
**称诸异邦** 向外邦称呼她，在别国面前提到她。诸，"之于"合音。异邦，别国，外国人。
**寡** 寡德，谦辞。

【读后】

钱穆说："本章记入《论语》，其义不可知。"但是，如果我们联系《子路篇》13.3来读这一章，我们可以发现，对国君第一夫人称谓的梳理，与孔子的"正名"思想高度一致。在《子路篇》13.3，孔子说："名不正，则言不顺；言不顺，则事不成；事不成，则礼乐不兴；礼乐不兴，则刑罚不中；刑罚不中，则民无所错手足。"还能说这是小事？

武力階乎哥之聲夫子莞爾而笑曰割雞焉用牛刀子游對曰昔者偃也聞諸夫子曰君子學道則愛人小人學道則易使也子曰二三子偃之言是也前言戲之耳公山弗擾以費畔召子欲往子路不說曰末之也已何必公山氏之之也子曰夫召我者而豈徒哉如有用我者吾其為東周乎子張問

## 阳货篇第十七

阳货欲见孔子,孔子不见,归孔子豚。孔子时其亡也而往拜之,遇诸涂。谓孔子曰:来,予与尔言。曰:怀其宝而迷其邦,可谓仁乎?曰:不可。好从事而亟失时,可谓知乎?曰:不可。日月逝矣,岁不我与。孔子曰:诺,吾将仕矣。

子曰:性相近也,习相远也。

子曰:唯上知与下愚不移。

## 17.1

阳货欲见孔子，孔子不见，归［kuì］孔子豚［tún］❶。
孔子时其亡［wú］也，而往拜之❷。
遇诸涂［tú］❸。
谓孔子曰："来！予与尔言。"曰："怀其宝而迷其邦，可谓仁乎❹？"曰："不可❺。""好［hào］从事而亟［qì］失时，可谓知［zhì］乎❻？"曰："不可。""日月逝矣，岁不我与❼。"
孔子曰："诺［nuò］。吾将仕矣❽。"

### 译文

阳货想要孔子去拜见他，孔子不去，他便给孔子送去一只蒸熟的小猪。

孔子探听到阳货不在家的时候，前去阳货家拜谢阳货。

不料，两人却在路上相遇了。

阳货对孔子说："过来！我跟你说。"阳货说："一个人怀揣着一身的本事，却听任国家混乱，政局动荡，这能够称得上是仁德之人吗？"孔子说："不能。"阳货说："喜欢做事却屡屡错失时机，这能够称得上是有智慧的人吗？"孔子说："不能。"阳货说："时光流逝，岁月可不等人啊。"

孔子说："好吧，我打算去从政了。"

### 释读

❶ **阳货** 又叫阳虎，季氏的家臣。季氏几代把持鲁国政权，阳货的势力也逐渐强大，季氏手中的权柄落在阳货手中，并进一步掌管国政，即所谓"陪臣执国命"（《季氏篇》16.2）鲁定公八年（公元前502年），他纠合部分三桓家臣，图谋除掉三桓势力，不久又合谋杀害季桓子。事败之后，遭到三桓家族的讨伐，遂逃往齐国，后又投奔晋国，做了赵简子的谋臣。在他掌管鲁政时，他想笼络孔子，为其出力，但孔子深知阳货是玩弄权术谋取权位之人，与之政见根本不同，"道不同，不相为谋"，不与其共事。

**见** 使……见，使动用法，让孔子去拜见。

**归孔子豚** 归，音、义同"馈"，赠送。豚，小猪，此指蒸熟的小猪。按当时的礼制，地位高的人赠送礼物给地位低的人，受赠者如果不在家，没能当面接受，事后应当回拜。孔子全知阳货的意图，刻意趁阳货不在家时才去答谢，没想到的是，冤家路窄，竟在半路上相遇，很有戏剧性。

❷ **时其亡** 时，《广雅·释言》："时，伺也。"窥视，暗中打探。亡，同"无"，此处指不在、不在家。"时其无"即打听到阳货不在家的时候。

❸ **遇诸涂** 诸，"之于"合音。涂，同"途"，道路。

❹ **怀** 怀揣，怀藏，怀其宝即身怀宝物，怀揣一身的才华、才学、本领。
**迷其邦** 迷，使动用法，使……迷，指任其国家混乱，听任国家迷乱、政局动荡。
**可谓仁乎** 能够称得上仁吗？这能算得上一个仁德的人吗？

❺ **不可** 不能，不能够，不可以。

❻ **好** 喜欢。
**从事** 做事，此指为官从政。
**亟** 屡次，屡屡。读作[jí]音时，意为急迫。
**失时** 错失时机，错失机会。
**知** 同"智"，智慧，聪明。

❼ **逝** 流逝，指时光流逝。
**岁不我与** 即岁不与我。与，在一起，意即岁月不会跟我同在，岁月不等人。

❽ **诺** 应答词，好，好吧。
**仕** 此处为动词，做官，为官从政。

**[读后]**

　　这一篇极富戏剧性，画面感极强。阳货极刚，孔子极柔；阳货咄咄逼人，孔子以柔克刚；阳货说话滔滔不绝，孔子回应敷衍含糊。最终，阳货有如拔山之力的刚猛，却仿佛砸在了一团棉花上。如果从正面去理解阳货的话，堪称字字珠玑，金句连连。只是，因为是从阳货嘴里说出来，至理名言也成了颇有讽刺意味

阳货篇第十七　　631

的话。

虽然，我们深知，不以言废人，不以人废言。但这个曾经因为长相酷似孔子而导致孔子被匡人围困的阳货，这个野心勃勃，想谋反夺位的阳货，实在难以想象还能一本正经地义正词严地跟孔子大谈仁与智。

## 17.2

子曰："性相近也，习相远也❶。"

**【译文】**

孔子说："人的天生的本性是相近的，而因为后天不同的习染才拉开了距离。"（人的本性是相近的，而后天不同的习染使各自的本性渐行渐远。）

**【释读】**

❶ **性相近**　性，人的本性，人性，天生的，与生俱来的。相近，差不多的。
**习相远**　习，习染，人们长期处在某种社会环境、人际关系中，以及不同的教养条件对人所产生的影响（朱振家《论语全解》语）。相远，由于后天的习染而拉开了距离，有了巨大的差距。

**【读后】**

中国人大抵都能背诵出《三字经》的开头几句："人之初，性本善。性相近，习相远。"只是，孔子只说了性相近，习相远，却没说人之初，性本善。孔子的意思很明确，天性就是本真，就是真我，正如每个人的遗传基因一样存在。但与基因不同的是，这一存在并非永远固定不变，而是随着"习"的不同，而逐渐分化，拉开距离。

还记得孟母三迁的故事吧？孟母之所以如此智慧，便是她看到了不同的习染给孩子所带来的不同影响。"性近习远"给我们的警示是，谨慎择师，谨慎交友，谨慎选择你的生存环境。君子要修德入仕，必须重视这些因素。四川民间有一句话：跟着好人学好人，跟着端公学跳神。夫妻在一起时间长了就会越来越有"夫妻相"，这恐怕就是习染所致。

## 17.3 子曰:"唯上知[zhì]与下愚不移[1]。"

**【译文】**

孔子说:"只有上等的智者和下等的愚人不可改变。"(孔子说:"只有天才和愚人是不会改变的。")

**【释读】**

[1] **上知** 知,即"智"。上等的智者,天才。
**下愚** 下等的愚人。
**不移** 不可改变,不能改变。

**【读后】**

王阳明《传习录》:"问:'上智下愚如何不可移?'先生曰:'不是不可移,只是不肯移。'"妙!

上智之人与下愚之人都很坚挺,不向任何人任何事低头、让步。上智之人也就是孔子说的"生而知之"的人,这种人,何需移?也不可移。下愚之人就是孔子所说的"困而不学"的人。这样的人不肯移,也不知道怎么移。其实,真正的下愚之人,不是智商不够,不是才学过浅,有些人甚至才高八斗,学贯中西。他们只是拒绝改变,拒绝学习。因为,他们都坚信自己是唯一正确的,别人都是荒谬的。

《史记·殷本纪》记载:"帝纣资辨捷疾,闻见甚敏;材力过人,手格猛兽;知足以距谏,言足以饰非;矜人臣以能,高天下以声,以为皆出己之下。"商纣王天资聪颖敏捷,见多识广,勇力过人,能徒手与猛兽搏斗;他的才智高得足以让劝谏者望而却步,他的口才好到足以文过饰非,颠倒黑白,能把邪恶说成正道;他凭借自己的才能傲视群臣,以他的威名力压天下,认为天底之下没有谁可以超出自己。这便是典型的聪明绝顶的下愚之人。

下愚之人,不是智商低,而是不学习;不是不能移,而是不肯移。看看我们自己,环视一下我们身边的人,这种人,少吗?

## 17.4

子之武城，闻弦歌之声❶。夫子莞[wǎn]尔而笑❷，曰："割鸡焉用牛刀❸？"

子游❹对曰："昔者偃[yǎn]也闻诸夫子曰❺：'君子学道则爱人，小人学道则易使也❻。'"

子曰："二三子！偃之言是也。前言戏之耳❼。"

**【译文】**

孔子来到武城，听到武城里弹琴唱歌的声音。孔夫子微微一笑说："杀鸡哪用得上杀牛的刀？"

子游回答说："从前我曾听老师您说过：'君子学了礼乐，便能仁爱天下；小人学了礼乐，就容易听从指挥。'"

孔子说："弟子们！子游说得对。我刚才说的话是跟他开个玩笑罢了。"

**【释读】**

❶ **之** 动词，到……去，往。
   **弦歌之声** 弹琴唱歌的声音。

❷ **莞尔** 形容微笑的样子。今有成语"莞尔一笑"，形容美好的微笑。

❸ **割鸡** 杀鸡。
   **焉** 此处表反诘，作副词，怎，哪，何。

❹ **子游** 孔子学生，首见于《为政篇》2.7"子游问孝"章。

❺ **昔者** 过去，从前。
   **偃** 子游自称。
   **诸** "之于"合音。

❻ **道** 礼乐制度、礼乐之道。
   **易使** 容易使唤，容易役使，容易听从指挥。

❼ **二三子** 弟子们，同学们，对弟子的泛称。
**偃之言是也** 偃之言，子游所说的话。是也，是对的，确是如此。
**前言戏之耳** 前言，前面说的话，刚才说的话。戏之，跟他开玩笑。耳，罢，罢了。

**读后**

本章中所说的"道"，是指礼乐之道，礼乐教化之道。礼为礼制，乐为音乐。礼制即是规则、规范，是人人遵守的行为准则。乐是音乐艺术，"乐以和人，人和则易使也。"（孔安国语）音乐艺术的作用不可忽略。我们往往忽略礼乐教化，或者把礼乐教化简单化。这是对礼乐教化的误解，更是一种轻视。

## 17.5

公山弗扰以费畔，召，子欲往❶。
子路不说[yuè]❷，曰："末之也已，何必公山氏之之也❸。"
子曰："夫召我者，而岂徒哉❹？如有用我者，吾其为东周乎❺？"

**译文**

公山弗扰凭借费邑图谋造反，召孔子前往，孔子打算应召前去。
子路不高兴，说："真是没地方可去了，为什么一定要到那个姓公山的人那儿去呢？"
孔子说："那个召我前去的人，难道是白白召我去而没有目的的吗？假如有人重用我，我将会再造一个东方之周吧！"

**释读**

❶ **公山弗扰** 《左传》《史记》作公山不狃[niǔ]，季氏的家臣。
**以费畔** 以，凭借。费，费邑，季氏的封地。畔，通"叛"，反叛，叛乱，发动叛乱，图谋叛乱。

❷ **说** 同"悦"，高兴。

阳货篇第十七 635

❸ **末之也已** 末，无，不，没有。之，动词，往，去。也已，惯用词组。由语气词"也"和"已"连用组成。"也"表示确定或肯定的语气，"已"表示将然或已然的语气。"也已"连用，主要表示肯定的语气，同时兼表感叹语气。可根据文义灵活译为"了""是……了""了啊"等。"也已"连用，为句末语气词。"末之也已"，意为"没有可去的地方了"。杨伯峻《论语译注》将本句"也""已"以逗号分隔，释"已"为"止"，恐不确。

**何必** 为何定要，为何一定要。

**之之** 前一"之"帮助宾语提前，为宾语前置的标志，强调公山氏。后一"之"为动词，去，前往，到……去。

❹ **夫召我者** 夫，此处解为远指代词"那"。

**而岂徒哉** 即"而岂徒（召我）哉"。徒，白白地。意指召他是有目的的。

❺ **吾其为东周乎** 其为……乎，以疑问语气表示肯定，表示"该会是……吧"。东周，结合《八佾篇》3.14章子曰："周监于二代，郁郁乎文哉！吾从周。"《述而篇》7.5章子曰："甚矣吾衰也！久矣吾不复梦见周公！"等，孔子一心追求实现周公之道，复兴周公之道乃是他梦寐以求的目标，因此，本句释为"我将再造一个东方之周"。

【读后】

这一章可以和17.7连读。孔子满腹的才华，满腔的热血，却报国无门，因此大有急不择路的感觉。无论他向学生怎么解释，其实透露出来的，都是孔子的焦虑和急切。

## 17.6

子张问仁于孔子❶。孔子曰："能行五者于天下为仁矣❷。"
"请问之❸。"曰："恭，宽，信，敏，惠❹。恭则不侮，宽则得众，信则人任焉，敏则有功，惠则足以使人❺。"

【译文】

子张向孔子请教怎样做才算得上仁。孔子说："能够在天底下做好五件事，便可算是仁德之人了。"

子张说："请老师指教具体是哪五件事。"孔子说："恭谨庄重，宽厚包容，信实可靠，勤敏努力，慈惠仁爱。恭谨庄重就不会招致侮慢，宽厚包容就能得到大家的拥戴，信实可靠就能获得任用，勤敏努力就能有所成就，慈厚仁爱就能让人听从你的调遣。"

【释读】

❶ **子张** 孔子学生颛孙师，字子张，首见于《为政篇》2.18章。

❷ **五者** 五件事，五种品行。

❸ **之** 代词，代"五者"。

❹ **恭，宽，信，敏，惠** 恭，恭谨，庄重。宽，宽厚，包容。信，信实，可靠。敏，勤敏，勤勉。惠，慈惠，仁爱。

❺ **侮** 侮慢，欺侮轻慢。
**有功** 有成效，有成就。
**使人** 使唤人，役使人，指挥人。

【读后】

《先进篇》11.16"师也过，商也不及"、11.18"师也辟"，都是在说子张为人较为偏激。偏激的人往往刚愎自用，自信、自大、眼高手低，也往往轻忽他人，为人率性而无诚信，做事粗心而少恭敬。因此，本章是孔子针对子张的性格说的话。孔子要子张恭敬、宽容、守信、勤敏、慈惠，这样才能不招致侮慢，才能得众，也才有可能成功。

**17.7** 佛肸［bì xī］召，子欲往❶。
子路曰："昔者由也闻诸夫子曰❷：'亲于其身为不善者，君子不入也❸。'佛肸以中牟畔[pàn]，子之往也，如之何❹？"

子曰："然，有是言也。不曰坚乎，磨而不磷[lìn]；不曰白乎，涅[niè]而不缁[zī]❺。吾岂匏[páo]瓜也哉❻？焉能系而不食❼？"

### 译文

佛肸召孔子前去中牟，孔子打算前往。

子路说："从前我听老师说过：'亲身干坏事的人，君子是不会去他那里的。'佛肸凭借中牟之地反叛，老师您却要前去，该怎么看这件事呢？"

孔子说："是的，我是说过这样的话。但不是还有一种说法，坚硬的东西，磨也磨不薄；洁白的东西，染也染不黑。我难道要像一只葫芦瓜那样，白白地悬挂在那儿却不能食用吗？"

### 释读

❶ **佛肸** 中牟的邑宰。

❷ **昔者** 过去，从前。
**由** 子路自称。
**也** 语助词，起舒缓语气作用。
**闻诸夫子曰** 即"闻之于夫子曰"，诸，"之于"合音。听老师说过，在老师这里听说过。

❸ **亲于其身为不善者** 亲于其身，亲自，亲身。为，动词，做，干。不善，坏事。
**不入** 不会到他那里去。

❹ **中牟** 春秋时晋邑，故址在今河北邢台与邯郸之间，不是河南中牟。
**畔** 通"叛"，叛乱，反叛，造反。
**子之往也** 之，用在主语、谓语之间，取消句子独立性，使其成为分句。

❺ **不曰** 不是说，不是说过。

坚　坚硬。

磷　1. 读作［lín］时，字本作"粦"，"磷磷""粦粦"，水石清澈的样子。2. 读作［lìn］时，意为薄损。此处即薄损、磨薄之意。

涅　一种用作黑色染料的矿石，此处为动词，染。

缁　黑，黑色。

　　皇侃《论语义疏》引孔安国曰："言至坚者磨之而不薄，至白者染之涅不黑（一作染之于涅而不黑——引者）。喻君子虽在浊乱，浊乱不能污。"（是说最坚硬的东西磨也磨不薄，最洁白的东西染也染不黑。比喻君子即使身处污浊混乱之中，污浊混乱也不能污染他。）

❻ 匏瓜　葫芦的一种。古有甘、苦两种，苦的不能食，但可系于腰间，助人渡河泅水，还可剖开做水瓢舀水用。一说匏瓜即瓠［hù］瓜，瓠瓜幼嫩时可食，老则皮坚瓤［ráng］腐，可为笙瓠杓［sháo］壶之用，不可以食。

❼ 焉能系而不食　怎么能挂在那儿却不食用呢。意思是，我不能像那葫芦一样，只能看，却没有啥大用。或者说，我不能像那葫芦一样，只是挂在那儿看，却没有别的用途。系，意为挂、悬挂。

[读后]

在本篇17.5，孔子说："如有用我者，吾其为东周乎？"而在本章，孔子说："吾岂匏瓜也哉？焉能系而不食？"

从这两段话我们可以读出，孔子视再造一个东方之周为最大的理想；孔子不愿做一个碌碌无为的人，而希望施展自己的才华，实现自己的抱负。因此，哪怕是公山弗扰、佛肸之流，孔子也不避其恶，希望借助他们的平台去一展宏图。子路的眼光只落在公山弗扰、佛肸身上，而孔子看中的是施展抱负的平台，是能一展宏图的机会。

不过，我们也能从中看出孔子急于入世的心情，以及英雄无用武之地的悲壮。

**17.8**　子曰："由也！女［rǔ］闻六言六蔽矣乎❶？"对曰："未也。""居！吾语女❷。好［hào］仁不好学，其蔽也愚❸；好知［zhì］不好学，其蔽也荡❹；好信不好学，其蔽也贼❺；好直不好学，其蔽也

阳货篇第十七　639

绞❻；好勇不好学，其蔽也乱❼；好刚不好学，其蔽也狂❽。"

**【译文】**

孔子说："仲由！你听说过六种行为带来六种弊端吗？"子路回答说："没有听说过。"

"坐下！我来告诉你。崇尚仁德而不努力学习，就会愚直；喜欢聪明而不努力学习，就会放纵自己而不知收敛；固守诺言而不努力学习，就会造成伤害；坚守正直而不努力学习，就会尖刻伤人；崇尚勇敢而不努力学习，就会闯祸犯乱；追求刚直而不努力学习，就会狂妄自大，目中无人。"

**【释读】**

❶ **由也**　直呼子路名。

**女**　音、义同"汝"，你。

**六言六蔽**　言，可作一个字讲，也可作一句话讲，此处解为六句话为宜，因"六蔽"不是下文仁、知、信、直、勇、刚带来的，而是好仁不好学、好知不好学、好信不好学、好直不好学、好勇不好学、好刚不好学所带来的。但在翻译时，却不能直译为六句话带来什么弊端，而是六句话所说的六种行为带来什么弊端。六蔽，蔽，同"弊"，弊病，弊端，害处。六弊即下文愚、荡、贼、绞、乱、狂。

❷ **居**　坐下来。

**吾语女**　我来告诉你。语，告诉，对……说。

❸ **好**　喜爱，此处可灵活理解为崇尚，努力，追求。

**愚**　愚拙憨直。

❹ **知**　即"智"，智慧，聪明。

**荡**　放荡，放纵，恣肆狂放，放纵而不知收敛、把控。朱熹《论语集注》："荡，谓穷高极广而无所止。"（荡，是说好高骛远却不知收敛，没有边界。）皇侃《论语义疏》引孔安国曰："荡，无所适守也。"（荡，就是放

640　细读论语·下册

任自己的聪明，不能把控自己，不能收敛自己。）

曹雪芹《红楼梦》中说："机关算尽太聪明，反误了卿卿性命。"这就是，聪明反被聪明误。

❺ **信** 信实可靠，诚实守信，固守诺言。
**贼** 贼害，伤害，害人害己。

❻ **直** 正直，直率。
**绞** 尖刻伤人，尖酸刻薄。
《泰伯篇》8.2："直而无礼则绞。"

❼ **勇** 勇敢。
**乱** 祸乱，悖乱，闯祸，犯上作乱。
《泰伯篇》8.2："勇而无礼则乱。"本篇17.23："子路曰：'君子尚勇乎？'子曰：'君子义以为上，君子有勇而无义为乱，小人有勇而无义为盗。'"

❽ **刚** 刚直，刚强。
**狂** 皇侃《论语义疏》引孔安国曰："狂，妄抵触于人也。"（狂，就是狂妄自大，处处与人作对。）君子之刚，贵能御心御物，不为外界所动，知其雄而守其雌。

皇侃《论语义疏》："刚者无欲，不为曲求也。"（刚直之人没有过分的欲求，不会为了欲求而委屈自己。）林则徐有一对联：海纳百川有容乃大，壁立千仞无欲则刚。

[读后]

本篇是对人性的深刻解析。一个人如果不喜欢学习，而只是去追求仁、智、信、直、勇、刚，那么，所产生的后果便是愚、荡、贼、绞、乱、狂。单看仁、智、信、直、勇、刚，都是优良的品德，是人人崇尚、追求的高尚品德。但是，要具有这些优良的品德，必须不断学习，在学习中努力修炼，提升自我道德修养。没有丰富的学识涵养，优良的品德就会走向它的反面。

孔子的六言六蔽，句句都是在批评子路。子路好仁、好智、好信、好直、好勇、好刚，就有一点不好：不喜欢学习，因此，孔子时时敲打他，提醒他，鞭策他。最终，子路惨死于卫国之乱，死在自己的品行软肋之下。

曾国藩说："唯有读书能改人之性。"这句话，足以帮助我们理解孔子的六言六蔽之说。

## 17.9

子曰："小子何莫学夫《诗》❶？《诗》，可以兴，可以观，可以群，可以怨❷。迩[ěr]之事父，远之事君❸；多识于鸟兽草木之名❹。"

**【译文】**

孔子说："弟子们为何不好好去学习《诗》呢？《诗》，能激发思想感情，能提高观察力，能培养人的团队意识，教会如何与人相处，能提升分析、判断社会现象的能力，评说、针砭时弊。近可以更好地侍奉父母，远可以更好地侍奉君主；还能更多地了解鸟兽草木的名称种类特性。"

**【释读】**

❶ **小子** 弟子们。孔子对弟子们的称呼。
**何莫** 莫，不。何莫即"何不"。一说，"莫"指没有人，没有谁。
**夫** 句中语助词。
**《诗》** 特指《诗经》。

❷ **兴** 感发，联想，活跃思维，激发思想情感。此处指激发人的思想情感。优秀的诗歌都是有感而发，读诗可以使人感动，激起爱憎情感，并在潜移默化中陶冶情操。
**观** 观察，观察社会，可以提高人的观察能力，培养人善于观察的能力。皇侃《论语义疏》引郑玄曰："观风俗之盛衰。"（观，就是观察社会变迁，民风世情。）
**群** 合群，团结，学会与人相处，有团队意识、团队精神。
**怨** 即评说、针砭时弊，分析社会现象，对社会现象、时局进行分析、评判。

❸ **迩** 近,近处。

❹ **识** 认识,了解。一说"识"读为[zhì],记,记住。
**鸟兽草木之名** 意指各类鸟兽草木的名称、种类、特性,不仅仅指名称。

**读后**

孔子实际上是在谈艺术的功能。"兴",能激发思想感情;"观",能提高观察力;"群",能培养人的团队意识,教会人如何与人相处;"怨",能提升分析、判断社会现象的能力,评说、针砭时弊。可以更好地侍奉父母,可以更好地侍奉君主;还可以顺带了解更多的鸟兽草木的名称种类及特点特性。孔子的艺术观,不是形而上的思辨,而是把艺术根植于社会生活之中。可以说,孔子所强调的,是艺术的社会功能,而非审美功能。这也是孔子一贯的艺术观。

**17.10** 子谓伯鱼曰:"女[rǔ]为《周南》《召[shào]南》矣乎❶?人而不为《周南》《召南》,其犹正墙面而立也与[yú]❷?"

**译文**

孔子对儿子伯鱼说:"你认真研读《周南》《召南》了吗?一个人如果不好好研究《周南》《召南》,恐怕就会像面对着墙站立一样,一无所见,寸步难行吧。"

**释读**

❶ **女** 即"汝",你。
**为** 在此指学习、研究、研读、研习。
**《周南》《召南》** 《诗经》十五国风之首二篇名,其中,《周南》有十一首诗,《召南》有十四首诗。二《南》皆以地域为名,"周南"大略在汉水流域东部,今陕西、河南之间直到湖北,"召南"约在汉水流域西部,今河南、湖北之间。

阳货篇第十七 643

❷ **其犹** 大概就如同。其，表推测，大概，或许。犹，如，如同。

**正墙面而立** 正面对着墙站立，比喻无见识，无前途。面，面对，动词。朱熹《论语集注》："正墙面而立，言即其至近之地，而一物无所见，一步不可行。"（正面墙而立，意思是正如你走到墙跟前的地方一样，一无所见，寸步难行。）《尚书·周官》："不学墙面，莅事惟烦。"（人要是不学习，就像面墙而立，一无所见，一步难行，临事就会烦乱不断。）与此意同。

### 【读后】

三纲开始于夫妇。《周易·序卦传》说："有夫妇然后有父子，有父子然后有君臣。"夫妇这一纲既然如此重要，就必须有序而不乱，成为家庭、社会安定的基础，所以先王教化以夫妇为开端。据《毛诗》序说，《国风》里的诗有正风与变风的不同，《周南》《召南》讲夫妇之道的诗篇最多，可以风天下，正夫妇，称为正风，实为人伦教化之本。普通人不学，不能齐家，为人君不学，不能治国平天下，所以孔子告诉伯鱼，不能不学二《南》。

这一章，依然在强调艺术的社会功能、教化功能。

## 17.11

子曰："礼云礼云，玉帛云乎哉❶？乐[yuè]云乐云，钟鼓云乎哉❷？"

### 【译文】

孔子说："所谓的礼啊，难道仅仅指的是玉帛之类的礼品吗？所谓的乐啊，难道仅仅指的是钟鼓之类的乐器吗？"

### 【释读】

❶ **礼云礼云** 云，可作助词和代词。用作助词时，用于相同的两个语词后面，表示对所述事物的强调。可译为"所谓"。《后汉书·曹褒传》"礼云礼云，曷其然哉！"不少注家释"云"为动词"说"，不从。

**玉帛** 玉，圭璋之类的玉器。帛，丝织品的总称。玉帛为古代祭祀、会盟、征聘贤士时所用的祭品或珍贵礼物。

❷ **乐** 音乐。

**钟鼓** 演奏音乐时所用的乐器之类。

**|读后|**

朱熹《论语集注》引程子曰:"礼只是一个序,乐只是一个和。只此两字,含蓄多少义理。天下无一物无礼乐。且如置此两椅,一不正,便是无序。无序便乖,乖便不和。又如盗贼,至为不道,然亦有礼乐。概必有总属,必相听顺,乃能为盗,不然,则叛乱无统,不能一日相聚为盗也。礼乐无处无之,学者要须识得。"

程颐说:"礼就是秩序规矩,乐就是和谐。仅此两个字,就包含了多么深刻的道理。天底之下没有一件事没有礼乐存在。比如这儿有两把椅子,其中一把椅子不正,这就没有秩序。没有秩序就别扭乖张,别扭乖张就不和谐。比如,强盗是最无道的坏人,但他们也有'礼乐'。因为他们之中必须有一个统领头目,下面的人必须懂得服从统领或头目的,才能纠集在一起去打家劫舍,否则,就会乱作一团,各行其是,一天也不能聚集为盗。礼乐无处不在,学人须深知这一点。"

礼乐无处不在,治国安邦,企业管理,家庭和睦,都离不开礼乐。

礼乐如此重要,但是,礼就仅仅是礼尚往来那点小恩小惠?乐只是钟鼓琴瑟那点热热闹闹?孔子说,透过现象,去看看礼乐的本质!

## 17.12

子曰:"色厉而内荏[rěn]❶,譬诸小人❷,其犹穿窬[yú]之盗也与[yú]❸?"

**|译文|**

孔子说:"外表威严而内心怯懦,用小人来比喻,大概就像那种挖洞越墙的小偷吧。"

【释读】

❶ **色厉内荏** 色，面目表情。厉，威严，严厉。色厉即外表威严。荏，柔弱，怯懦。内荏即内心怯懦。成语"色厉内荏"典出于此。

❷ **诸** "之于"合音，譬之于小人，也就是用小人来作比。

❸ **穿窬之盗** 穿，穿孔，打洞，此处指挖洞。窬，《王力古汉语字典》："通'逾'。逾越。"并以本章此句为例。

【读后】

小偷是什么心态？表面上胆大妄为，实则心虚胆怯。这就是做贼心虚。用挖洞越墙的盗贼来比喻色厉内荏之人，生动形象。

真正强大的人，根本无须咋咋呼呼，虚张声势，装腔作势，装神弄鬼。

子曰："乡愿，德之贼也❶。" **17.13**

【译文】

孔子说："那种不论是非，不讲原则，八面玲珑，四处逢迎的好好先生，是道德的破坏者。"

【释读】

❶ **乡愿** 指社会上那种不论是非，不讲原则，处处讨好卖乖，外表道貌岸然，实则欺世盗名的人。貌似忠厚谨慎，实际是没有节操、原则的所谓老好人。
**贼** 损害，破坏，败坏。

【读后】

一个人要有自己的立场、原则、底线，始终如一，坚定不屈。如果所有的人都说他好，这样的人就要警惕了。这种人往往没有立场，没有原则，也就没有任何底线，是典型的好好先生。而这种好好先生，就是"乡愿"——德之贼。

乡愿追求八面玲珑，四平八稳，一团和气，谁也不得罪，其实是典型的伪君子。满脸堆笑，对谁都好，对谁都谦恭，对谁都温和，没有原则，没有底线，在原则性的问题上和稀泥，对所有的人说贴心的话，其实就是良知与真诚的背叛者，是道德的破坏者。鲁迅把这种人称为"叭儿狗"："它却虽然是狗，又很像猫，折中，公允，调和，平正之状可掬，悠悠然摆出别个无不偏激，惟独自己得了'中庸之道'似的脸来。"（《论"费厄泼赖"应该缓行》）

## 17.14　子曰："道听而涂说，德之弃也[1]。"

【译文】

孔子说："在道路上听到就马上在道路上传播，这种行为，是道德的垃圾（弃物）。"（孔子说："道听途说的行为，是有德之人所唾弃的。"）

【释读】

[1] **道听而涂说**　涂，同"途"。说，此处指传播，散布。皇侃《论语义疏》引马融曰："闻之于道路，则传而说之也。"（在道路上听说了，就马上传播出去。）

**德之弃**　为道德所弃。

【读后】

有人说，任何一个想要有所作为的人都应该认真思考这一章，无论是商人、管理者，还是学者、艺术家。可以做到彻底摒弃"道听途说"，就是真诚与独立判断的开始，这是一种良好的趣味和品质。

阳货篇第十七　647

## 17.15

子曰:"鄙夫可与事君也与[yú]哉❶?其未得之也,患得之❷。既得之,患失之❸。苟患失之,无所不至矣❹。"

**【译文】**

孔子说:"一个鄙陋浅薄的人,你能够和他一道侍奉君主吗?当他还没有得到职位时,他会为能否得到职位而忧虑。当他得到职位后,他又担心失去这个职位。而假如担心失去已得到的职位,就会什么事都干得出来了。"

**【释读】**

❶ **鄙夫** 鄙陋浅薄之人,庸俗浅陋之人。可与事君,即"可与(之)事君",能够一同侍奉君主(指一起共事)。
**也与哉** 惯用词组,由语气词"也""与"和"哉"连用组成。用于句尾,主要表示反问和感叹的语气。可译为"(是)……吗?""吗"等。

❷ **其未得之也** 其,在此作指示代词,他。当他在还没有得到职位的时候。
**患得之** 患,担忧,忧虑。得之,得到它(职位、利益),意为担心能否得到它,能否得到职位(利益)。杨伯峻《论语译注》认为,"患得之"就为"患不得之"。可参考。

❸ **既** 已经。

❹ **苟** 假如。
**无所不至** 没有什么做不到的,即什么非分的事都能干得出来。

**【读后】**

患得患失,不择手段,醉心于功名利禄的人,其心态、其结果莫过于此。

一个人,如果把追求官职或物质利益作为人生目标,就容易变得患得患失,其中甚者,有可能导致其道德沦丧而丧心病狂。孔子说,要远离这种丧心病狂的人。

## 17.16

子曰:"古者民有三疾,今也或是之亡[wú]也❶。古之狂也肆,今之狂也荡❷;古之矜也廉,今之矜也忿戾[lì]❸;古之愚也直,今之愚也诈而已矣❹。"

【译文】

孔子说:"古时候的人有三种缺点,现在的人或许连这三个缺点都没有了。古时候的人狂放而不拘小节,现在的人狂放而放纵不拘,无所不为;古时候的人自尊自大,锋芒毕露,现在的人自尊自大而蛮横无理;古时候的人愚笨而简单率真,现在的人愚笨却虚伪欺诈,如此而已。"

【释读】

❶ **古者** 古时候。
**民有三疾** 民,泛指人,非特指老百姓。疾,在此指缺点、毛病。
**是之亡** 是,这种,这些(缺点),作"亡"的宾语。之,宾语提前标志,不译。亡,同"无",没有。

❷ **狂** 狂放,狂妄。
**肆** 指将力量、才智充分表现出来。还可释为释放天性,不拘小节。
**荡** 放纵而无底线。

❸ **矜** 矜持,自尊自大。
**廉** 本指堂屋的边缘,由于边缘有棱角,引申为品格上的方正,正直,锋利,在此指锋芒毕露,为人方正,刚正,不可触犯。
**忿戾** 愤怒乖戾,恼怒凶暴。

❹ **愚** 愚笨。
**直** 简单直率,坦率朴直。
**诈** 奸诈,欺骗,虚伪欺诈。
**而已矣** 如此而已。感叹词连用,加强语气。

【读后】

古代的人有三个毛病，狂而肆，矜而廉，愚而直，但是，至少他们真，连毛病都那么真。而今天有些人连这三个毛病都没有了，只剩下狂而荡，矜而忿戾，愚而诈。

唐翼明《论语诠解》说："今天的'狂'是胡说八道，什么话都敢讲，不读书都敢批评圣贤；今天的'矜'是什么都看不惯，什么都乱骂一通，所谓愤青、愤老就是这样的；今天的'愚'是不懂装懂，到处骗人，还自以为聪明得计。呜呼，哀哉！"

子曰："巧言令色，鲜矣仁。" **17.17**

【译文】

孔子说："嘴说着讨人喜欢的话语，满脸堆着讨人喜欢的面色，这样的人，很少有仁德啊！"

【释读】

本章重出。见《学而篇》1.3。

子曰："恶［wù］紫之夺朱也❶，恶郑声之乱雅乐［yuè］也❷，恶利口之覆邦家者❸。" **17.18**

【译文】

孔子说："憎恶用杂色的紫色取代正色的大红色；憎恶郑国的靡靡之音扰乱正统的雅乐；憎恶巧言善辩之人危害国家。"

【释读】

❶ **恶** 讨厌，厌恶，憎恶。

**紫之夺朱** 《乡党篇》10.6"红紫不以为亵服。"（不用红色、紫色做平常居家时的衣服颜色。）古代，红、朱色均为很贵重的颜色，红是浅红，朱是大红，为正色。红与朱是正服之色，而紫虽近红，但属间色、杂色。春秋时期，鲁桓公、齐桓公都喜欢穿紫色衣服，孔子认为这是破坏礼制的行为。夺，取代，替代。

❷ **郑声** 郑声为靡靡之音，易使人沉沦。《礼记·乐记》："郑卫之音，乱世之音也，比于慢矣。"

**乱** 扰乱。

**雅乐** 正乐，正统音乐。

❸ **利口** 巧言善辩，多言少实。

**覆** 倾覆，灭亡。

【读后】

朱熹《论语集注》引范氏（范祖禹）曰："天下之理，正而胜者常少，不正而胜者常多，圣人所以恶之也。利口之人，以是为非，以非为是，以贤为不肖，以不肖为贤。人君苟悦而信之，则国家之覆也不难矣。"朱熹引用范祖禹的话说，天下之理，以正胜邪的时候往往少，而以邪胜正的时候往往更多，所以圣人对此深恶痛绝。巧言善辩之人，把是说成非，把非说成是，把贤说成不贤，把不贤说成贤。一国之君假如喜欢这种人而相信他们的鬼话，那么，国家的灭亡也就不是什么难事了。

**17.19** 子曰："予欲无言❶。"子贡曰："子如不言，则小子何述焉❷？"子曰："天何言哉？四时行焉，百物生焉，天何言哉❸？"

阳货篇第十七 651

| 译文 |

孔子说:"我真想不再说话了。"子贡说:"老师您如果不说话,弟子们学习遵循什么呢?"孔子说:"上天说什么了吗?四季循序在那儿运行,万物顺时在那儿生长。上天说什么了吗?"

| 释读 |

❶ **予** 我。
**无言** 不说话,无话可说。

❷ **子** 您,对孔子的尊称。
**小子** 弟子们。
**述** 遵循。在本章中释为"学习遵循"。

❸ **四时行焉** 四时,春夏秋冬四季。行,运行。
**百物生焉** 百物,也即万物。生,生长。
　　四季循序运行,万物顺时而生,意为,上天并未言语,而四季照常运行,万物照常生长。

| 读后 |

老子《道德经》第二章:"圣人处无为之事,行不言之教。"(圣人安于无为之事,推行不言之教。)第四十三章:"不言之教,无为之益,天下希及之。"(不言之教,无为之益,天下很少有人能做到。)

无为,并非躺平不作为,而是按规律行事,顺势而为,而非强行干预,强行改变。无言,并非一言不发,而是在说,别老盯着我说的话,而要放眼天下,去发现宇宙万物的规律,顺应规律,按规律行事。上天一言不发,而四季循序运行,万物顺时生长,万物之中有玄机,我们要从中细细领悟。正如佛祖拈花,迦叶微笑,都是禅机,何须多言。下一章"孺悲欲见孔子",也许正是"不言之教"的最好注脚。

另外,孔子不想说话,似乎还透出一丝情绪,这就是,孔子对世道的失望与无奈。孔子说,我啥也不说了,说了也没用,就让一切顺其自然吧。

## 17.20

**孺悲欲见孔子，孔子辞以疾❶。将命者出户，取瑟而歌，使之闻之❷。**

【译文】

孺悲想拜见孔子，孔子以有病为由推辞不见。当传话的人走出房门，孔子便拿出瑟来，弹琴唱歌，故意让孺悲听到弹瑟唱歌的声音。

【释读】

❶ **孺悲** 《礼记·杂记下》："恤由之丧，哀公使孺悲之孔子学士丧礼，《士丧礼》于是乎书。"（恤由去世，要办丧事，鲁哀公派孺悲到孔子那里去学习有关士丧礼的礼仪，于是《士丧礼》被记录成书。）恤由和孺悲都是鲁国人。

**辞以疾** 即"以疾辞"，称病推辞，以生病为托词，推辞见他。

❷ **将命者** 传达口信的人，传话的人。

**出户** 走出户门。

**使之闻之** 第一个"之"指代孺悲，第二个"之"指代弹瑟唱歌的声音。让孺悲听到弹瑟唱歌的声音。

【读后】

清孙希旦《礼记集解》引郑氏（玄）曰："时人转而僭上，士之丧礼已废矣，孔子以教孺悲，国人乃复书而存之。"这段话的意思是，当时的人都转而纷纷僭越权位，士人阶层所从事（掌握）丧礼礼仪已经被废止冷落，孔子把这套礼仪传授给孺悲，鲁国国人才得以把它记录保存下来。可见，孺悲是曾经跟孔子学习过丧礼的学生，至于孔子为什么称病不见孺悲，史料中却没有记载。也许，正如朱熹《论语集注》引程子曰："此孟子所谓不屑之教诲，所以深教之也。"（这也就是孟子所说的不屑于去教诲的那一类型，所以是更深层次的教诲。）

我们不必过度猜测孔子为何不见孺悲，但可以看到的是，孔子做人做事不遮遮掩掩，而是直截了当，坦然直率，不玩阴的。这并不是每一个人都能做得到的。

宰我❶问："三年之丧，期已久矣❷。君子三年不为礼，礼必坏；三年不为乐［yuè］，乐［yuè］必崩❸。旧穀既没，新穀既升，钻燧改火，期［jī］可已矣❹。" 17.21

子曰："食夫稻，衣夫锦，于女［rǔ］安乎❺？"

曰："安。"

"女［rǔ］安，则为之！夫君子之居丧，食旨不甘，闻乐［yuè］不乐［lè］，居处不安，故不为也❻。今女［rǔ］安，则为之！"

宰我出。子曰："予之不仁也！子生三年，然后免于父母之怀❼。夫三年之丧，天下之通丧也❽，予也有三年之爱于其父母乎❾！"

### 译文

宰我问孔子说："为父母守孝三年，丧期也太久了。君子如果三年不习礼，礼制定会败坏；三年不演奏音乐，音乐定会荒废。陈年的稻谷已经吃完了，新的稻谷又已经成熟，取火的木头都已经轮换一回了，一周年的丧期也就够了。"

孔子说："吃着大米饭，穿着锦缎衣，对你来说心安吗？"

宰我说："心安。"

孔子说："你心安，就去做吧！君子守孝，吃着味美的食物不觉得甘甜，听着美妙的音乐不觉得开心，住在家里不觉得安适，所以不会去那样做。现在你觉得心安，你就去做！"

宰我退出去。孔子说："宰予真是不仁啊！儿女生下来三年，才能脱离父母的怀抱。为父母守孝三年，是天底下通行的丧礼，宰予对他的父母有三年的爱吗！"

### 释读

❶ **宰我** 名予，字子我，文中"予"皆指宰我。

❷ **三年之丧** 古代父母去世，儿女要守孝三年，服丧期间，饮食粗简，沉浸于哀思，停止一切娱乐活动。
**期** 时间，丧期。

654　细读论语・下册

❸ **不为礼**　为，此处作"习"解，学习，履行，讲习。
**礼必坏**　礼制一定会败坏（毁坏）。
**为乐**　演奏音乐。
**崩**　荒废。

❹ **旧谷既没**　陈年的稻谷已经吃完了。旧谷（谷），陈年的稻谷。既没，已经吃完了。
**既升**　此处指已经成熟。
**钻燧改火**　古代用钻木取火的方法，被用来钻燧取火的木头，四季不同，所谓"春取榆柳之火，夏取枣杏之火，季夏取桑柘［zhè］之火，秋取柞［zuò］楢［yóu］之火，冬取槐［huái］檀［tán］之火。一年之中，钻火各异木，故曰'改火'也。"（皇侃《论语义疏》引马融语。）
**期可已矣**　期，同"朞"［jī］，朞的含义一指一周年，二为一整月。此处指一周年的丧期。

❺ **食夫稻**　稻，古代北方以稷（小米）为主粮，水稻和粱（精细的小米）属上等米粮，是珍品，一般人吃不上。夫，句中语助词，舒缓语气，不译出；下文"衣夫锦"之"夫"同。
**衣夫锦**　衣，此处作动词，穿（衣），穿着。锦，指花纹精致典雅、色泽瑰丽的丝织品，这里指用这种丝织品做的衣服。服丧期间，只能穿无彩饰的麻衣，不能穿锦衣。
**于女安乎**　对你来说心安吗？女，即"汝"，你。

❻ **夫**　句首语气助词，发语词，表示要发议论。
**君子之居丧**　君子的守孝。之，结构助词，放在主谓之间，取消句子独立成分。居丧，服丧，守孝。
**食旨不甘**　吃着味美的食物却不觉得甘甜。旨，本为形容词，味美，此处用作名词，味美的食物。甘，香甜。
**闻乐不乐**　听着美妙的音乐却不觉得快乐。第一个"乐"读作［yuè］，音乐。第二个"乐"读作［lè］，快乐，开心。
**居处不安**　日常起居（住在家里）也不觉得安适、舒适。
**故不为也**　所以不会去那样做。

❼ **子** 古时泛指儿女。
**免于父母之怀** 脱离父母的怀抱。

❽ **夫三年之丧** 那三年的丧期，那为父母守孝三年的丧礼。
**天下之通丧也** 是天下通行的丧礼，普遍实行的丧礼。

❾ **予也有三年之爱于其父母乎** 即"予也于其父母有三年之爱乎"。予，宰予。也，句中语助词，表停顿。于其父母，对待他的父母。

【读后】

其实，孔子在这里是在强调情感因素所带来的仁德危机。宰我提出的问题并没有错，但孔子似乎看到宰我提出这一问题的根基有问题，或者是怀疑宰我提出这一问题的出发点有问题，所以才如此生气。

宰我说的是"三年之丧"这种形式是不是需要修改了，因为，如果不改，礼会坏，乐会崩。

但孔子不这么认为。他担心人们去探讨这一形式问题，会进而动摇仁德这一根基。在这一章中，孔子是站在情感基础上来讲的。在《论语》前几篇较为集中的关于"孝悌"的讨论中，孔子的立足点却并非是在"情感角度"，而是把"孝悌"作为"仁"的根基来思考的，是理性的思考。

所以，本章表面看是在说一种形式上的东西，但孔子却从这一现象感觉到其深层的问题。在礼崩乐坏的现实面前，孔子有点神经过敏，或者说，有一种危机四伏的诚惶诚恐。只是，宰我运气不好，成了他借题发挥的对象，倒不是有人说的那样，孔子对宰我有成见。孔子还不至于如此心胸狭窄。

## 17.22

子曰："饱食终日，无所用心，难矣哉❶！不有博弈者乎❷？为之，犹贤乎已❸。"

【译文】

孔子说："一天到晚吃得饱饱的，却什么事也不管不干，这样下去，难以成器啊！不是有六博围棋这样的游戏吗？去玩玩这些游戏，也比什么都不干强。"

**【释读】**

❶ **饱食终日** 一天到晚吃得饱饱的，形容不动脑筋，不干什么正经事，无所事事。"饱食终日"已成人人熟知的成语。
**无所用心** 没有用心的地方，即什么事也不管不干。
**难矣哉** 难以成器啊，难以有所成就啊。难，难有所成，难以成器。

❷ **不有** 不是有，不是还有。
**博弈** 博，六博，一种棋局游戏，双方各有六棋，以黑、白为别，先掷色子，然后走棋。弈，围棋。

❸ **为之** 去玩玩这样的游戏。
**犹贤乎已** 犹，还。贤，胜过，超过。乎已，介宾词组，作补语，"乎"为介词，于；"已"，止，不做，这里指什么都不干。

**【读后】**

本章可与《卫灵公篇》15.17子曰："群居终日，言不及义，好行小慧，难矣哉！"并读。

一天到晚言不及义，是不可取的，一天到晚无所用心，那就更糟糕。一个人只要活着，总要做点事，哪怕退休了，也要找点自己能够做又喜欢做并且还有点意义的事情做做，不然就要得老年痴呆症了。

有人说，我们现在的人，30岁就死了，80岁才埋。也许，说的就是这样的人。

**17.23** 子路曰："君子尚勇乎❶？"子曰："君子义以为上❷，君子有勇而无义为乱，小人有勇而无义为盗❸。"

【译文】

　　子路说:"君子崇尚勇敢吗?"孔子说:"君子把合于道义作为最高准则,君子只有勇敢没有道义,就会犯上作乱,小人只有勇敢没有道义,就会沦为盗贼。"

【释读】

❶ 尚　崇尚,尊崇,追求。

❷ 君子义以为上　即"君子以义为上",义,道义,合于道义。上,最高准则,最高标准。

❸ 乱　犯上作乱。
　 盗　盗贼。

【读后】

　　"勇"需要"义"的限定、约束,缺少约束节制的"勇"容易生乱。子路尚勇,却缺少约束节制。因此,孔子告诉子路,君子把合于道义作为最高准则,这是勇的前提,而不是只讨论勇与不勇。君子只有勇敢没有道义,就会犯上作乱,小人只有勇敢没有道义,就会沦为盗贼。

　　孔子一次又一次警告子路,千万别逞匹夫之勇。可惜,子路最终还是没有听进去,最后惨死于乱刀之下。

## 17.24

　　子贡曰:"君子亦有恶［wù］乎❶?"子曰:"有恶:恶称人之恶［è］者❷,恶居下流而讪［shàn］上者❸,恶勇而无礼者,恶果敢而窒者❹。"

　　曰:"赐亦有恶乎❺?""恶徼［jiāo］以为知［zhì］者❻,恶不孙［xùn］以为勇者❼,恶讦［jié］以为直者❽。"

【译文】

　　子贡说:"君子也有憎恶的吗?"孔子说:"有憎恶的:憎恶到处传播别人短处的人,憎恶身居下位却毁谤上位者的人,憎恶勇敢却不遵守礼制的人,憎恶果决敢为却固执而不知变通的人。"

　　孔子接着问子贡:"子贡你也有憎恶的吗?"子贡回答说:"憎恶把抄袭别人成果当作聪明的人,憎恶把傲慢不逊当作勇敢的人,憎恶把攻击别人短处、揭人隐私当作正直的人。"

【释读】

❶ **恶** 憎恶,憎恨,讨厌。

❷ **恶称人之恶** 前一"恶"读作[wù],憎恶,憎恨,厌恶。后一"恶"读作[è],坏的地方,丑恶的地方。称,传播,宣扬。

❸ **居下流** 居,处,身处。下流,即下位。《子张篇》19.20 "是以君子恶居下流,天下之恶归焉"。
　　**讪** 讥讽,讽刺,诋毁。皇侃《论语义疏》引孔安国曰:"讪,谤毁也。"即毁谤,诽谤,诋毁。

❹ **果敢** 当机立断,敢做敢为,果断坚决。
　　**窒** 许慎《说文》:"窒,塞也。"阻塞,不通,引申为固执,不知变通,顽固不化。

❺ **赐** 即子贡。此问为孔子所发,因此直呼子贡之名。

❻ **徼** 多音字,此处读为[jiāo],意为抄袭,窃取,剽窃。皇侃《论语义疏》引孔安国曰:"徼,抄也。抄人之意以为己有之。"(徼,就是抄袭。抄袭别人的成果据为己有。)
　　**知** 即"智",聪明,智慧。

❼ **孙** 音、义同"逊"。

阳货篇第十七　659

❽ 讦　攻击别人的短处，揭发别人隐私。
　　直　直率，正直。

**【读后】**

《里仁篇》4.3子曰："唯仁者能好人，能恶人。"孔子并非"乡愿"似的好好先生。他有爱有憎，爱憎分明，不会去"爱一切人"。我们想一想，孔子和子贡所憎恶的人和事，在我们身上有吗？在我们身边有吗？

子曰："唯女子与小人为难养也❶，近之则不孙［xùn］，远之则怨❷。"　　17.25

**【译文】**

孔子说："只有女人和小人难以相处，太亲近他们，便会无礼；太疏远他，又会心生怨恨。"（只有女人和小人难以相处，亲近则恃宠而骄；疏远则心生怨气。）

**【释读】**

❶ **唯女子与小人为难养也**　唯，只有。女子，即本义，女人，妇人。小人，即本义，与"君子"相对的那一类人，品格低下，目光短浅，胸无大志之人。养，供养、养护、保持、共同相处，也有"教育"义。但在本章中，"养"的含义应结合下文来释读，故以"相处"义释读为宜。

❷ **近之则不孙**　近，在此为动词，接近，亲近。孙，音、义同"逊"。
　　**远之则怨**　远，此处作动词，疏远。怨，怨恨。

**【读后】**

其实，在我们的成语里面，还有大量关于女人、妇人的话题。比如，妇人之见，妇人之仁，妇道人家，女人头发长，见识短等等。随着社会的发展，文明的进步，女性的社会地位也越来越高。

但是，我们不能拿现在的观念去看两千五百年前孔子的这句话，去评说这句话是不是在歧视妇女，应当站在孔子的立场去看待，去思考，而不是想方设法去为孔子辩护，去找理由给孔子圆场。

## 17.26　子曰："年四十而见恶［wù］焉，其终也已❶。"

**【译文】**

孔子说："一个人到40岁还被人憎恶，恐怕他这辈子也就算完了吧。"

**【释读】**

❶ **年四十**　即到40岁。

**见恶**　被憎恶、被厌恶。见，助动词，表被动，义为"被"。恶，憎恶，厌恶，讨厌。

**其终也已**　其，大概，恐怕，表推测语气。终，完，结束，到此结束。也已，惯用句末语气词，相当于"了""是……了""了啊"。

**【读后】**

还记得本篇第一章的内容吗？我们设想一下，如果阳货对孔子说的那些话不是阳货说的，而是一个正人君子说的，会是怎样的结果？在《卫灵公篇》15.23，孔子曾说："君子不以言举人，不以人废言。"如果我们用这样的态度来看阳货对孔子说的话，就会发现这些话其实是很有道理的。尤其是最后那一句："日月逝矣，岁不我与。"更是如警钟长鸣，时时提醒着我们，要抓紧时间，修炼自己，积极投身到社会，为社会做贡献。

孔子曰鳳兮鳳兮何德之衰往者不可諫來猶可追已而已矣今之從政者殆而孔子下欲與之言趨而辟之不得與之言長沮桀溺耦而耕孔子過之使子路問津焉長沮曰夫執輿者為誰子路曰為孔丘曰是魯孔丘與曰是也曰是知津矣問於桀溺桀溺曰子為誰曰為仲由曰是魯孔丘之徒與對曰然曰滔滔

# 微子篇第十八

微子去之箕子為之奴比干諫而死孔子曰殷有三人焉柳下惠為士師三黜人曰未可以去乎曰直道而事人焉往而不三黜枉道而事人何必去父母之邦齊景公待孔子曰若季氏則吾不能以季孟之間待之曰吾老矣不能用也孔子行齊人歸女樂季桓

微子去之❶，箕[jī]子为之奴❷，比干[bǐ gàn]谏而死❸。孔子曰："殷有三仁焉。"  18.1

【译文】

微子离开了商纣王，箕子做了纣王的奴隶，比干强谏被纣王杀死。孔子说："殷商有三位仁人。"

【释读】

❶ **微子** 纣王的同母兄，但出生时，其母只是帝乙的妾，后来才立为正妻。纣是其母立为正妻后生的，所以纣获得立嗣的正统地位而继承了帝位，微子则被封为子爵。纣王无道，微子屡谏不听，遂隐居荒野。

**去之** 去，离开。之，他，指纣王。

❷ **箕子** 纣王的叔父，曾多次劝说纣王，纣王不听。箕子为求自保，遂披发装疯，被降为奴隶。

**为之奴** 给他（纣王）做奴隶。

❸ **比干** 纣王的叔父，强谏纣王，纣王大怒，说："我听说圣人的心有七个孔，真是这样吗？"于是将比干剖胸挖心。

**谏** 下对上的直言规劝，如臣对君，子对父，晚辈对长辈。

【读后】

这是在给后面的内容做一个概括。当面对乱世，面对昏君，面对难以施展抱负才华的世道，那些有品格的人都是怎么做的？隐居？"愚不可及"的装傻？还是"硬刚"？且看下文一一分解。

柳下惠为士师，三黜[chù]❶。人曰："子未可以去乎❷？"曰："直道而事人，焉往而不三黜❸？枉道而事人，何必去父母之邦❹？"  18.2

### 【译文】

柳下惠担任士师,多次被免职。有人说:"您不能够离开吗?"柳下惠说:"遵守正直之道去侍奉人君,到哪儿去不会被多次免职呢?不坚守正直之道去侍奉人君,为何定要离开生我养我的地方呢?"

### 【释读】

❶ **为** 做,任。
**士师** 古代掌管司法刑狱的官员。
**黜** 废除,贬退,罢免。"三黜"即多次被罢免、多次被免职。

❷ **子未可以去乎** 子,您,对对方的尊称。未,不。去,离去,离开。

❸ **直道** 正直之道,此指遵循正直之道,以正直之道。
**事人** 侍奉人,侍奉人君。
**焉** 哪儿,哪里。

❹ **枉道** 不正直之道,不坚守正直之道。
**父母之邦** 生我养我的地方、国家,生我养我的祖国。

### 【读后】

柳下惠可不仅仅是我们熟知的"坐怀不乱"的那个柳下惠,他还正直,刚正不阿,更重要的是,他还智慧而通达,不钻牛角尖。看透了游戏规则,也深知自己的角色定位。他很明白,照他的性格,被罢官是常态,他接受这个现实。三黜而不悔,并非他皮糙肉厚,并非他特能隐忍,而是他活得通透,看得明白。有人劝他说,为啥不离开乌七八糟的官场呢?他说,直道而行,到哪儿为官都可能被罢官。而如果想要苟且偷生,在哪儿又不是一样的呢,又何必远离生我养我的地方?

柳下惠是在告诉我们,要坚持正道,不苟且,不妥协,同时要做好心理准备,调整好心态,坦然接受由此而来的代价。

**齐景公待孔子曰**[1]：**"若季氏，则吾不能**[2]**；以季、孟之间待之**[3]**。"** 18.3
**曰："吾老矣，不能用也**[4]**。"孔子行**[5]**。**

### 【译文】

齐景公在谈到如何对待孔子时说："如果按照鲁君对待季氏那样的规格来对待孔子，那我做不到；就按照季氏和孟氏之间的待遇来对待孔子。"后来，齐景公说："我老了，不能有什么作为了。"于是，孔子离开了齐国。

### 【释读】

[1] **待** 对待，待遇。

[2] **若季氏** 如果按照对待季氏那样的规格。
**则吾不能** 那么我做不到，或者说，不能这样做。

[3] **以季、孟之间待之** 按介于季氏与孟氏之间的规格、待遇来对待孔子。当时鲁国的三卿之中，季孙氏为上卿（司徒），权位最高，孟孙氏为下卿（司空）。

[4] **不能用** 我没有什么作为了。

[5] **孔子行** 孔子离开了齐国。

### 【读后】

据司马迁《史记·孔子世家》记载，孔子35岁时，季平子和郈［hòu］昭伯因为斗鸡的事情冒犯了鲁昭公，鲁昭公率军攻打季平子，而季平子与孟孙氏、叔孙氏三家联合起来反击鲁昭公，鲁昭公被打败，逃到齐国，齐国让鲁昭公住在乾侯。此后不久，鲁国内乱。孔子也随之离开鲁国到了齐国，给高昭子当家臣，通过高昭子见到齐景公。齐景公曾向孔子询问如何治理国家，孔子说："做国君的要像国君，做大臣的要像大臣，做父亲的要像父亲，做儿子的要像儿子。"齐景公说:"讲得好呀!要是国君不像国君,大臣不像大臣,父亲不像父亲,儿子不像儿子,那么即使有粮食,我能够吃得上吗!"孔子所讲,并非齐景公所解,大有鸡同鸭讲的感觉。这就为孔子想在齐国推行自己的主张埋下了难以成功的伏笔。

另有一次,齐景公又向孔子询问如何治理国家,孔子说:"治理国家重在节省财力。"齐景公很高兴,想把尼豀[xī]的一块领地封给孔子。这时候,晏婴向景公进谏说:"儒学之人巧舌如簧,不能成为效法的对象;他们狂妄自大自以为是,不甘于居于下位;推崇丧事仪礼,倾家荡产也要追求厚葬,不能让这种做法成为民风;他们到处游说求官,不能让这样的人来治理国家。自从大贤们去世之后,周王朝已经日益衰微,礼乐残缺了很多年了。现在孔子却极其讲究仪容服饰要合乎礼,把登堂下堂以及各种应对礼节弄得特别烦琐,学习这些礼仪,几辈子也学不完,多少年也学不透。您想用这些仪礼来改变齐国的风俗,但这些东西是没法子用来引导教育一般老百姓的。"

晏婴是齐国重臣,也是一位智慧的政治家,却竭力反对孔子,这很难说没有私心。而且,他的意见,定会影响到齐景公对孔子的态度。果然,这以后,齐景公只是很尊敬孔子,却再也不向孔子问礼了。过了些日子,齐景公对孔子说:"要是让我给您像季孙氏那样的待遇,我做不到,我给您低于季孙氏高于孟孙氏的待遇吧。"这待遇不低,甚至可以说很到位。因此,齐国的大夫们不干了,开始嫉恨孔子,还扬言要杀掉孔子。孔子也听说了这事。后来有一次,齐景公说:"我老了,没啥作为了。"孔子听到这句话,知道齐国不是他施展才华、实现主张的舞台,于是离开了齐国,回到鲁国。

结合司马迁《史记·孔子世家》的记载,我们能比较清晰地知道,孔子在齐国的这一段经历,背后的原因不是规格待遇问题,而是有着更深层的政治因素。

## 18.4 齐人归[kuì]女乐[yuè]❶,季桓子受之❷,三日不朝[cháo]❸,孔子行。

**[译文]**

齐国送给鲁国歌姬舞女,季桓子接受了齐国的馈赠,鲁君和季桓子数日不理朝政。孔子离开了鲁国。

【释读】

❶ **归** 音、义通"馈",馈赠,赠送。同《阳货篇》17.1"归孔子豚"之"归"。

**女乐** 歌姬舞女。

❷ **季桓子** 季孙斯,鲁国大夫,季孙肥(季康子)的父亲,鲁定公至哀公初年时期执政上卿,相当于宰相。鲁国最有权势的人。

**受之** 接受了馈赠。

❸ **三日不朝** 数日不理朝政。根据《史记》记载,此应指鲁君及季氏,不应仅指季氏。

【读后】

本章可与上一章并读。

据司马迁《史记·孔子世家》记载:鲁定公十四年(公元前496年),孔子56岁,从大司寇升为助理国相之职。齐国人听说了很害怕,说:"孔子治国理政,鲁国一定会称霸,鲁国一旦称霸,我们齐国离得最近,势必要首先被他们吞并。我们何不先割给他一些土地呢?"大夫犁鉏(chú)说:"我们先试着让他们败坏沉沦;如果不能让他们败坏沉沦再割地给他们,也不算迟吧!"于是,齐国挑选了八十个美丽的女子,穿着华丽的衣服,跳《康乐》舞;又挑了毛色斑纹特别漂亮的骏马一百二十匹,一齐赠送给鲁君。到鲁国后,他们把舞女和骏马先安置在鲁都城南的高门外。季桓子穿着便衣溜到那里去看了好几次,打算接受齐国的赠礼,就跟鲁君说一起外出去巡行视察,可他们实际上是整天在那里观看,再无心打理政事。子路对孔子说:"老师可以离开这个国家了。"孔子说:"鲁国眼下就要举行郊祭,如果祭祀后还能把祭肉分送给大夫们,那我们就还可以留下来。"季桓子终于接受了齐国送来的女乐,并一连三日不问国事;等到郊祭结束后,又不把祭肉分送给大夫们。于是孔子决定离开鲁国,当晚他们住在鲁城南面的屯这个地方。师己给他送行,说:"您可没有任何过错呀。"孔子说:"我可以唱首歌吗?"于是唱道:"妇人搬弄口舌,可以害得你离国奔走;妇人诬蔑告状,可以叫你人死国亡。我将悠闲悠闲,聊度岁月!"师己回去后,季桓子问他:"孔子临走时说了什么?"师己如实相告。季桓子长叹一声说:"他是因为那群女乐怪罪我啊!"

犁鉏实在有点阴险恶毒,第一个反应就是用美人计让鲁君他们堕落沉沦,以达到不战而胜的目的。不得不说,这一招还真见效。鲁君中招了,季桓子中招了,而孔子成了不受欢迎的人。眼见鲁国无救,孔子只得远离祖国,游走他乡。

**18.5** 楚狂接舆[yú]歌而过孔子曰❶:"凤兮凤兮!何德之衰❷?往者不可谏,来者犹可追❸。已而,已而!❹今之从政者殆而❺!"
孔子下,欲与之言❻。趋而辟[bì]之,不得与之言❼。

**|译文|**

楚国狂人接舆唱着歌从孔子乘坐的马车旁走过,歌中唱道:"凤凰啊凤凰啊!为什么你的德性会变得如此衰微了呢?过去的事已无法改变,未来的事还来得及补救。算了吧,算了吧!现在的从政者已岌岌可危,政权已摇摇欲坠了啊!"

孔子下车,想同他谈谈。楚狂接舆快步离去,孔子没能和他说上话。

**|释读|**

❶ **楚狂接舆** 楚国的狂人接舆。舆,此处指孔子乘坐的马车。
**歌而过孔子** 唱着歌从孔子身边(车旁)走过。唐李白《庐山谣寄卢侍御虚舟》诗:"我本楚狂人,凤歌笑孔丘。"此诗即典出于此。

❷ **凤** 此处以凤凰喻孔子。传说凤凰在有圣君的时候才出现。
**何德之衰** 衰,衰微,衰败。
孔子身处乱世,无圣君出现,却栖栖惶惶,四处奔波,接舆责其不能像凤凰那样隐居避世,待圣君而出,是德衰。(参见《子罕篇》9.9章。)

❸ **往者不可谏** 往者,过去的,过去的事,过去所做过、发生过的事。谏,在此为纠正,更正,改正。
**来者犹可追** 来者,未来,未来的事。犹,还,副词。追,指补救,挽回。

❹ **已而,已而!** 意思是算了吧,算了吧。

微子篇第十八 669

❺ **从政者** 从政的人，当权者。

**殆而** 殆，危殆，危险，指政权摇摇欲坠，岌岌可危。而，句末语气词，用于陈述句或感叹句、祈使句之后，表示终结或感叹语气。

❻ **下** 下车。

❼ **趋而辟之，不得与之言** 趋，快步走。辟，同"避"，躲避。两个"之"均为代词，前一个代孔子，后一个代楚狂接舆。

【读后】

我们先来看一个背景资料。

司马迁《史记·孔子世家》记载：孔子到蔡国的第三年，吴国讨伐陈国。楚国起兵援救陈国，把军队驻扎在城父。楚王听说孔子在陈、蔡两国之间，就派人带着礼物去请孔子。孔子准备前去楚国拜见楚王。陈蔡两国的大夫们听说这件事后，商议说："孔子是个贤能之人，他的分析评判都能切中那个国家的要害。如今他停留在我们陈、蔡两国之间很久了，我们所推行的都不合乎孔子的思想。如今楚国是一个大国，打算请孔子去楚国。如果孔子在楚国被重用，那我们陈、蔡两国的大夫们可就危险了。"于是他们就共同发兵把孔子一行围困在陈、蔡之间的一片荒郊野地里。孔子一行想走走不了，带的干粮也都吃完了，弟子们都饿得躺倒在地，站不起来了。

后来，孔子派子贡到楚国与楚王联系，楚昭王派军队把孔子师徒接到了楚国。楚昭王打算把一个方圆七百里范围的地方连同辖区内的户籍百姓作为封邑划给孔子。但楚国宰相子西对楚王说："大王你派去出使诸侯国的使者的才干有比得上子贡的吗？"楚王说："没有。"子西说："你的辅相的德行有比得上颜回的吗？"楚王说："没有。"子西说："你的将帅的勇猛有比得上子路的吗？"楚王说："没有。"子西又说："楚国的祖先当初在周朝受封，爵位是子男，封地是方圆五十里地。现在孔丘效法遵循三皇五帝的法制，弘扬周公、召公的传统，你要是重用孔子，那楚国还能世世代代安享这数千里的辽阔土地吗？当初，周文王在丰邑，周武王在镐京，就是凭着百里大小的封邑，最终称王于天下。现在，如果孔丘获得封地，又有优秀的众弟子在身边辅佐他，这不是楚国的福啊。"楚昭王听子西这样一说，便打消了给孔子封邑和重用孔子的念头。

读完这一段背景资料，我们也就明白楚国狂人接舆为什么会唱那样的歌了。

这位狂人实在是一位隐居的高人，他把楚王和楚王身边的人看透了。他在责备不明真相的孔子，也在规劝抱有幻想的孔子趁早打消念头，远离危险的楚国。

## 18.6

长沮[jù]、桀[jié]溺耦[ǒu]而耕，孔子过之，使子路问津焉❶。

长沮曰："夫执舆者为谁❷？"

子路曰："为孔丘。"

曰："是鲁孔丘与[yú]？"

曰："是也。"

曰："是知津矣❸。"

问于桀溺。

桀溺曰："子为谁？"

曰："为仲由。"

曰："是鲁孔丘之徒与[yú]❹？"

对曰："然。"

曰："滔滔者天下皆是也，而谁以易之❺？且而与其从辟[bì]人之士也，岂若从辟[bì]世之士哉❻？"耰[yōu]而不辍[chuò]❼。

子路行以告❽。

夫子怃[wǔ]然❾曰："鸟兽不可与同群，吾非斯人之徒与而谁与❿？天下有道，丘不与易也⓫。"

### 译文

长沮、桀溺二人正合力耕田，孔子正好从他们耕作的地方经过，孔子叫子路去向他们打听渡口在什么地方。

长沮说："那个驾车的人是谁？"

子路说："是孔丘。"

长沮说："就是鲁国的那个孔丘吗？"

子路说："正是。"

长沮说："那他应该是知道渡口的人。"

子路又向桀溺打听渡口在什么地方。

桀溺说："你是谁？"

子路说："我是仲由。"

桀溺说："就是鲁国那个孔丘的门徒仲由吗？"

子路回答说："是的。"

桀溺说："纷乱混浊的世道如洪水弥漫，泛滥成灾，靠谁的力量能够改变它呢？况且，你与其跟随远离不同道之人，哪里比得上跟随远离整个社会的人呢？"说完，又继续不停地耕作。

子路离开二人返回，把这件事告诉了孔子。

孔子怅然地说："不能隐居山林跟鸟兽合群共处，那我不跟世人在一起，跟谁在一起呢？如果天下太平，政治清明，我孔丘就不和你们一同去改变什么了。"

### 释读

❶ **长沮** 沮，意为"低湿地带"时读为［jù］；释义为"阻止""败坏""颓丧"时读为［jǔ］；意为水名及姓氏时，读音为［jū］，如复姓沮渠。而按上一章"接舆"取名法，"沮"应是指低湿地带见到的那位高个子的（长）人，因此，应读为［jù］。

**桀溺** 桀，有凶悍、凶暴义，有突出、杰出义，还有勇健义。溺，浸在水中，淹没在水中。"桀溺"在此处释为在水田里那个看起来勇猛健壮的人。

长沮、桀溺均为隐者，真实姓名无从考证，"长沮""桀溺"只是根据出现的现场及形貌特征临时所取的名字而已。

**耦而耕** 二人并排合耕。耦耕是古代耕田的一种方式，二人各执一耜［sì］（古代一种农具，状似现代的锹），同时并耕。耦，作状语，表示行为的方式。《周礼·冬官考工记·匠人》："二耜为耦。"

**过之** 经过他们耕作的地方。

**津** 渡口。

❷ **夫** 远指代词，那，那个，那位。

**执舆者** 即驾车的人。

**为谁** 是谁。

❸ **是知津矣** 这个人是知道渡口的人。言外之意，讽刺孔子周游列国，自应熟

门熟路，哪里还用得着问别人。

❹ **徒** 门徒，弟子。

❺ **滔滔者** 洪水弥漫的样子，喻纷乱混浊的社会。纷乱混浊的世道如洪水滔天，泛滥成灾。
**谁以易之** 即"以谁易之"，宾语前置。靠谁的力量能够改变它呢？言下之意，这么混乱的世道，凭你孔丘的一己之力就能改变吗？简直是不自量力。以，凭，依靠。易，改变，变革。

❻ **而** 同"尔"，你，指子路。
**与其……岂若** 表示与其怎么样，还不如怎么样；与其怎么样，哪里比得上怎么样。
**从** 跟从，跟随。
**辟人之士** 辟，同"避"，避人，躲避人，远离人。孔子离开鲁国，远离鲁君季氏之流；周游列国，不停奔波，远离与自己志趣不同的人，不与之为伍，所以称之避人。避人之士即远离不同道之人的那种人，远离昏庸之人的那种人。
**辟世之人** 远离整个社会的人，远离乱世的人，即隐士。

❼ **耰而不辍** 耰，古代一种农具，此处指耕作。辍，停止，中止。

❽ **行** 离开长沮、桀溺回来。
**以告** 以（之）告，把这件事告诉了孔子，把整个事情的经过告诉了孔子。

❾ **怃然** 怅然失望的样子，怅然失意的样子。

❿ **鸟兽不可与同群** 鸟兽不能够和它们合群共处，我们不可能跟鸟兽合群共处，即指不可隐居山林，与鸟兽为伍。
**斯人之徒** 这样的人群。斯人，与鸟兽对言。徒，辈，类。
**与** 一起，一同，在一起。

⓫ **有道** 天下太平，社会安定，政治清明。不与易，不与（之）易，不和你们

微子篇第十八 673

（大家）一同去改变什么（改变社会）。钱穆《论语新解》："隐者之意，天下无道则须隐。孔子意，正因天下无道故不能隐。"

**【读后】**

长沮、桀溺是谁已经不重要，只要知道，这两人其实和楚狂接舆一样，都是避世隐居之士即可。问津，在本文中更像是一个隐喻，暗指寻求救世之道，寻求拯救世人于水火的出路。

长沮说，孔子周游列国，到处宣扬他的治国之道，他应该知道出路在哪儿，还来问我们做什么？这显然是在讥讽孔子的执着与坚持。桀溺说，世道已经乱成这样，烂成这样，谁能救得了呢？孔子周游列国，最终又一个接一个地离开那些国家与国君，远离不同道之人。虽然，"此不不留爷，自有留爷处"。问题是，你躲过一个人渣，接着还有人渣不断出现，你躲得完吗？你子路与其跟着他这样的人不停地躲避人渣，倒不如跟着我们这样的人，干脆隐居避世，彻底断绝与人渣相遇的可能。孔子说，我做不到隐居山林，与鸟兽为伍，又怎能避免遭遇人渣呢？问题是，如果这个世道已经是太平盛世，我还叫着你们一起去改变啥呢？黑暗，才是我存在的理由与坚持的动力啊。

## 18.7

子路从而后，遇丈人，以杖荷［hè］蓧［diào］❶。

子路问曰："子见夫子乎❷？"

丈人曰："四体不勤，五谷不分，孰为夫子❸？"植其杖而芸［yún］❹。

子路拱而立❺。

止子路宿，杀鸡为黍而食之，见其二子焉❻。

明日，子路行以告❼。

子曰："隐者也。"使子路反见之❽。至，则行矣❾。

子路曰："不仕无义❿。长幼之节，不可废也⓫；君臣之义，如之何其废之⓬？欲洁其身，而乱大伦⓭。君子之仕也，行其义也。道之不行，已知之矣⓮。"

|译文|

　　子路跟随孔子，却落在了后面。途中遇见一位老人，用手杖挑着锄草农具。

　　子路问老人说："您老看见我的老师了吗？"

　　老人说："一群四体不勤，五谷不分的人，哪一个是你的老师？"说完，老人把手杖往地上一插，开始锄草。

　　子路拱手施礼，站在原地。

　　老人留子路住下，杀鸡煮饭招待子路，还让两个儿子出来见子路。

　　第二天，子路离开老人的家。赶上孔子后，子路把这件事告诉了孔子。

　　孔子说："这是一位隐士啊。"孔子叫子路再去拜见那位老人。子路赶到老人家里，老人已经离开了。

　　子路说："不为官从政不合乎大义。长幼之间的礼制都不能够废弃，君臣之间的大义，又怎么能废弃呢？想要避世归隐，洁身自好，却破坏了君臣之间这一重大伦常。君子为官从政，是在履行大义啊。至于思想主张不能推行，这是早已在预料之中的了。"

|释读|

❶ **丈人**　老人。
**以杖荷蓧**　杖，手杖。荷，挑，担，扛。蓧，古代一种除草农具。

❷ **子**　对对方的尊称，"您"。
**夫子**　老师（孔子）。

❸ **孰为夫子**　谁是你们的老师呢？哪一个是你们的老师呢？意思是，像你们这样不事劳作，不识五谷，成天到处瞎晃，游手好闲的人，你们的老师该是啥样的呢？拐弯抹角地责骂孔子。

❹ **植**　在此用这个字非常形象生动，指把手杖往地上一插。
**芸**　同"耘"，除草。

❺ **拱而立**　拱，拱手施礼。立，站在那里。

微子篇第十八　675

❻ **止** 在此指挽留。

**宿** 住宿，住下。

**杀鸡为黍** 为黍，指做饭。

**食之** 食之，给子路吃。食，古读［sì］，动词，使动用法，给……吃。见，古读［xiàn］，使动用法，使……见（拜见），让……见（拜见），

❼ **明日** 第二天。

**行以告** 离开老人的家，赶上孔子之后，把这件事告诉了孔子。

❽ **反** 同"返"，返回。

❾ **至** 到，子路来到老人的家。

**则行矣** 老人已经离开了。

❿ **不仕无义** 仕，从政，做官。无义，不合乎道义、大义。下句"君子之仕也，行其义也"可帮助理解本句。

⓫ **长幼之节** 长幼之间的礼制、规矩，指长幼有序的伦常。长幼之间的礼制，不能够废止、废弃（指老人让两个儿子出来见子路一事）。

⓬ **君臣之义** 君臣之间的大义，君臣之间的伦常。君臣一伦为"五伦"之首，当属最要紧的一伦，所以不可废止、废弃，因此下文中才有"欲洁其身，而乱大伦"之语。

**如之何** 古代惯用词组，在此表示询问原因，有较强反诘意味，有时实际上是用反问形式表示否定的意思，在句中作状语，可译为"怎么能""为什么（要）"等。

⓭ **欲洁其身** 想要归隐山林，避开乱世，洁身自好。

**而乱大伦** 而，却。乱，破坏，败坏。大伦，君臣之间的伦常。

⓮ **道** 思想主张，理想志向。

**不行** 行不通，不能推行、施行。

**已知之矣** 早在预料之中的了，是早就知道的。

676　细读论语·下册

**读后**

丈人又是一位隐者。显然，他熟知孔子，熟知孔子的执着与坚持。但他并不认同，或者说，他并不觉得孔子的执着与坚持是值得的。所以，遇到孔子的学生，他便借着学生，把对孔子行为的责备表达了出来。"你们这样不事劳作，不识五谷，成天到处瞎晃，游手好闲的人，你们的老师该是啥样的呢？"与其说这是责备，倒不如说是心疼乱世之中这样一群执着而坚持不懈的人。有责备之意，有尊敬之情。所以，也才有挽留子路住在家里，还杀鸡煮饭招待子路这些举动。

毕竟，孔子是一个执着的布道者，是一心想救民于水火的圣人。他当然明白，他所处的社会昏暗混乱，不被世人理解，不被当政者接纳。但是，孔子就是这样，明知不可而为之。他做不到隐居山林，与鸟兽为伍；他做不到明知世道黑暗却无动于衷，明哲保身。虽然，他深知他所选择的路荆棘丛生，道阻且长，但依然坚定向前，永不回头。这种伟大的救世精神，自知必败而决不回头的伟大人格，使他成为人类崇高的精神寄托与宝贵的精神财富。

**18.8** 逸民：伯夷、叔齐、虞仲、夷逸、朱张、柳下惠、少连❶。子曰："不降其志，不辱其身，伯夷、叔齐与［yú］❷！"谓❸："柳下惠、少连，降志辱身矣，言中［zhòng］伦，行中［zhòng］虑，其斯而已矣❹。"谓："虞仲、夷逸，隐居放言，身中［zhòng］清，废中［zhòng］权❺。我则异于是，无可无不可❻。"

**译文**

古今的隐逸之士：伯夷、叔齐、虞仲、夷逸、朱张、柳下惠、少连。孔子说："不降低（改变）自己的志向（理想），不辱没自己的身份（人格），伯夷、叔齐就是如此！"孔子又评说道："柳下惠、少连，降低（改变）自己的志向（理想），辱没了自己的身份（人格），却能说话合乎道理，行为经过深思熟虑，他们所做的也就是如此而已。"孔子又评说道："虞仲、夷逸，归隐山林，不谈世事，立身处世清正高洁，自我放弃而又通权达变。我和他们就不相同，没有什么是一定可以的，也没有什么是一定不可以的。"

【释读】

❶ **逸民** 指隐逸之士。杨逢彬《论语新注新译》认为，《论语》时代"逸"最常见的意义是"逃逸"，进而引申出"隐逸"。可从。

伯夷、叔齐、柳下惠三人，在《论语》前面的篇章中已有涉及。虞仲、夷逸、朱张、少连四人都是古代的道德高尚之人，其事迹已不可考。有人认为，"虞仲"即吴太伯之弟，身居吴国、断发文身的仲雍（见《泰伯篇》8.1释读）。不可据。

❷ **不降其志** 降，降低，改变。不降低（改变）自己的志向、理想。
**不辱其身** 辱，辱没。身，身份，人格。不辱没自己的身份。

❸ **谓** 说，评论（人物，事件）。

❹ **言中伦** 中，符合，合乎，动词。伦，此处指道理。说话合乎道理。
**行中虑** 虑，思虑，谋虑。行为合乎思虑，即行为经过深思熟虑。
**其斯而已矣** 他们所做的也就如此而已。其，指代柳下惠、少连。斯，指代其言行。

❺ **放** 即弃，放言，不再谈论世事。
**身** 立身处世。立身处世高洁清正。
**废** 废弃，自我放弃（弃言弃官）。

❻ **异于是** 和这些人不同。
**无可无不可** 没有什么是一定可以的，也没有什么是一定不可以的。听起来，这话毫无原则可言，其实，孔子是在讲，合于道义则可，不合道义则不可，一切以义为准则，在义的前提之下，通权达变，灵活应对。这个思想在整个《论语》中，有多次表述。

【读后】

《孟子·公孙丑上》："可以仕则仕，可以止则止，可以久则久，可以速则速，孔子也。"（该从政为官就去从政为官，该放弃就放弃，该持久就持久，该迅速就迅速，这就是孔子。）这是本章最好的注脚。不问过往，不畏将来，不乱于心，更不计得与失，就这样，坚韧不拔，奋勇前行。

## 18.9 大[tài]师挚[zhì]适齐❶，亚饭干适楚，三饭缭[liáo]适蔡，四饭缺适秦❷，鼓方叔入于河❸，播鼗[táo]武入于汉❹，少师阳、击磬[qìng]襄入于海❺。

【译文】

太师挚逃往齐国，亚饭乐师干逃往楚国，三饭乐师缭逃往蔡国，四饭乐师缺逃往秦国，打鼓的乐师方叔逃到黄河之滨，摇小鼓的乐师武逃到汉水之涯，少师阳、击磬的乐师襄逃到了大海边。

【释读】

❶ **大师** 即太师，鲁国乐官之长，挚为太师名。《泰伯篇》8.15 "师挚之始，关雎之乱，洋洋乎盈耳哉！"是否指同一人，不确定。
**适** 往，前往。在此指逃往。

❷ **亚饭干适楚，三饭缭适蔡，四饭缺适秦** 殷周之制，天子、诸侯吃饭时都要演奏音乐。天子一日四餐，诸侯三餐，初饭不侑[yòu]。《周礼·天官·膳夫》："以乐侑食。"（侑，伴奏。就餐时有音乐伴奏。）亚饭、三饭、四饭之名，实指二饭、三饭、四饭的乐师。干、缭、缺为乐官之名。

❸ **鼓方叔** 鼓，打鼓。方叔，乐官名。
**入于河** 河，指黄河，逃往黄河之滨，并非跳进黄河里去。

❹ **播鼗武** 播，摇。鼗，小鼓，两旁有耳，犹今之"摇鼓"。武，乐官名。
**汉** 汉水，此指汉水之涯、汉水之滨。

❺ **少师阳** 少师，辅助太师的乐官。阳，乐官名。

**击磬襄** 磬，乐器名。襄，乐官名。

**海** 海边，大海边。

### 读后

人心散了，一切都分崩离析，土崩瓦解，还奢谈什么万里长城永不倒！当人们纷纷用脚投票纷纷远离之时，就是人心涣散，上下离心离德之时。

周公谓鲁公曰[1]："君子不施其亲[2]，不使大臣怨乎不以[3]，故旧无大故，则不弃也[4]。无求备于一人[5]！" **18.10**

### 译文

周公对鲁公说："君子不怠慢疏远他的亲族，不让他的大臣抱怨得不到任用。故友老臣没有不忠不孝、叛逆作恶之类的重大错误，就不要抛弃他们。不要对人求全责备！"

### 释读

❶ **周公** 周公旦。
   **鲁公** 即周公之子伯禽。

❷ **施** 同"弛"，本义为松弛，引申为弃置、疏远。不少《论语》版本直接写作"弛"。《礼记·坊记》："君子弛其亲之过，而敬其美。"郑玄注："弛，犹言弃忘也。"

❸ **以** 用，此处指任用。"不以"即不任用，得不到任用。

❹ **故旧** 故友老臣。
   **大故** 严重过失。

❺ **求备** 求全责备，备，完全，完备。

**读后**

周公姬旦在孔子心目中是圣人，孔子的思想源头实际上就是周公。这段话，大约是孔子向弟子们转述周公对儿子说的话。

周王朝建立后，周公留在朝廷辅佐成王，而让他的儿子去封地（即后来的鲁国）主政。这大约是父子临别时，周公对儿子的叮嘱之语。从中可见出周公的宽厚仁慈，以及周朝以德治国的理念。孔子转述这样的话，表现出他对周公的深厚敬意，对周王朝文化的无限景仰与怀念。

## 18.11

**周有八士❶：伯达、伯适［kuò］、仲突、仲忽、叔夜、叔夏、季随、季䯄［guā］。**

**译文**

周代有八位贤达之士：伯达、伯适、仲突、仲忽、叔夜、叔夏、季随、季䯄。

**释读**

❶ **八士** 八个贤达之士，八个贤达之人。相传，周代的一位母亲接连生下四对双胞胎，并依照伯、仲、叔、季的顺序排列，但八人皆不可考其详。

**读后**

本篇第9章和这一章，简直形成鲜明对比。鲁国衰败不堪，周朝昔日却人才济济，一派繁荣景象。周公还千叮万嘱要爱惜人才，结果却惨不忍睹。孔子之叹之忧之伤有多深，直击人心。面对国将不国的乱世，孔子之悲大哉！

这是孔子绝望的一笔。

與人將拒我如之何其拒人也子夏曰雖小道
必有可觀者焉致遠恐泥是以君子不為
也子夏曰知其所亡月無忘其所能可謂
好學也已矣子夏曰博學而篤志切問而近
仁在其中矣子夏曰百工居肆以成其事君
子學以致其道子夏曰小人之過也必文

## 子张篇第十九

子张曰士見危致命見得思義祭思敬喪思哀其可已矣子張曰執德不弘信道不篤焉能為有焉能為亡子夏之門人問交於子張子張曰子夏云何對曰子夏曰可者與之其不可者拒之子張曰異乎吾所聞君子尊賢而容眾嘉善而矜

19.1 子张曰:"士见危致命❶,见得思义❷,祭思敬❸,丧思哀❹,其可已矣❺。"

**【译文】**

子张说:"一个士人遇到危难时敢于献出生命,见到利益时要考虑是否合乎道义,祭祀时要想到是否恭敬虔诚(严肃),临(居)丧时要想到是否尽了悲痛哀伤之情。能如此,也就可以了。"

**【释读】**

❶ **见危致命** 致,献出,付出,送给。致命即献出生命,舍弃生命,犹同"捐躯"。也即《宪问篇》14.12之"见危授命"。

❷ **见得思义** 见到利益,要想到是否合乎道义。《季氏篇》16.10"见得思义。"

❸ **祭思敬** 祭祀的时候,要想到是否恭敬虔诚(严肃)。《八佾篇》3.12:祭如在,祭神如神在。子曰:"吾不与祭,如不祭。"

❹ **哀** 悲痛哀伤,悲痛哀伤之情。

❺ **其** 指示代词,代指以上四点。

**【读后】**

子张所说的内容,都是他的老师平时说的。子张习惯把老师的经典语录记在腰带上("书诸绅"),大概,子张在老师去世后,时时想起老师的教诲,反复记诵记在腰带上的老师语录,"述遗教以诱后学,以及同门相切磋。"(钱穆语)传播老师的思想,跟同门师兄弟切磋交流。朱熹《论语集注》:"四者立身之大节,一有不至,则余无足观。故言士能如此,则庶几其可矣。"意思是,这四点是立身处世的大节,有一点无法做到,那么其他的也就不值得称道了。所以说士人能如此,那差不多也就可以了。

士是具有使命感、责任感的特殊阶层，具有以苍生为念、悲天悯人的情怀，是社会发展的中坚力量。在子张看来，士要具备四种宝贵品质。一是勇于牺牲；二是见得思义；三是敬畏天命；四是以苍生为念。其实，这四种品质，也是当代知识分子理应具备的品质。

## 19.2　子张曰："执德不弘❶，信道不笃❷，焉能为有？焉能为亡[wú]❸？"

**【译文】**

子张说："一个人执守道德却不能发扬光大，信仰真理却不能坚定不移，这样的人，有他不多，无他不少。"

**【释读】**

❶ **执德不弘**　执，握持，这里指坚守，执守。弘，即发扬光大。不少注家将"弘"释为"强"，但"弘"并无"强"的含义。参见《泰伯篇》8.7。

❷ **信道不笃**　道，在此指真理。笃，深厚，坚定不移。

❸ **焉能**　怎么能。
　**亡**　音、义同"无"。

**【读后】**

朱熹《论语集注》："有所得而守之太狭，则德孤；有所闻而信之不笃，则道废。"朱熹说，修养仁德而有所收获便止步不前，不去努力充实，发扬光大，这样的仁德就太偏狭而孤立；追求大道有所领悟却不能坚定笃信，大道也就会慢慢荒废。

"执德"还要不断精进，不断发扬光大，否则就太偏狭孤立，缺少支撑。"信道"还要坚定不移，笃信不移，否则就容易摇摆不定，放弃信仰。而一个仁德不广大深厚，信仰不坚定执着的人，只是一个可有可无之人，对社会，对世界，无足轻重。

19.3

　　子夏之门人问交于子张❶。子张曰："子夏云何❷？"
　　对曰："子夏曰：'可者与之，其不可者拒之❸。'"
　　子张曰："异乎吾所闻❹：君子尊贤而容众，嘉善而矜不能❺。我之大贤与［yú］，于人何所不容❻？我之不贤与［yú］，人将拒我，如之何其拒人也❼？"

**|译文|**

　　子夏的弟子向子张询问交友之道。子张说："你的老师子夏是怎么说的？"

　　子夏的弟子回答说："子夏说：'能够交往的就去交往，不能够交往的就拒绝和他交往。'"

　　子张说："跟我所听到的不一样：君子尊重贤德之人，也接纳包容普通人；赞美有良好品德的人，也能善待没有能力的人（弱者）。我是大贤大德的人吗？如果是，那对别人有什么不能接纳的呢？我如果不是大贤大德的人，别人会拒绝我，而我又怎么能去拒绝别人呢？"

**|释读|**

❶ **子夏**　即卜商，首见于《学而篇》1.7。
　**门人**　学生，弟子。
　**交**　交友，交友之道。
　**子张**　颛孙师。已有多次出现。

❷ **子夏云何**　子夏怎么说的。云，说。

❸ **与**　此处指结交，同他交往。
　**其**　指示代词，那，那些。

❹ **异** 不同。

**乎** 介词，表示比较，用于形容词、动词之后，译为"比""跟……相比"等。

❺ **尊贤** 尊敬贤能之人，尊敬贤德之人。

**容众** 容，包容，接纳。众，众人，普通人。

**嘉善** 嘉，赞美，赞许。善，好人，有良好品德的人。

**矜不能** 矜，此处指怜悯，同情，善待。不能，指没有能力的人，弱者。

❻ **我之大贤与** 之，用于主谓之间，取消句子独立性，不译出。大贤，大贤大德之人，聪慧过人的人。与，同"欤"，疑问语气词。

**何所不容** 有什么不能接纳包容的。

❼ **人将拒我** 别人会拒绝我。

**如之何** 怎么能。

【读后】

其实，子张和子夏所讲的不是一回事，没有谁高谁低的问题。

在《论语》中，"友"和"交"是有区别的。"友"是结交好友，深交朋友，是狭义的交友之道；"交"是人际交往，也就是为人处事原则，是人与人之间的相处之道。子夏的门徒说他的老师子夏说"可者与之，其不可者拒之"，实际上是指结交好友的原则，而非"交"——处理人际关系。因此，虽然子张的态度有点傲慢张扬，但他的回答是切题的：尊贤，容众，嘉善，矜不能，也算得上是处理人际关系的大格局，大胸怀。

## 19.4

子夏曰："虽小道，必有可观者焉❶；致远恐泥［nì］，是以君子不为也❷。"

【译文】

子夏说："即使是小技艺，也定有可取之处；但只怕深陷其中而阻碍远大目标的实现，所以君子不会去做。"

**[释读]**

❶ **虽** 即使。
**小道** 小技艺，指某一方面的技能、技艺，与匡国理政、治国平天下的"大道"相对。

❷ **致远** 到达远方，实现远大的事业，实现远大的目标。
**泥** 动词，拘泥，拘滞，妨碍，阻碍。
**是以** 所以。

**[读后]**

孔子不会稼穑，但并不妨碍他成为让后人尊崇景仰的圣人。毛泽东一生很少用枪，但这并未妨碍他成为指挥千军万马的军事家，成为一代伟人。马云不会写程序软件，但并没有妨碍他成为互联网的大咖。

领导者可以懂技术，但不会拘泥于一技一艺，否则，便可能只是一个熟练工，而不能去树立愿景目标，谋划战略战术，组织团队，实施运营。

## 19.5

子夏曰："日知其所亡[wú]❶，月无忘其所能❷，可谓好学也已矣❸。"

**[译文]**

子夏说："每天能学到他所不知道的东西，每月不忘记他已经熟悉掌握的东西，可以说是好学了吧。"

**释读**

① **日知其所亡** 每天能学到他所不知道的东西——知新。亡，音、义同"无"。

② **月无忘其所能** 每月能不忘记（牢记）他已经熟悉掌握的东西——温故。所能，已经熟悉掌握的东西。

③ **也已矣** 惯用词组，表感叹的句末语气词，表示"（是）……了啊（了吧）""啊"等意。

**读后**

顾炎武《日知录》一书，书名即缘起子夏的这一句"日知其所亡"。不过，子夏所言，也是延续孔子"学而时习之"和"温故而知新"的思想，并无太多新意。

荀子说："故不积跬步，无以至千里；不积小流，无以成江海。骐骥一跃，不能十步；驽马十驾，功在不舍。" 不能进步，便是退步。所以人们常说，学如逆水行舟，不进则退。

好学，不仅仅是喜欢学习，更是善于学习，持续不断地学习。

## 19.6　子夏曰："博学而笃志①，切问而近思②，仁在其中矣。"

**译文**

子夏说："广泛地学习，坚定自己的志向，探究关切的问题，思考当下的要务，仁德就在其中了。"

**释读**

① **博学** 广泛地学习。
　**笃志** 笃于其志，坚守自己的志趣、志向，志向专一而坚定。

子张篇第十九　689

❷ **切问** 探究关切的问题。切,切近,贴近。《广韵·屑韵》:"切,近也。"《荀子·哀公》:"鲁哀公问舜冠于孔子,孔子不对。三问,不对。哀公曰:'寡人问舜冠于子,何以不言也?'孔子对曰:'古之王者有务而拘领者矣(务,便帽。拘领,即曲领,类似今之围脖,意为古代的圣人穿戴简朴),其政好生而恶杀焉。是以凤在列树,麟在郊野,乌鹊之巢可俯而窥也,君不此问,而问舜冠,所以不对也。'"(鲁哀公向孔子问舜的帽子的事,孔子不回答,连问了三次,孔子都不回答。哀公说:"我问你舜的帽子的事,你为什么不回答呢?"孔子说:"古时候的君王,戴便帽,穿便服,穿戴简朴,但他们在政治上致力于养民而憎恶滥杀无辜,所以凤凰栖息在密林之中,麒麟在郊野自由活动,乌鸦喜鹊的窝低头就随处可见。君王您不问这个,却问舜的帽子,所以不回答。"哀公之问,就不是切问,所以,孔子三问而不答——懒得理你。

**近思** 思考身边的(当下的)要务。

**【读后】**

复旦大学的校训:博学而笃志,切问而近思。苏东坡说:"博学而志不笃,则大而无成;泛问无思,则劳而无功。"意思是,只是广泛地学习各种知识却没有坚定的目标志向,虽学识广博却难有成就;只浮泛地关注身边的事,而没有深入的思考与探究,最终只能是劳而无功。

只埋头学习而没有明确的目标,就只是个书呆子。有明确的目标却不笃定坚持,便容易摇摆不定,也就行之不远。不聚焦重点,终究难成大业,不思考眼前,只好高骛远,异想天开,最终只是一个空想家。广泛地学习,坚定的志向,聚焦重点,思考当下。能如此,你便在接近仁德的正道上了。

子夏曰:"百工居肆以成其事❶,君子学以致其道❷。" 19.7

**【译文】**

子夏说:"工匠们在作坊里完成他们的工作,君子通过学习来获得真理。"

【释读】

❶ 百工　各行各业的工匠。
　　肆　作坊，工场。
❷ 致　获取，获得。
　　道　真理。

【读后】

英裔加拿大人、记者、畅销书作者和演讲家马尔科姆·格拉德威尔在《异类》一书中说："人们眼中的天才之所以卓越非凡，并非天资超人一等，而是付出了持续不断的努力。一万小时的锤炼是任何人从平凡人变成世界级大师的必要条件。"他将此称为"一万小时定律"。我们常说，持续坚持，不断学习，一万个小时可以成为"工匠"，大抵便是从这里来的，而工匠的最高境界，我们称之为"工匠精神"。工匠通过不断努力，不断提升技艺水平，切磋琢磨，精心制作，最终制作出精良的器具。同样的，一个君子，要追求真理，只有不断地学习，不断地努力，最终因读书而境界得以提高，因读书而心胸顿开，包容万物，悲天悯人，兼济苍生，而至于大道，而获得真理。

百工居肆而为器，君子笃学而致道，需要的，都是专心致志，持之以恒。

## 19.8　子夏曰："小人之过也必文❶。"

【译文】

子夏说："小人犯过错，必定会加以掩饰。"（小人对自己的过错必定会加以粉饰。）

【释读】

❶ 文　文饰，掩饰。今有成语"文过饰非"，意为用漂亮的言辞掩饰过失和错误。

【读后】

你有没有犯错之后，本能地给自己找借口找理由甚至把错误说得理直气壮的时候？如果有，请默读本文三遍。

坦然面对自己的过错，坦然承认自己的错误，并努力改正。有人说，当一个人极度坦诚，他就已经无坚不摧。

子夏曰："君子有三变❶：望之俨[yǎn]然❷，即之也温❸，听其言也厉❹。"

19.9

【译文】

子夏说："君子给人的感觉有三种变化：远远望去，严肃庄重；接近他，感觉温和可亲；听他说话，严正不苟（明确而坚定）。"

【释读】

❶ **君子有三变** 指一个君子的仪态给人的感觉或印象有三种变化。变，变化。

❷ **望** 从远处看。"望"的甲骨文从目，从人，从土，意为一个人站立在土堆上张目远望，为远望之望的本字。（图19.9-1）

图19.9-1

**俨然** 严肃庄重的样子。

❸ **即** 甲骨文"即"从皀，从卩（[jié]，古同"节"），字象人就食之形，本义是就食。引申为靠近，接近。（图19.9-2）

图19.9-2

❹ **厉** 严肃，严厉，严正不苟。

【读后】

一个有足够涵养的人，怎么可能一眼看穿？但不能让人一眼看穿的人，又往往被说成是"城府深"。这该如何是好?

还是做一个有深度有城府的人吧。

孔子多次讲到类似的话题。在《论语》第一篇,孔子就说:"君子不重则不威,学则不固。"在《述而篇》有"温而厉,威而不猛,恭而安",在《季氏篇》"九思"中有"色思温,貌思恭",这些要求,千万别理解为做表面文章,否则,太肤浅。

## 19.10

子夏曰:"君子信而后劳其民[1];未信,则以为厉己也[2]。信而后谏;未信,则以为谤己也[3]。"

### 译文

子夏说:"一个君子,要取得百姓的信任之后才去役使他们;还没有取得百姓的信任,老百姓就会认为是在折磨(虐待)他们。要取得信任后才去劝谏君主;没有取得信任就去进谏,君主就会认为你是在诽谤他。"

### 释读

[1] **君子** 此处指在位之人,君主,统治者。
**信** 取得信任。
**劳其民** 劳,役使。民,此处指百姓。

[2] **未信** 还没有赢得(取得)信任。
**厉己** 折磨自己。厉,本指磨刀石,又写作"砺"。引申为磨砺,折磨,虐待。动词。

[3] **谤** 本为中性词,评论,评论别人的过错,此处指诽谤,毁谤。

### 读后

子夏说,与人沟通的基础是"信",信任,坦诚,诚实。否则,他人要么以为你是在折腾他，要么以为你是在诽谤他。

　　这就告诉我们，有效的沟通，是建立在"信"的基础之上的，靠威权地位而来的沟通，那是强权所形成的淫威，是居高临下的施压。

　　孔子说"民无信不立"。政府一旦失去人民的信任，就会失去公信力。古罗马历史学家塔西佗曾经提出一个理论：当公权力失去公信力时，无论发表什么言论，无论做什么事，社会都会给以负面评价。这就是著名的"塔西佗陷阱"。当一个社会陷入塔西佗陷阱的时候，什么都难以推动，一切都将运转不灵，离垮台也就不远了。

## 19.11

子夏曰："大德不逾闲，小德出入可也❶。"

**【译文】**

　　子夏说："在重大的节操上不能逾越界线，小节上稍加宽松一点是可以的。"

**【释读】**

❶ **大德**　指德行中的重大节操，即人的大节。

**闲**　"闲"字最早出现于西周，形为门中之木，许慎《说文》："闲，阑也。从门中有木。"本义指门栅[zhà]栏。引申为界限，范围，法度，常指道德范围，也即底线。繁体字"闲""闲"二字，"闲"指栅栏，"闲"表示空隙，引申为空间，空暇。后来，"闲"字废止不用，其"空间"义由"间"表示，"空暇"义由"闲"表示。

**小德**　指小的节操，人的小节，日常言行举止。

**出入**　有所出入，与"小德"有所差别，有所不相符。在此指稍宽松一点，放松一点。大原则不出格，小节上可以稍加宽容。也就是，大节不放过，小节可权宜。

【读后】

大德就是大节。"闲"本义指门栅栏,引申为界限,范围,法度,常指道德范围,也即底线。在大节上不越界,不触碰底线。小德就是小节,出入就稍稍宽松一点,不用太过严苛。

极端的道德就是不道德。如果我们整天畏首畏尾,举手投足都谨小慎微,战战兢兢,这日子也就没法过了。

子夏这话的意思就是,大节不触碰底线,小节可稍加宽容,不必太过严苛。

"无情未必真豪杰。"有血有肉有情有义,才是真实的人生。

## 19.12

子游曰:"子夏之门人小子,当洒扫应对进退,则可矣,抑末也❶。本之则无❷,如之何?"

子夏闻之,曰:"噫!言游过矣❸!君子之道,孰先传焉?孰后倦焉❹?譬诸草木,区以别矣❺。君子之道,焉可诬也❻?有始有卒者,其惟圣人乎❼!"

【译文】

子游说:"子夏的那些弟子,承担洒扫应对,迎来送往,那还是可以的,不过终究是细枝末节。根本的东西没有学到,这该怎么办呢?"

子夏听说后,说:"唉!言游错了!君子之道,哪一项应当先传授给他们?哪一项应该后传授给他们呢?就比如草木,种类不同,生长不同,应该分别栽种、浇灌。君子之道,怎么能够歪曲呢?至于按顺序传授知识技能,循序善诱,有始有终,这大概只有圣人能做到吧!"

【释读】

❶ **门人小子** 即弟子,学生。复指。

**洒扫应对进退** 洒扫,洒水扫地,做清洁卫生。应对,应答服侍。进退,迎来送往。

**抑末也** 抑,抑或,或许,不过,连词。末,指细枝末节,与"本"相对。

子张篇第十九 695

❷ **本** 根本，本质。在此指儒家学说、礼乐文章之类。

❸ **言游** 即子游。
**过** 错了。

❹ **君子之道** 即做一个君子所应具备的知识、修养等。
**孰先传焉？孰后倦焉？** 孰，谁，哪一个，哪一项。传，传授。倦，应为"传"字之误，即，本句应为"孰先传焉，孰后传焉"。朱熹《论语集注》引程子曰："君子教人有序，先传以小者近者，而后教以大者远者。非先传以近小，而后不教以远大也。"（君子教育人有先后顺序，先教那些细小而切近的知识技能，而后再教那些宏大深远的知识技能。不是先教了细小切近的知识技能，而不教给他们宏大深远的知识技能。）

❺ **诸** "之于"合音。
**区以别** 即区而别，区别对待。学问难易不同，须区分不同的类别，渐次传授。区，区别，分别。别，分门别类。

❻ **诬** 歪曲。

❼ **有始有卒** 即有始有终，循序渐进，由小到大，由浅入深，使人下学而上达。卒，终。
**其惟圣人乎** 按顺序传授知识技能，循循善诱，有始有终，大概只有圣人能做到吧。其，句首语助词，表推测语气，大概。惟，只有，仅有。

[读后]

子游认为子夏的弟子学的都是洒扫应对进退这些皮毛小事，却没有学到圣人之道。但子夏却认为子游的说法是不对的。教育有先有后，因人而异，就像花草树木，种类不同，生长不同，应该分别栽种、浇灌。而不能不分先后，整齐划一。对圣人之道，不可妄言。

其实，还有一点，子夏没说到，这就是，洒扫应对进退这些日常小事，就在大道之中。在寺庙里，学道之人，最开始做的，便是洒扫应对进退之事，这也是功夫之一，也正是在大道之中。

## 19.13 子夏曰："仕而优则学，学而优则仕①。"

**【译文】**

子夏说："为官从政有余力便去学习，学习有余力便去为官从政。"

**【释读】**

❶ **仕** 在本章为动词，做官，为官从政。

**优** 许慎《说文》："优，饶也。"意为丰饶，充裕，多。"优"的"优秀"义是引申义，但《论语》时代，这一引申义尚未出现。因此，本章中的"优"，应释为充裕，有充裕的时间，有多余的精力。

《学而篇》1.6："行有余力，则以学文。"

**【读后】**

我们经常听到的是"学而优则仕"，却几乎很难听到"仕而优则学"。科举考试时代，做官都要通过考试来选拔，于是，"学而优则仕"就成了"学习好了，就可以做官"。

其实，子夏这句话，应该理解为：做官了如果有余力，就应当再学习；学习有余力，就应去做官。其中最可贵的是其蕴含的终身学习的思想。"仕而优则学"，当官有余力就应当努力学习，不断学习。这是个人修养的需要，是道德提升的需要，是自身发展的需要，是更好地为社会服务的需要。

我们曾引用过那句沉重的话：很多人，30岁就死了，80岁才埋。意思就是，很多人基本上从学校出来不久就停止学习了，直到生命结束之日。

学海无涯。只有不断学习，才能保持生命之树常青，才能让你的生命不断焕发出新的光彩。

## 19.14 子游曰："丧致乎哀而止。①"

【译文】

子游说："居丧，能充分表达出哀伤之情就够了。"

【释读】

❶ **丧致乎哀而止** 丧，居丧，临丧，处在丧事中。致，到，达到，此处为充分体现到之意。哀，哀伤，哀戚。止，停止。本篇19.1："丧思哀。"

【读后】

朱熹《论语集注》："致极其哀，不尚文饰也。"（充分表达出自己内心的哀伤，而不追求华而不实的表面形式。）《说苑·建本》："孔子曰：'处丧有礼矣，而哀为本。'"（居丧有一定的礼制规则，而表达出哀伤是其根本所在。）

处丧有礼，这"礼"，一方面是要充分表达出内心的哀伤之情，另一方面，"礼"又是节制，约束，不使之泛滥。

这也是本章的要旨所在。

## 19.15

子游曰："吾友张也为难能也，然而未仁❶。"

【译文】

子游说："我的朋友子张，是难能可贵的人啊，虽然如此，但也还没能达到仁德的最高境界。"

【释读】

❶ **张** 指子张，颛孙师。
**也** 句中语助词，舒缓语气。
**难能** 难能可贵，难能可贵之处。

**然而** 意为"虽然如此,但是……",与今之"然而"有异。
**未仁** 没能达到仁德的最高境界。

【读后】

其实,这也就是孔子对子张的评价的翻版而已。

《先进篇》11.16:子贡问:"师与商也孰贤?"子曰:"师也过,商也不及。"曰:"然则师愈与?"子曰:"过犹不及。"同篇11.18:"柴也愚,参也鲁,师也辟,由也喭。"

子游只是把老师的话换了一种说法,用来评价同门师友,但并没有恶意的贬低或讽刺。

也许,这就是课间休息时,同门之间一句调侃的话而已。不过,也再一次说明,要达到仁德的境界,并非一朝一夕之功能及。"路漫漫其修远兮,吾将上下而求索。"屈原这句诗,用在这里很合适。

## 19.16  曾子曰:"堂堂乎张也❶,难与并为仁矣❷。"

【译文】

曾子说:"子张外表威仪堂堂,别人很难跟他一同达到仁德之境。"

【释读】

❶ **堂堂** 盛大,雄壮,很有威仪的样子。朱熹《论语集注》:"堂堂,容貌之盛。言其务外自高,不可辅而为仁,亦不能有以辅人之仁也。"(堂堂,是指容貌美盛,是说他追求外表,自高自大,不能够用他的修养帮助他追求仁行,也不能够用他的修养去帮助别人成就仁德。)

❷ **难与并为仁矣** 即"难与(之)并为仁矣",很难同他一同修养仁德,很难跟他一起达到仁德之境。

子张篇第十九 699

【读后】

刘宝楠《论语正义》引《列子·仲尼篇》，子曰："师之庄，贤于丘也。"又曰："师能庄而不能同。""师"便是子张。子张那风度那堂堂仪表，简直是在我孔丘之上啊。孔子还说，子张有堂堂的仪表却不能跟大家一同修养仁德。刘宝楠解释说，"庄"就是指相貌堂堂，"不能同"就是指难以和他一同修养仁德。

子张是否长得特帅，不得而知，但子张风度翩翩，仪表堂堂，却是可以肯定的了。也许就因为长得太帅，最终帅到没有朋友。

一个太注重外表的人，往往容易忽略内心的修养。靠颜值吃饭，才华也就放一边了，更别说修养仁德。

所以，朱熹说得对，子张追求外表，自高自大，不能够用他的修养帮助他追求仁德，也不能够用他的修养去帮助别人成就仁德。

## 19.17

曾子曰："吾闻诸夫子❶：人未有自致者也❷，必也亲丧[sàng]乎❸？"

【译文】

曾子说："我从老师那里听说过：人没有无故把自己内心情感充分表露、宣泄出来的，如果有的话，那一定是在父母离世的时候吧。"

【释读】

❶ 诸　"之于"合音。

❷ 自致者　致，表达，表露。自致，竭尽心力，充分表露内心情感。

❸ 亲丧　父母离世，父母离世的时候。

**读后**

　　人在社会中，或多或少都会把自己的真情实感隐藏起来，尤其是现代社会，更是封闭着个人情感，无论喜怒哀乐，都不让外人知晓，哪怕刚刚哭过，转过身来，还能给你一张笑脸。职场之中，这种情况可能更为普遍。我们都不能随心所欲，情尽其极，这，也许就是中庸给我们的影响。除非，在亲人离世的时候，才有可能会毫无遮掩，尽情释放内心的情感。

　　于是，我们看到，有些人，平时非常沉稳，一旦喝酒之后，却有反差强烈的表现。这种时候，更多的人是吃惊。其实，可能这才是真实的他，一个平时压抑太深的封闭的内心世界，向人们稍稍撩开了一个角落。

　　佛教讲"得大自在"，谓进退无碍，心离烦恼。后多用指自由自在，无挂无碍，超凡脱俗的境界。所谓大者，是指自我充分实现，圆满至极，彻底断尽痛苦烦恼，究竟满足生命的需要。自在自适，不假他求，不须外物，自我圆满，这便是佛家的"得大自在"。

　　追求内心的大自在，这是我们唯一可以让自己轻松愉悦的，因为身在社会之中，不可能有绝对的"大自在"。

## 19.18

曾子曰："吾闻诸夫子：孟庄子之孝也，其他可能也❶；其不改父之臣与父之政，是难能也❷。"

**译文**

　　曾子说："我从老师那里听说过：孟庄子的孝，在别的方面一般人还可以做得到；但不撤换父亲时候的旧臣，不改变父亲所推行的政治措施，这是别人难以做到的。"

**释读**

❶ **孟庄子**　名速，鲁国大夫仲孙速，孟献子（仲孙蔑）之子，"庄"是他的谥号。其父孟献子历事宣公、成公、襄公三朝，据说其知人善任，内政、外交均有佳行。孟献子死于鲁襄公十九年，孟庄子继位后，全盘继承父亲生前行政内

容，不予改动。孟庄子本人死于鲁襄公二十三年，父子离世相距仅四年时间。

**其他可能也** 其、他二字非今之"其他"义。其，指示代词"他"，"他的"，孟庄子，孟庄子行孝。他，别的方面，其他方面。

❷ **其** 代指孟庄子之孝。
**不改父之臣** 不撤换父亲在位时的旧臣。
**父之政** 父亲所推行的政治措施。

**▍读后▍**

汉初名相萧何去世前向汉惠帝推荐曹参接任相位。曹参接任相位后，一不报告政务，二不发表政见，三不发布新政。汉惠帝实在忍无可忍，就问曹参为何如此。曹参问汉惠帝："陛下与汉高帝谁更具有雄才大略？"惠帝说："我不如高帝。"曹参又问："我与萧何谁更贤能？"惠帝说："好像你不如萧何！"曹参说："那就对了。现在所有政策都运行良好，我们无须更改而劳民伤财。"臣是贤臣，政是德政，所以孟庄子谨守而不改。不是不改，是无须改。

关于这一话题，可参阅《学而篇》1.11论述。

**19.19** 孟氏使阳肤为士师❶，问于曾子。曾子曰："上失其道，民散久矣❷。如得其情，则哀矜而勿喜❸！"

**▍译文▍**

孟孙氏任用阳肤做典狱官，阳肤向曾子请教。曾子说："执政者失去为君之道，老百姓早已流离失所了。如果知道老百姓犯罪的根源，就应该怜悯他们，而不要以治他们的罪为乐（沾沾自喜）。"

**▍释读▍**

❶ **孟氏** 即鲁下卿孟孙氏，鲁"三桓"之一。
**阳肤** 相传为曾子弟子。

**士师** 古时执掌刑狱的官员。同《微子篇》18.2"柳下惠为士师，三黜"之"士师"。

❷ **上失其道** 上位之人不按为君之道行事。也即执政无道、胡作非为。上，上位之人，统治者，执政者。失其道，失去、丢失了为君之道。
**民散** 即百姓流离失所。民，老百姓。散，分散，此处指离散、流离失所。

❸ **情** 实情，真实情况，事实。《左传·庄公十年》曹刿说："小大之狱，虽不能察，必以情。"（大大小小的诉讼案件，即使不能一一明察，但一定要根据实情合理裁决。）
**哀矜** 怜悯，同情。
**喜** 沾沾自喜，因判他们的罪而沾沾自喜。

**[读后]**

我们常说，法不容情。在法与情这个问题上，我们总是摇摆不定。

本章将"情"嵌入"法"之中，有一个前提，这就是"上失其道，民散久矣"。黑暗统治下，一个乱世，哪还有"法"可言呢？作为执法者，面对身处黑暗政治之下的百姓，我们要考虑其犯罪的根源，对他们要有怜悯之心，而不是动不动就宣称"乱世用重典"。

儒家的悲悯来自于此吧？

## 19.20

子贡曰："纣之不善，不如是之甚也❶。是以君子恶[wù]居下流，天下之恶[è]皆归焉❷。"

**[译文]**

子贡说："商纣王的坏，并没有像人们所说的那样严重（厉害）。因此，君子憎恶身处众恶所归的地方，一旦处于众恶所归的地方，天底下各种恶名都要汇集到他身上去了。"

子张篇第十九　703

**释读**

❶ **纣之不善** 商纣王的不善之行，也即，商纣王之坏。纣，殷商王朝最后一个君主，以荒淫残暴闻名，后自焚而死。据史料记载，纣有文武才能，对东方的开发、文化的发展和中国的统一都有过贡献，但其荒淫无度，刚愎自用，拒纳忠言，制定残酷的刑罚，大兴土木，无休止地役使百姓，种种暴行，从此给他贴了上"暴君"的标签。后周武王会合西南各族攻打纣王，牧野之战，纣兵败，自焚而死，殷商王朝灭亡。

**不如是之甚也** 如是，如此，像人们所说的那样。甚，厉害，严重。

❷ **恶** 第一个"恶"，音［wù］，憎恶，厌恶，讨厌；第二个"恶"，音［è］，恶名，恶事。

**下流** 地势卑下、众流所归之处，此处比喻人身处众恶所归的地方。

**读后**

朱熹说："子贡言此，欲人常自警省，不可一置其身于不善之地"。这段话是在告诉我们，一个君子，千万别成为坏的典型，一旦成为坏的典型，便成为一个坏的符号化目标，所有的坏事都自然而然地往他身上放。

**19.21** 子贡曰："君子之过也，如日月之食焉❶；过也，人皆见之❷；更［gēng］也，人皆仰之❸。"

**译文**

子贡说："君子的过错，就像日食月食那样；犯错的时候，人人都看得见；改正的时候，人人都敬仰他。"

**释读**

❶ **过** 过错，过失。

704　细读论语·下册

食　指日月亏缺的天体现象。

❷ 过也　犯错的时候，有过失的时候。
人皆见之　人人都能看得见，人人都能看到他犯的过错。

❸ 更　更改，改正。
仰　仰望，敬仰。

[读后]

子贡这段话说了两千多年了，到现在，不少人似乎还是没有读懂，或者，根本就还没读到过这段话。

有的人出了问题不是认真面对、改正错误，而是掩饰、推脱、敷衍，甚至将错误归咎于无关之人。时间久了，信任也就"如虫食草木叶也"，慢慢被消磨殆尽。

子夏说："小人之过也必文。"估计没有多少人会站出来说自己是小人。可又为什么一遇到问题就"必文"呢？

19.22　卫公孙朝问于子贡曰❶："仲尼焉学❷？"子贡曰："文武之道，未坠于地，在人❸。贤者识其大者，不贤者识其小者，莫不有文武之道焉❹。夫子焉不学❺？而亦何常师之有❻？"

[译文]

卫国的公孙朝向子贡问道："仲尼的学问是从哪儿学来的？"子贡说："文王、武王的礼乐制度并未从人间消失，仍然被人们传承下来。贤能的人能认识到文武之道的根本所在，平庸的人也能认识到文武之道的细枝末节。文武之道无处不在。老师在哪儿不能学呢？而又为何一定要有固定的老师呢？"

[释读]

❶ 卫公孙朝　卫国大夫公孙朝。据史料记载，春秋之时，鲁有成大夫公孙朝，楚

子张篇第十九　705

有武城尹公孙朝，郑子产有弟（兄）叫公孙朝，所以记录的人以"卫"别之。

❷ **仲尼** 孔子的字。
**焉学** 即从哪儿学来的。焉，在哪儿、从哪里，疑问代词。

❸ **文武之道** 文，周文王。武，周武文。文武之道即周文王、周武王所推行的治国方略、礼乐制度。
**未坠于地** 没有失落到地上，没有从大地上消失，意为没有失传。坠，散落，失落。
**在人** 仍存在于人间，仍然被人们牢记、传承。

❹ **识其大者** 识，认识，了解。其，指代文武之道。大者，大的方面，重要的方面，根本的、关键的方面。
**小者** 小的方面，细枝末节。
**莫不有文武之道焉** 没有什么地方没有文武之道的存在，文武之道无处不在。莫不有，即无处不有。焉，于此，存在于此。

❺ **焉不学** 哪儿不能学，哪儿不去学，意为随处可学、处处可学。

❻ **亦** 又，岂，还。用在反诘问句前，加强反诘语气。
**何常师之有** 即"何有常师"，宾语前置句，"之"为宾语前置标志，不译出。常师，固定的老师。

【读后】

从第一篇第一章第一句话"学而时习之"开始，整部《论语》都贯穿着一个"学"字。"吾十有五而志于学。""子入太庙，每事问。""十室之邑，必有忠信如丘者，不如丘之好学也。""三人行，必有我师焉；择其善者而从之，其不善者而改之。""多闻，择其善者而从之；多见而识之。""吾尝终日不食，终夜不寝，以思，无益，不如学也。""默而识之，学而不厌，诲人不倦。"以至于"发愤忘食，乐以忘忧，不知老之将至"。问礼于老子，问官制于郯子，向师襄学琴，向苌弘学乐……

韩愈《师说》："圣人无常师。"正因为孔子学无常师，才成就其博学多闻。

"贤者识其大者，不贤者识其小者。莫不有文武之道焉。"只要你好学并善于学习，处处留心皆学问。

**19.23**　叔孙武叔语大夫于朝[cháo]曰❶："子贡贤于仲尼❷。"
子服景伯以告子贡❸。
子贡曰："譬之宫墙，赐之墙也及肩，窥见室家之好❹。夫子之墙数仞，不得其门而入，不见宗庙之美，百官之富❺。得其门者或寡矣❻。夫子之云，不亦宜乎❼！"

【译文】

叔孙武叔在朝堂上对身边的大夫们说："子贡比仲尼更强一些。"
子服景伯把这件事告诉了子贡。
子贡说："用围墙来作比，我子贡的围墙也就高齐肩膀，一眼就能看见围墙里面华美的房舍。老师的围墙有数仞之高，找不到大门进入，也就看不到围墙里华丽雄伟的宗庙，百官的富足。能够找到这道大门的人或许太少了吧。叔孙武叔说那样的话，不也就在情理之中吗！"

【释读】

❶ **叔孙武叔**　鲁大夫，名州仇，"武"为谥号。
　**语**　对……说，告诉。
　**于朝**　在朝堂上，在朝廷上。

❷ **贤于仲尼**　比仲尼更贤，比仲尼更强。

❸ **子服景伯**　鲁大夫，名何。首见于《宪问篇》14.36。
　**以告子贡**　即"以（之）告子贡"，省略的"之"代叔孙武叔在朝堂上说子贡比孔子强这件事。

❹ **宫墙**　房屋的围墙。"宫"字的甲骨文从宀[mián]，从两口或三口，像

子张篇第十九　707

野外简陋的房屋，本义是房屋（居宅），皇宫、宫殿为后起义。许慎《说文》："宫，室也。"（图19.23-1）

**赐之墙也及肩**　赐，子贡自称其名。也，句中语气词，舒缓语气。及肩，到肩膀的高度。

**窥见**　从外往里或由里往外看，非"偷窥"义。

**室家之好**　室家，此处指房屋，房舍。好，此处指房舍的华美。

图19.23-1

❺ **数仞**　高达数仞，言其高。大多注家将此译为"数丈之高"，但在古代，10尺为1丈，将"数仞"译为"数丈"不够严谨。仞，古代长度单位，1仞为7尺（或说8尺）。周代1尺约合23厘米，1仞约今天的161厘米。

**不得其门而入**　找不到大门进入，找不到进入的大门。

**不见宗庙之美**　看不到雄伟壮丽的宗庙。

**百官之富**　百官，指众官吏。富，富盛，富足。

❻ **得其门者或寡矣**　得其门者，能找到大门的人。或，副词，或许。寡，少。

❼ **夫子**　指叔孙武叔。

**宜**　合适，自然，合情合理，自然而然，符合情理。

## 读后

子贡是孔子非常优秀的弟子，不仅才智出众，口才超群，是出色的外交家，也是一个被后人称之为"儒商鼻祖"的大儒商。更值得一提的是，孔子去世后，其他弟子都守孝三年而去，只有子贡，在孔子坟边，搭一个窝棚，一住就是六年，可见子贡对老师的尊崇敬爱之情。

司马迁《史记·孔子世家》记载："孔子葬鲁城北泗上，弟子皆服三年。三年心丧毕，相诀而去，则哭，各复尽哀；或复留。唯子赣庐于冢上，凡六年，然后去。"（孔子死后，葬于鲁国都城北面的泗水边，弟子们都为老师守孝三年。三年守孝结束后，大家相互道别，不禁又伤心痛哭，哀悼老师。有的弟子也留了下来。其中，子贡在坟边搭了一个窝棚住下，一住就是六年，这才离去。）

一个有情有义、有钱多智的子贡。这样的子贡，自然讨人喜欢，受人推崇。但子贡并不自以为是，他深知，老师的思想博大精深，高山仰止，不深入其中，不能识其大。所以，即使他自己也曾怀疑老师的思想学说太高深，或许应放低一

708　细读论语·下册

些。但是，当外人对老师提出质疑与批评时，子贡却一马当先，决不苟且含糊。

**19.24** 叔孙武叔毁仲尼❶。子贡曰："无以为也❷！仲尼不可毁也。他人之贤者，丘陵也，犹可逾也❸；仲尼，日月也，无得而逾焉❹。人虽欲自绝，其何伤于日月乎❺？多见其不知量也❻。"

**【译文】**

叔孙武叔毁谤仲尼。子贡说："不能这样做啊！仲尼是毁谤不了的。别的贤能之人，就像是丘陵，还可以逾越；仲尼，就如同日月，不能够逾越。一个人想自绝于日月，对日月来说，有什么伤害呢？正好显示出他不知轻重、自不量力罢了。"

**【释读】**

❶ **毁** 毁谤，诋毁。

❷ **无以为** 即没有这样做的理由，不能这样做。无以，惯用词组，由动词"无"和介词"以"构成。"无"表示否定，"以"跟省略的宾语一起表示凭借某事物。"无以"用在动词谓语前，表示没有实施行为的凭借、依据、可能等，可译为"没有办法""没有（什么）用来""不能"等。

❸ **逾** 超越，逾越。

❹ **无得** 不能够。

❺ **自绝** 自绝于太阳、月亮，自行断绝跟日月的关系。
   **其** 加强语气，不译出。
   **何伤** 有什么伤害，损伤。
   钱穆《论语新解》："若人欲自绝于日月，只是自逃光明，自甘黑暗，于日月何所伤损乎！"

子张篇第十九  709

❻ **多** 只，此处作副词，正，只是，恰恰。

### 〖读后〗

《管子·山至数》，管子说："不通于轻重，谓之妄言。"（不事先掂量你说出的话的轻重，这就是胡说八道。）可惜的是，古往今来，不自量的人总是层出不穷。孔子说："君子有三畏：畏天命，畏大人，畏圣人之言。小人不知天命而不畏也，狎大人，侮圣人之言。"圣人之言，不可不记。

19.25

陈子禽谓子贡曰❶："子为恭也，仲尼岂贤于子乎❷？"
子贡曰："君子一言以为知［zhì］，一言以为不知［zhì］，言不可不慎也❸。夫子之不可及也，犹天之不可阶而升也❹。夫子之得邦家者，所谓立之斯立，道之斯行，绥［suí］之斯来，动之斯和❺。其生也荣，其死也哀，如之何其可及也❻？"

### 〖译文〗

陈子禽对子贡说："您是出于谦恭吧，仲尼难道比您更强吗？"
子贡说："君子用一句话就显现出他的智慧，用一句话就显现出他的无知。所以说话不能够不慎重（谨慎）。老师的不可及，就如同不能用梯子爬上天空一样。老师如果能得国而为诸侯，得采邑而为大夫（君临一方），便能像人们所说的那样，要让百姓安身立命，百姓便能安身立命；引导百姓，百姓就能遵行；安抚百姓，百姓就会归顺；役使百姓，百姓就能响应而同心协力。他活着的时候受人拥戴，去世时百姓悲痛欲绝，我们又怎么能赶得上呢？"

### 〖释读〗

❶ **陈子禽** 陈亢［gāng］。首见于《学而篇》1.10，第二次出现是在《季氏篇》16.13。从三章内容看，陈子禽对孔子一直持怀疑态度。

❷ **恭** 恭顺，谦恭。

❸ **君子一言以为知，一言以为不知，言不可不慎也**　即，君子以一言为知，以一言为不知，言不可不慎也。知，同"智"，智慧。不知，无知，没有智慧。

❹ **不可及**　不可企及，高不可攀。
**阶而升**　阶，阶梯，此处为动词，搭梯子，用梯子，顺着阶梯。升，上去，上升，爬上去。

❺ **得邦家**　即得国而为诸侯，得采邑而为大夫。意为君临一方。
**所谓**　所说的，就是人们所说的那样。
**立之斯立**　立，使动用法，使之立。之，指代百姓，以下三个"之"均同指"百姓"。斯，则，乃，就。
**道**　即"导"，引导。
**绥**　安抚。
**动之斯和**　动，役使。和，响应。

❻ **其生也荣，其死也哀**　在他活着的时候，受人拥戴，在他去世时，百姓悲痛欲绝。荣，荣耀，光彩，此指受人拥戴崇敬。哀，哀痛，悲痛，让人悲痛。
**如之何其可及也**　如之何，怎么能。其，加强语气，不译出。可及，可以赶上，赶得上。

【读后】

陈子禽（陈亢）在《论语》中出现了三次，第一次是《学而篇》1.10，第二次是《季氏篇》16.13，第三次即本章。这人总是以小人之心去揣度孔子。孔子时代，有不少人像卫国的公孙朝以及陈子禽一样，质疑孔子，质疑孔子的才学，质疑孔子的思想学说。

我们来回顾一下，面对这些质疑，子贡是如何维护他的老师的。在19.23，子贡以围墙和宫墙作比，指出高墙之外的人，永远不知深宫之内的华美与富庶；在19.24，子贡以丘陵和日月作比，指出丘陵可以翻越，日月不可逾越；本章，子贡直接把孔子的思想学说比为天，指出老师的高度，"犹天之不可阶而升也"，纵使搭一把天梯，你也高攀不起。连续三章，子贡孤身战斗，却无半点畏惧。

焉興滅國繼絕世舉逸民天下之歸焉
所重民食喪祭寬則得眾信則民任焉
則有功公則說子張問於孔子曰何如斯
以從政矣子張曰尊五美屏四惡斯可以
矣子張曰何謂五美子曰君子惠而不費
而不怨欲而不貪泰而不驕威而不猛子

# 尧曰篇第二十

## 20.1

尧曰:"咨[zī]!尔舜❶!天之历数在尔躬,允执其中❷。四海困穷,天禄永终❸。"

舜亦以命禹❹。

曰:"予小子履敢用玄牡[mǔ],敢昭告于皇皇后帝❺:有罪不敢赦[shè],帝臣不蔽,简在帝心❻。朕躬有罪,无以万方❼;万方有罪,罪在朕躬。"

周有大赉[lài],善人是富❽。"虽有周亲,不如仁人❾。百姓有过,在予一人❿。"

谨权量[liàng],审法度,修废官,四方之政行焉⓫。兴灭国,继绝世,举逸民,天下之民归心焉⓬。

所重:民、食、丧、祭⓭。

宽则得众,信则民任焉,敏则有功,公则说[yuè]⓮。

### 译文

尧说:"唉!舜啊!上天已经把重任交到你手上,你要忠诚地执守中正之道。如果天下陷入困苦贫穷,上天给予你的禄位也就永远终绝。"

舜也用同样的话告诫禹。

商汤说:"我这晚辈履,斗胆用黑色的公牛来祭祀,并冒昧地向光明而又伟大的天帝禀告:有罪的人,我不敢擅自赦免他,天帝您的臣下的善德,我也不会隐瞒掩藏,这一切,您都看得清清楚楚了。如果我有罪,请不要连累天下万方百姓;天下万方百姓如果有罪,都归罪在我一个人身上。"

周朝大封天下,使善人都富裕起来。"即使有众多的同姓至亲,也不如拥有仁德之人。百姓如有罪过,罪过都在我一人。"

谨慎对待度量衡,审定法令制度,恢复废弃的官职,全国的政令也就通畅了。复兴已经灭亡的国家,承续已经断绝的世系,推举隐逸的人才,天下的百姓都会归附。

所要重视的事情:人民,粮食,丧礼,祭祀。

宽厚就会得到大众的拥戴,诚信就能赢得百姓的信任,勤敏就会事业有成,公平公正就能使百姓心悦诚服。

[ 释读 ]

分六节释读。

第一节，从"尧曰"到"舜亦以命禹"止。

尧，相传是我国原始社会后期部落联盟的首领，传说中的五帝之一。舜，相传是我国原始社会后期部落联盟的首领，传说中的五帝之一。禹，相传为原始社会末期夏部落的首领，后受舜禅让，成为部落联盟首领，姒[sì]姓，名文命，又称夏禹，戎禹。鲧[gǔn]之子，继其父治理洪水，疏导江河，治水十三年获得成功。他的儿子启建立夏朝，而他则是夏朝的实际建立者，

❶ **咨** 嗟叹声，译为"唉""哦"。

**尔舜** 尔，你。尔舜，你这舜啊，你这个舜。意译为：舜啊！

❷ **历数** 历数，帝王之位前后相承的顺序，如同每年的时间季节的先后承接轮转。

**尔躬** 躬，身体。在尔躬，即在你的身上。把重任交到你手上。

**允执其中** 允，诚，信，切实，诚实不欺。许慎《说文》："允，信也。"执，握持，把握，执行。中，中庸之道，中正之道。

❸ **困穷** 困苦贫穷。

**天禄** 上天给予的禄位。

**永终** 永远终绝，永远终止。

❹ **舜亦以命禹** 即舜亦以（之）命禹。命，授命，告诫。

第二节，从"曰：'予小子履'"到"罪在朕躬"止。

❺ **予小子履敢用玄牡** 予小子，与下文"予一人"都是上古帝王自称之辞，后生、晚辈之意。履，商汤，名履。敢，斗胆，冒昧，表谦卑。用玄牡，指用黑色的公牛来作祭祀时的牺牲。夏尚黑，商尚白。

**昭告** 明白地、不加掩饰隐瞒地禀告、告知。

**皇皇后帝** 光明而伟大的天帝。后帝，《尔雅·释诂》："后，君也。"后，指君主，帝王。

尧曰篇第二十　715

❻ **有罪不敢赦** 有罪之人不敢赦免。赦，赦免。
**帝臣不蔽** 帝臣，天子之臣。不蔽，不蔽其善。
**简** 检阅，考察，查阅，明白。

❼ **朕躬有罪** 朕，第一人称代词，我。自秦始皇开始，才专用作帝王的自称，之前不分贵贱都可自称朕。躬，自身。
**万方** 天下，天下百姓。

第三节，从"周有大赉"到"在予一人"止。

❽ **赉** 赏赐。
**善人是富** 即"富善人"。"是"为宾语前置标志，不译出。句型同"唯你是问""唯马首是瞻"。富，形容词使动用法，使……富裕起来。

❾ **周亲** 周，至，最。至亲之人，最亲密的人。《广雅·释古》："周，至也。"
**仁人** 仁德之人。

❿ **百姓有过，在予一人** 百姓如果有罪过（过错），罪过（过错）都归在我一人身上。这是武王袭用商汤语。

第四节，从"谨权量"到"天下之民归心焉"止。言政治举措（周武革命，代殷而立）。

⓫ **谨权量** 谨，谨慎，此处指认真对待，谨慎对待。权量，泛指度量衡。权，本指秤锤，此指秤，称重的器具。量，量容积的器具。
**审法度** 审，审定，审核。法度，指法令制度。
**修废官** 官，本义指房舍，特指行政办事处所，即官府，引申为行政职务，即官职。
**四方之政行焉** 全国的政令也就畅通了。全国的行政体系也就运转起来了。

⓬ **灭国** 已灭亡的国家。
**继绝世** 承续已断绝的贵族世系。

**举逸民** 举，推举，提拔。逸民，隐逸的人才，埋没的人才。
**天下之民归心焉** 天下的百姓都会归服。

第五节，"所重：民、食、丧、祭。"

⑬ **所重** 所要重视的事情。
　　皇侃《论语义疏》引孔安国曰："重民，国之本也。重食，民之命也。重丧，所以尽哀。重祭，所以致敬也。"（重民，关乎国家的根基。重食，关乎百姓的生命。重丧，是用以对离世父母表达哀伤的方式。重祭，是用以对先祖、鬼神表达崇敬、敬畏之心。）

第六节，"宽则得众，信则民任焉，敏则有功，公则说"。

⑭ **宽则得众** 宽，宽厚，宽厚待人。得众，得民心，得到人民的爱戴。
**信则民任焉** 信，信实，诚信。诚实可靠，就能赢得百姓的信任。
**敏则有功** 敏，勤敏。有功，成绩卓著，事业有成。
**公则说** 公，公平。说，即"悦"，高兴，心悦诚服。

【读后】

第一节内容为尧禅位给舜时的命辞。

当尧把帝位传给舜时，尧对舜说，天命已经把重任交给你，你定要忠诚地执守中正之道。如果天下陷入困苦贫穷，那就是你的责任，上天给予你的禄位也就从此终绝。

这是庄严神圣的禅位命辞，语重心长，殷切叮嘱。这段话有两个关键点：

一、允执其中，忠诚地奉行中正之道，中庸之道。既然是秉承天意，管理国家，就要倾听百姓的心声，体察民意，精诚勤勉，恪尽职守。要公正公平，不可偏废。

二、四方困穷，天禄永终。"当官不为民作主，不如回家卖红薯。"执政者要为民谋幸福，让百姓富足安康。如果百姓困苦贫穷，生活在水深火热之中，这样的执政者就该立即下台，而不是继续赖在职位上。

第二节为商汤（履）伐夏桀的告天之辞。

商汤说，我要惩恶扬善，我要勇于担当。我有罪，决不连累天下人。天下人有罪，不是他们的问题，是我领导无方，一切责任由我来承担，不要惩罚天下百姓。

这就是担当。这才是担当！

第三节说周武王大封天下，使跟随武王建功立业的有功之人得到封赏。

"虽有周亲，不如仁人。"周亲，就是至亲，最亲近的人，身边最亲近的人。天子无私事，以天下为家，以天下人为亲，所以，没有"自己人"，天下人便是"自己人"。

第四节说"谨权量，审法度，修废官，四方之政行焉"。当一个国家建立起来，千头万绪，百废待兴，建立健全行政体系、经济体系、法律法规，使国家机器正常运转起来，这是最为要紧的事。没有正常的运行机制，社会经济难以发展，人民生活难以保障。

"兴灭国，继绝世，举逸民，天下之民归心焉。"这不是要复古，而是强调传承，注重文化建设。孔子反对灭人国，绝人后，散人族，反对用武力征服他人，主张在传承中融合，在融合中发展，最终实现人类大同。

用一句现代人的话来概括这一节，就是：一手抓政治经济，一手抓文化建设。

第五节说国以民为本，民以食为天。丧礼尽哀，是对父母；祭祀主敬，是对鬼神。

第六节说宽厚，诚信，勤敏，公平。这既是为政之道，也是为人之道。

## 20.2

子张问于孔子曰："何如斯可以从政矣❶？"

子曰："尊五美，屏［bǐng］四恶，斯可以从政矣❷。"

子张曰："何谓五美？"

子曰："君子惠而不费，劳而不怨，欲而不贪，泰而不骄，威而不猛❸。"

子张曰："何谓惠而不费？"

子曰："因民之所利而利之，斯不亦惠而不费乎❹？择可劳而劳之，又谁怨❺？欲仁而得仁，又焉贪❻？君子无众寡，无小大，无敢慢，斯不亦泰而不骄乎❼？君子正其衣冠，尊其瞻视，俨然人望而畏之，斯不亦威而不猛乎❽？"

子张曰："何谓四恶？"

子曰："不教而杀谓之虐❾；不戒视成谓之暴❿；慢令致期谓之贼⓫；犹之与人也，出纳之吝谓之有司⓬。"

718　细读论语·下册

[译文]

子张问孔子说:"怎么做就可以为官从政了呢?"

孔子说:"尊崇五种美德,摒除四种恶行,就能够为官从政了。"

子张说:"什么叫作五种美德?"

孔子说:"君子施惠于民而不过度耗费,役使百姓而不使百姓心生怨恨,有欲求却不贪得无厌,矜持自重却不盛气凌人,威严庄重却不凶猛无情。"

子张说:"您说的施惠于民而不过度耗费是什么意思呢?"

孔子说:"顺应百姓的利益需求所在而让百姓获得实惠,这不也就是施惠于民而不过度耗费吗?选择百姓能胜任的事让他们去做,百姓还会有什么怨恨呢?追求仁德就得到了仁德,还贪求什么呢?一个君子,无论对方人多人少,无论势力大小,都不敢怠慢他们,这不也就是矜持自重却不盛气凌人吗?一个君子,衣冠整洁,目光庄重,庄严的神态让人远远望去便心生敬畏,这不也就是威严却不凶猛吗?"

子张说:"什么叫四种恶行?"

孔子说:"事先不教育,犯了罪就杀戮,这就叫残暴;事先不提醒告诫便急要成果,这就叫急暴;政令弛缓怠慢却限期完成,这就叫贼害人;好比给人财物,出手吝啬,这就叫小家子气的有司做派。"

[释读]

❶ **何如斯** 何如,怎样,怎么样。斯,就,连词。
**从政** 为官从政。

❷ **尊五美** 尊,尊崇,崇尚。五美,五种美德。
**屏四恶** 屏,同"摒[bìng]",摒除,摒弃。四恶,恶,恶政,恶事,恶行。

❸ **惠而不费** 惠,给人恩惠,给人好处,施惠于民。今之"惠民",即此意。费,花费,耗费。
**劳而不怨** 劳,役使(百姓)。怨,怨恨。
**欲而不贪** 欲,有欲望,有欲求。贪,贪心,贪婪,贪得无厌。
**泰而不骄** 泰,安泰,矜持自重,矜持自负。骄,骄傲,骄慢,盛气凌人。

尧曰篇第二十 719

**威而不猛** 威，威严，威严不苟。猛，凶猛。

❹ **因** 依据，凭，根据，顺着，把……作为依据。成语有"因势利导"。利，第一个"利"为利益。第二个"利"为动词，使动用法，使……利，使……获利，使……得到好处（实惠）。

❺ **择可劳** 择，选择。可劳，可以做的，能胜任的事。
**劳之** 让他们去做。此"劳"为使动用法。
**又谁怨** 即"又怨谁"，怨恨谁，而非谁怨恨。

❻ **欲仁而得仁** 想要追求（得到）仁德就能得到仁德。
**又焉贪** 即"又贪焉"，还会贪求什么呢。焉，疑问代词作宾语，什么。

❼ **无众寡** 无论人多人少。
**无小大** 无论势力大小。
**无敢慢** 不敢怠慢。慢，怠慢，轻忽。

❽ **正其衣冠** 正，使……正（端正）。使自己的衣着端庄整洁。
**尊其瞻视** 尊，使……尊（庄重而不轻佻）。瞻视，观瞻，顾盼。使自己的目光严肃而有自尊、不轻佻（目不斜视）。
**俨然** 庄重严肃的神态，让人远远望去便心生敬畏。

❾ **不教** 事先不教育。
**虐** 残暴，暴虐。

❿ **戒** 申诫，告诉，告诫。
**成** 成绩，成功，结果。
**暴** 暴有急、猛义，此处指急暴，非凶暴义。朱熹《论语集注》："暴，谓卒遽［jù］无渐。"（暴，是指仓促急遽而没有渐进的过程。）

⓫ **慢令致期** 慢，松懈，弛缓，怠慢。慢令即政令弛缓怠慢。致期，即"刻期"，限定日期，限期，整句则译为"政令弛缓却限期完成"。一说，"致"没有刻、急、限、截止义，而有造成、导致义，因此应解为由于当权

者下令怠慢，而造成执行者、实施者延误工期；慢令，指下令怠慢。此说可参考。

**贼** 贼害，祸害，残害。

⑫ **犹之** 好像，如同。

**与人** 给人财物。

**出纳** 偏指复合词，此处偏指"出"。

**有司** 管事的小官吏，职务卑微，气量狭小，小家子气，在此指非君子之为，乃有司之为（有司的做派）。

【读后】

"尊五美，屏四恶"，这是孔子给执政者列出的行动指南。

出台政策，搭建平台，创造条件，提升个体能力，让人有施展才华的空间，"授人以鱼不如授人以渔"，这就是"惠而不费"。知人善任，体恤百姓，用人以时，而不是让人拼命地熬夜加班，这才能"劳而不怨"。努力修养仁德，培养大眼界、大格局，宅心仁厚，就不会无止境地追逐利益，欲壑难填，败在欲望之中，这就是"欲而不贪"。为人矜持自重，却不盛气凌人，轻视他人，"无众寡，无小大，无敢慢"，无论对方人多人少，地位或高或低，势力或大或小，不傲慢，不轻视，这就是"泰而不骄"。《子张篇》19.9，子夏曰："君子有三变：望之俨然，即之也温，听其言也厉。"君子衣着整洁得体，神态庄重，目不斜视，不故作高深，装腔作势，装神弄鬼，或者拉大旗作虎皮，动不动就用中央有人、上头有人之类的话吓唬人，这就是"威而不猛"。

孔子提出的"四恶"特别有意思，也特别有现实意义。一恶：不教而杀谓之虐。不制定完善合理的规章制度，平时不注重教育、宣传、疏导，动不动就处罚人，甚至滥施杀戮。这就是不教而杀的残暴之举。二恶：不戒视成谓之暴。不提前告诫通知就要求立即完成工作，这就叫仓促急暴。我们经常听到这样的话：我不看过程，只看结果。布置了任务，你不跟进督导，关注，尽量创造条件，而只是催要结果，这就是"不戒视成"，这就是急暴。有人说："领导领导，要带领，要辅导，否则就是暴。"三恶：慢令致期谓之贼。下命令的时候拖拖拉拉，松松垮垮，犹犹豫豫，甚至朝令夕改，一旦下了命令，就要限期完成，这是劳民伤财，而劳民伤财，自然跟贼差不多了。四恶：犹之与人也，出纳之吝谓之有司。只想让别人多奉献、多牺牲，只管自己收获，却不知付出、分享，出手吝啬，发工资奖金的时候像拿命出去一样艰难。这就是小家子气的有司做派。

财散人聚，这道理人人都懂，但真能做到的又有几人？

## 20.3

孔子曰："不知命，无以为君子也❶；不知礼，无以立也❷；不知言，无以知人也❸。"

【译文】

孔子说："不懂得天命，就没有可能成为真正的君子；不懂得礼制，便没有立足社会的根基；不懂得分析辨别他人的话语，便不能真正了解他人。"（图20.3-1：原文）

【释读】

❶ **命** 天命。
**无以为君子也** 没有成为君子的可能，没有可能成为真正的君子。

❷ **礼** 礼制。《论语》中所谓"礼"，包含了礼仪、礼法、礼制等，非一般意义上的礼仪。

❸ **知言** 善于分析判断他人话语的善恶真伪虚实。杨逢彬《论语新注新译》认为，"知言"在先秦典籍中出现若干次，应当做整体理解。"知言"就是今所谓"说话得体"。并以《左传·襄公十四年》"秦伯以为知言，为之请于晋而复之"，以及《孟子·公孙丑上》"'敢问夫子恶乎长？'曰：'我知言，我善养吾浩然之气。'"为例予以佐证。（详见杨逢彬《论语新注新译》本章考证）我们仔细分辨两个例句，第一个"知言"意为"有见识的话"，大体相当于杨逢彬"说话得体"。第二个"知言"则应为善于辨析他人的言辞。

《孟子·公孙丑上》在接下来的对话中有以下表述：（公孙丑）曰："何谓知言？"（孟子）曰："诐［bì］辞知其所蔽，淫辞知其所陷，邪辞知其所离，遁辞知其所穷。"（公孙丑说："什么叫知言？"孟子答道：

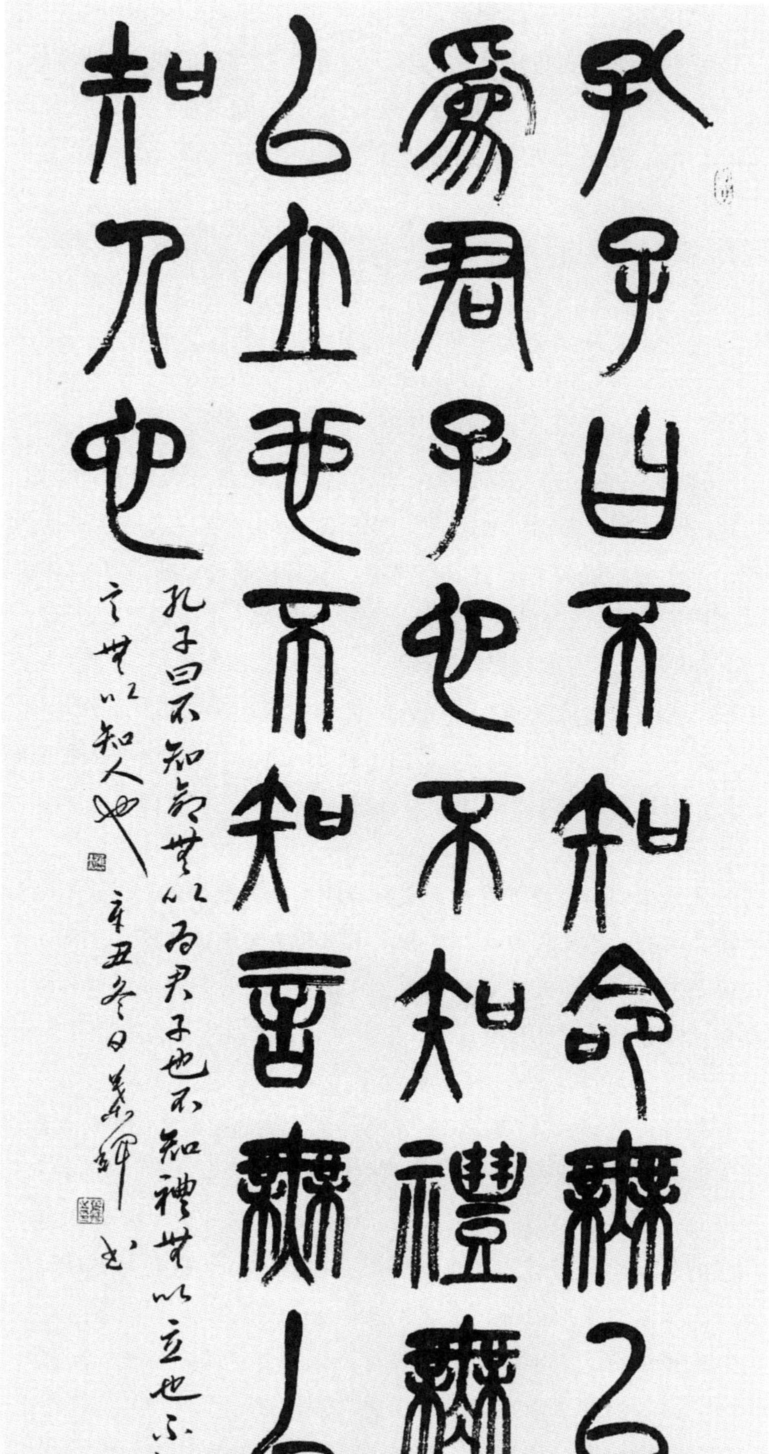

孔子曰不知命無以為君子也不知禮無以立也不知言無以知人也

辛丑冬日□□書

图20.3-1

尧曰篇第二十

"我知道不全面的言辞的片面性之所在；我知道过分的言辞的不足之所在；我知道不合正道的言辞的与正道分歧之所在；我知道躲闪的言辞的理屈之所在。"）据此，《孟子·公孙丑上》中的"知言"，应为善于分析判断他人话语的善恶真伪虚实等。

## 【读后】

《论语》从始至终贯穿着一条主线：做君子，不做小人。在《论语》的最后一章，孔子再次提出做一个君子所必须具备的要素——"三知"：知命、知礼、知言。

知命，知天道，知使命，知局限，总之，知天地万物之规律。这是君子的灵魂。知礼，知社会，知法度，知节制，知底线。这是立足社会的根基所在。知言，汉代扬雄说："故言，心声也。"听话听音，锣鼓听声。听不懂别人的话，你也就无法识人，用人，爱人，或者，恨人。《论语》二十篇，五百多章，以此"三知"作结，孔子是想告诉我们，要做好一个君子，一定要处理好人与自然的关系、人与社会的关系、人与人的关系。这，便是儒家学说的核心所在。

最后，我们以司马迁《史记·孔子世家》最后一段话来结束我们的《细读论语》一书：

太史公曰：《诗》有之："高山仰止，景行行止。"虽不能至，然心乡往之。余读孔氏书，想见其为人。适鲁，观仲尼庙堂车服礼器，诸生以时习礼其家，余祗回留之不能去云。天下君王至于贤人众矣，当时则荣，没则已焉；孔子布衣，传十余世，学者宗之。自天子王侯，中国言六艺者折中于夫子，可谓至圣矣！

翻译过来是：太史公说，《诗经》里说过："高山啊，让人仰望；大路啊，让人遵循。"尽管我达不到那样的境界，但是心里却一直向往着。每当我读孔子的书时，就会想象他的为人（音容笑貌，神态举止）。我曾经到过鲁国，参观过孔子的庙堂，使用过的马车、服饰、礼器，那里的儒生定时到孔子的故居去演练礼仪，我为之徘徊流连，久久不愿离去。自古以来有很多出色的君主、贤人，但他们大多活着的时候非常显赫风光，死后也就烟消云散。而孔子，仅一介平民，他的学说却流传了十几代，后学之人依然把他奉为宗师。现在上起天子王侯，所有在中国大地上讲"六艺"的人，都把孔子的言论作为衡量的标准，真可以说是至高无上的圣人了！

是的，司马迁之叹，又何尝不是我辈之叹。"'高山仰止，景行行止。'虽不能至，然心乡往之。""天下君王至于贤人众矣，当时则荣，没则已焉；孔子布衣，传十余世，学者宗之。"活着的时候显赫荣耀，风光无限，死了之后，却很快烟消云散，不留痕迹。这是生之哀，还是死之痛？圣人已逝，而圣人之言却代代相传而至今日。

"畏天命，畏大人，畏圣人之言。"今天的我们，当多一分虔诚，多一分敬畏，留住我们的初心，守住我们的底线，坚定我们的信念，为振兴中华文化，尽我们一己之力。

图书在版编目（CIP）数据

细读论语 / 叶辉著. —成都：四川人民出版社，2024.7. — ISBN 978-7-220-13690-0

Ⅰ. B222.2-49

中国国家版本馆CIP数据核字第2024U1E985号

XIDU LUNYU

# 细读论语　下册

叶辉　著

| 策划统筹 | 秦　莉 |
| --- | --- |
| 责任编辑 | 邹　近 |
| 特约编辑 | 曾小倩 |
| 封面设计 | 编悦文化 |
| 内文设计 | 张迪茗　邵晓锋 |
| 责任校对 | 吴　玥 |
| 特约校对 | 文　雯 |
| 责任印制 | 周　奇 |

| 出版发行 | 四川人民出版社（成都三色路238号） |
| --- | --- |
| 网　　址 | http://www.scpph.com |
| E-mail | scrmcbs@sina.com |
| 新浪微博 | @四川人民出版社 |
| 微信公众号 | 四川人民出版社 |
| 发行部业务电话 | （028）86361653　86361656 |
| 防盗版举报电话 | （028）86361653 |
| 制　　版 | 成都编悦文化传播有限公司 |
| 印　　刷 | 四川华龙印务有限公司 |
| 成品尺寸 | 185mm×260mm |
| 印　　张 | 46.25 |
| 字　　数 | 855千 |
| 版　　次 | 2024年7月第1版 |
| 印　　次 | 2024年7月第1次印刷 |
| 书　　号 | ISBN 978-7-220-13690-0 |
| 定　　价 | 138.00元（全二册） |

■ 版权所有·侵权必究

本书若出现印装质量问题，请与我社发行部联系调换

电话：（028）86361656